As 4 Disciplinas da Execução

Outros livros da FranklinCovey

Os 7 Hábitos das Pessoas Altamente Eficazes

Everyone Deserves a Great Manager: The 6 Critical Practices for Leading a Team

The Leader's Guide to Unconscious Bias: How to Reframe Bias, Cultivate Connection, and Create High-Performing Teams

The 5 Choices: The Path to Extraordinary Productivity

Gerenciamento de Projetos para Não Gestores

Leading Loyalty: Cracking the Code to Customer Devotion

The 7 Habits of Highly Effective Teens

The 7 Habits of Highly Effective Teens Workbook

Os 7 Hábitos das Crianças Felizes

The 7 Habits of Highly Effective College Students (College Textbook)

As 6 Decisões Mais Importantes que Você Vai Tomar na Vida: Um Guia para Adolescentes

Alcance suas metas crucialmente importantes

As 4 Disciplinas da Execução

Segunda Edição:
Revista e Atualizada

Chris McChesney
Sean Covey
Jim Huling
Bill Moraes

com Beverly Walker
& Scott Thele

ALTA BOOKS
GRUPO EDITORIAL
Rio de Janeiro, 2022

As 4 Disciplinas da Execução

Copyright © 2022 da Starlin Alta Editora e Consultoria Eireli.
ISBN: 978-65-5520-844-3

Translated from original The 4 disciplines of execution. Copyright © 2012 by FranklinCovey. ISBN 978-1-9821-5697-8. This translation is published and sold by permission of Simon & Schuster, the owner of all rights to publish and sell the same. PORTUGUESE language edition published by Starlin Alta Editora e Consultoria Eireli, Copyright © 2022 by Starlin Alta Editora e Consultoria Eireli.

Impresso no Brasil – 1ª Edição, 2022 – Edição revisada conforme o Acordo Ortográfico da Língua Portuguesa de 2009.

Dados Internacionais de Catalogação na Publicação (CIP) de acordo com ISBD

Q2   As 4 Disciplinas da Execução: Alcance suas metas crucialmente importantes / Chris McChesney ... [et al.] ; traduzido por Carlos Bacci. - 2. ed. - Rio de Janeiro : Alta Books, 2022.
368 p. ; 16cm x 23cm.

Tradução de: The 4 disciplines of execution
Inclui índice.
ISBN: 978-65-5520-844-3

1. Autoajuda. 2. Disciplinas. 3. Execução. 4. Metas. I. McChesney, Chris. II. Covey, Sean. III. Moraes, Bill. IV. Huling, Jim. V. Walker, Beverly. VI. Thele, Scott. VII. Bacci, Carlos. VIII. Título.

CDD 158.1
CDU 159.947

2022-1812

Elaborado por Vagner Rodolfo da Silva - CRB-8/9410

Índice para catálogo sistemático:
1. Autoajuda 158.1
2. Autoajuda 159.947

Todos os direitos estão reservados e protegidos por Lei. Nenhuma parte deste livro, sem autorização prévia por escrito da editora, poderá ser reproduzida ou transmitida. A violação dos Direitos Autorais é crime estabelecido na Lei nº 9.610/98 e com punição de acordo com o artigo 184 do Código Penal.

A editora não se responsabiliza pelo conteúdo da obra, formulado exclusivamente pelo(s) autor(es).

Marcas Registradas: Todos os termos mencionados e reconhecidos como Marca Registrada e/ou Comercial são de responsabilidade de seus proprietários. A editora informa não estar associada a nenhum produto e/ou fornecedor apresentado no livro.

Erratas e arquivos de apoio: No site da editora relatamos, com a devida correção, qualquer erro encontrado em nossos livros, bem como disponibilizamos arquivos de apoio se aplicáveis à obra em questão.

Acesse o site www.altabooks.com.br e procure pelo título do livro desejado para ter acesso às erratas, aos arquivos de apoio e/ou a outros conteúdos aplicáveis à obra.

Suporte Técnico: A obra é comercializada na forma em que está, sem direito a suporte técnico ou orientação pessoal/exclusiva ao leitor.

A editora não se responsabiliza pela manutenção, atualização e idioma dos sites referidos pelos autores nesta obra.

Produção Editorial
Editora Alta Books

Diretor Editorial
Anderson Vieira
anderson.vieira@altabooks.com.br

Editor
José Ruggeri
j.ruggeri@altabooks.com.br

Gerência Comercial
Claudio Lima
claudio@altabooks.com.br

Gerência Marketing
Andréa Guatiello
andrea@altabooks.com.br

Coordenação Comercial
Thiago Biaggi

Coordenação de Eventos
Viviane Paiva
comercial@altabooks.com.br

Coordenação ADM/Finc.
Solange Souza

Direitos Autorais
Raquel Porto
rights@altabooks.com.br

Produtor Editorial
Thiê Alves

Produtores Editoriais
Illysabelle Trajano
Maria de Lourdes Borges
Paulo Gomes
Thales Silva

Equipe Comercial
Adriana Baricelli
Ana Carolina Marinho
Daiana Costa
Fillipe Amorim
Heber Garcia
Kaique Luiz
Maira Conceição

Equipe Editorial
Beatriz de Assis
Betânia Santos
Brenda Rodrigues
Caroline David
Gabriela Paiva
Henrique Waldez
Kelry Oliveira
Marcelli Ferreira
Mariana Portugal
Matheus Mello

Marketing Editorial
Jessica Nogueira
Livia Carvalho
Marcelo Santos
Pedro Guimarães
Thiago Brito

Atuaram na edição desta obra:

Trad com Copi
Carlos Bacci

Revisão Gramatical
Carolina Oliveira
Fernanda Lutfi

Diagramação
Joyce Matos

Capa
Paulo Gomes

Editora afiliada à:

ALTA BOOKS
GRUPO EDITORIAL

Rua Viúva Cláudio, 291 – Bairro Industrial do Jacaré
CEP: 20.970-031 – Rio de Janeiro (RJ)
Tels.: (21) 3278-8069 / 3278-8419
www.altabooks.com.br – altabooks@altabooks.com.br
Ouvidoria: ouvidoria@altabooks.com.br

A Jim Stuart, nosso amigo, colega e iniciador do conteúdo desta obra, por seu brilhantismo, seus insights e sua paixão pela execução com excelência. Que Deus o abençoe em suas novas iniciativas.

(1946-2006)

Agradecimentos

Este livro é produto de contribuições de literalmente dezenas e mais dezenas de pessoas da organização FranklinCovey. Nossos nomes estão neste livro, mas reconhecemos que há muitos outros que são igualmente merecedores. Foi pedido um esforço de toda a empresa e isso engloba tudo que ensinamos sobre sinergia, onde o todo é maior do que a soma de suas partes. Houve contribuições de muitos modos diferentes. Algumas delas foram instrumentais para o projeto e para o desenvolvimento do conteúdo de *4 Disciplinas*. Outras refinaram a metodologia por intermédio de sua contínua aplicação no campo com nossos clientes. Houve ainda outras que agregaram uma ideia ou insight, ou um novo modo de ver um problema antigo. Parecia que a cada momento que sentíamos a falta de uma das peças do quebra-cabeça da execução, alguém nos apresentava a resposta. O bastão era passado sequencialmente à medida que diferentes pessoas empenhavam diferentes esforços para a comercialização e a propagação deste empreendimento ao redor do globo. Nossa mais profunda gratidão é dirigida a todos aqueles que contribuíram para este sucesso, e particularmente para:

Jim Stuart, por sua extraordinária contribuição para a FranklinCovey por um período de muitos anos como consultor sênior, e por compartilhar os princípios da execução com todos nós. Sem ele, não existiriam as 4 Disciplinas. Agradecemos suas citações curtas e por cunhar os termos "crucialmente importante", "aterrissar um de cada vez" e "placar envolvente", entre outros, pelos quais nos sentiremos eternamente gratos.

Bob Whitman, nosso CEO, que há anos reconheceu que a execução era uma grande ideia e então nos orientou nessa direção. Suas digitais, linguagem, ideias e influência estão por toda parte neste livro. Apreciamos intensamente sua liderança visionária e seu apoio.

A equipe original formada por *Andy Cindrich, Don Tanner, Jim Stuart* e *Scott Larson,* responsável pelo projeto e pelo desenvolvimento de *4 Disciplinas* a partir do zero. Também queremos agradecer às equipes de desenvolvimento subsequentes, que incluíram *Todd Davis, Breck England, Catherine Nelson, Blaine Lee* e *Lynne Snead.*

Mark Josie, pela realização da prática de execução inicial, que ajudou a desvendar o código de implementação e criou a visão e a estratégia por trás do software my4dx.com. Agradecemos sua importante participação no conteúdo e seus esforços pioneiros para viabilizar esta solução.

Breck England, nosso Chief Writing Officer [Diretor de Redação], por sua inestimável contribuição para o desenvolvimento do conteúdo de *4 Disciplinas* e pelo seu notável talento em auxiliar os autores a redigirem e editarem este livro. Sua contribuição elevou este livro a um nível diferenciado.

Andy Cindrich, membro importante da equipe de projeto original e de desenvolvimento, por suas contribuições para o conteúdo e para o trabalho verdadeiramente excelente já realizado e que continua fazendo com nossos clientes na área da execução.

Doug Puzey, por nos ajudar a desvendar o código da implementação e construir nossa primeira prática por meio das 4DX.

Jeff Wadsworth, por sua liderança conscienciosa e criação de conteúdos.

Michael Simpson, por sua contribuição na aplicação das 4DX na área de gerenciamento de projetos e manufatura.

Michele Condon, por seu constante apoio gerencial, encorajamento apaixonado e por nos manter sãos.

Catherine Nelson, por liderar o esforço das versões iniciais das 4DX, inclusive o desenvolvimento da Certificação Gerencial.

AGRADECIMENTOS

Todd Davis, por liderar a equipe de desenvolvimento da versão 2.0 e por sinalizar que as pessoas "agem de forma diferente quando mantêm um placar".

Sam Bracken, nosso gerente geral na área de livros e mídia na FranklinCovey, pelo restabelecimento de nosso relacionamento com Simon & Schuster por intermédio das negociações dos direitos da primeira edição deste livro e pelo contínuo apoio durante o ciclo de vida do livro.

Nossa equipe editorial na Simon & Schuster, incluindo *Stephanie Frerich*, *Emily Simonson* e *Nancy Inglis*, pelo entusiasmo e por acreditarem neste trabalho, além de seus contínuos esforços para comercializá-lo para todos sobre a face da Terra.

Nossa equipe editorial na FranklinCovey, *Annie Oswald*, *Meg Hackett* e *Zach Kristensen*, por toda a orientação e apoio que nos ajudaram a cruzar a linha de chegada.

Jody Karr, *Cassidy Back* e a equipe de Serviços Criativos da FranklinCovey, por nos ajudar nos numerosos gráficos que fazem parte deste livro.

Don Tanner, membro da equipe de projeto inicial e um de nossos melhores consultores, por suas contribuições inicias para o conteúdo do livro.

Richard Garrison, por seu trabalho de coaching voltado para as 4DX e por melhorar a implementação do processo, assim como a excelência que propicia à nossa consultoria e aos nossos clientes.

Rebecca Hession, por sua liderança para lidar com os clientes e as inovações extraordinárias.

David Covey, por seu excepcional apoio e seu comprometimento com nossa equipe há muitos anos.

Shawn Moon, por sua liderança e orientações na Prática da Execução.

Scott Larson, por seu excelente trabalho como líder do projeto da equipe de desenvolvimento original.

Bill Bennett, nosso antigo presidente, por nos desafiar no começo a "sair a campo para construir a melhor solução no tópico da execução. Não quero saber se vão comprá-la ou criá-la, apenas façam."

Doug Faber, por sua contribuição na ampliação da prática e por suas muitas contribuições inovadoras.

Tom Watson, *Jeff Downs*, *Rick Wooden* e *Lance Hilton*, pela liderança na Prática da Execução.

Paul Walker, *Marianne Phillips* e *Elise Roma*, pelo apoio organizacional durante muitos anos.

Stephen M. R. Covey, por ajudar, nos primeiros dias, a identificar que a *execução* se colocava como a questão da nossa era, e *Greg Link*, que sempre ofereceu diversos conselhos para o lançamento e para a comercialização deste livro.

Scott Miller e *Curtis Morley*, pelas orientações e pelo apoio no desenvolvimento e na execução do esplêndido plano de lançamento deste livro.

Debra Lund, por seu encorajamento e amizade, e pelo inacreditável modo com que, mais uma vez, conseguiu harmonizar tantas declarações oriundas de tão diferentes fontes.

Les Kaschner, *James Western*, *Chris Parker*, *Harvey Young*, *DeVerl Austin*, *Coral Rice*, *Wayne Harrison*, *Kelly Smith*, *Craig Wennerholm*, *Garry Jewkes*, *Rick Spencer*, *Bryan Ritchie* e *Pepe Miralles*, pela inovação e pela dedicação aos resultados junto aos clientes.

Sobre os Autores

Chris McChesney
Chris McChesney é o Global Practice Leader of Execution da FranklinCovey e um dos primeiros desenvolvedores de *As 4 Disciplinas da Execução*. Há mais de uma década lidera o projeto e o desenvolvimento contínuo da FranklinCovey sobre esses princípios, assim como a empresa de consultoria que atingiu extraordinário crescimento em muitos países e impactou centenas de organizações. Chris dirige pessoalmente muitas das mais notáveis implementações das 4DX, dentre elas as realizadas no estado da Geórgia, Marriott International, Shaw Industries, Ritz-Carlton, Kroger, Coca-Cola, Comcast, Frito-Lay, Lockheed Martin e Gaylord Entertainment. Essa experiência o dotou da capacidade para testar e refinar os princípios contidos em *As 4 Disciplinas da Execução*, das salas de reunião até à linha de frente dessas e de muitas outras organizações.

    Chris começou sua carreira na FranklinCovey trabalhando diretamente com Stephen R. Covey, e continuou por duas décadas, tendo ocupado posições de consultor, diretor administrativo e gerente geral. Chris lançou as 4 Disciplinas da Prática da Execução, pela primeira vez, na região sudeste da FranklinCovey e hoje vê sua expansão por todo o mundo. Durante todo esse período de crescimento e expansão, Chris manteve um único foco: ajudar as organizações a alcançarem resultados por meio da melhoria da execução.

    Conhecido por sua grande energia e engajamento, Chris tornou-se um palestrante e consultor sobre execução estratégica altamente procurado, e regularmente ministra importantes palestras e apresentações executivas para líderes em audiências que variam de centenas a diversos milhares de participantes.

Chris e sua esposa, Constance, são pais orgulhosos de cinco meninas e dois meninos. Seu amor pela família alia-se à paixão por barcos, esportes aquáticos e coaching, além de sempre tentar estar presente na vida dos filhos.

Para informações adicionais sobre Chris, visite www.chrismcchesney4DX.com.

Sean Covey

Sean Covey é um executivo de negócios, autor, palestrante e inovador. Ele é presidente da FranklinCovey Education e se dedica a transformar a educação por meio de todo o processo de aprimoramento escolar da FranklinCovey, chamado *Leader in Me*, presente em mais de 5 mil escolas dos ensinos fundamental e secundário e 50 países em todo o mundo. Como ex-chefe de Inovações da FranklinCovey, Sean foi um dos formuladores originais da metodologia de *As 4 Disciplinas da Execução* e tem sido um ávido praticante e promotor da metodologia desde então.

Sean é um autor de best-sellers do *New York Times* e é autor ou coautor de vários livros, entre os quais se incluem: *Wall Street Journal* #1 Business Bestseller, *As 4 Disciplinas da Execução*, *As 6 Decisões Mais Importantes que Você Vai Tomar na Vida*, *Os 7 Hábitos das Crianças Felizes*, *The Leader in Me* e *Os 7 Hábitos dos Adolescentes Altamente Eficazes*, que foram traduzidos em 30 idiomas e cujas vendas superaram mais de 8 milhões de exemplares no mundo. Ele é um líder versátil que regularmente fala em eventos de educação e negócios, e já participou de numerosos programas de rádio e de televisão, e na mídia impressa.

Sean graduou-se com honras pela Brigham Young University como bacharel em inglês, e posteriormente obteve seu MBA pela Harvard Business School. Como zagueiro da BYU, levou seu time a dois jogos universitários no torneio de pós-temporada que reúne os times melhor ranqueados, e por duas vezes foi selecionado como melhor jogador pela ESPN. Sean e sua família fundaram e administram uma empresa global, a Bridle Up Hope, uma instituição sem fins lucrativos cuja missão é inspirar esperança, confiança e resiliência em jovens mulheres com dificuldades por meio de treinamento com cavalos. Visite BridleUpHope.org para maiores informações.

Nascido em Belfast, na Irlanda, as atividades favoritas de Sean incluem ir ao cinema, exercícios físicos, passear com os filhos, dirigir sua motocicleta e escrever livros. Sean e sua esposa, Rebecca, vivem com os filhos nas Montanhas Rochosas.

Jim Huling

Jim Huling é consultor executivo da FranklinCovey para as *4 Disciplinas da Execução*. Nessa função, Jim é responsável pela metodologia das *4 Disciplinas* e pela qualidade de sua distribuição ao redor do mundo. Jim também lidera regularmente eventos em larga escala, tendo participado, inclusive, da implementação das 4DX no Marriott Hotels, Kroger, Ritz-Carlton e em vários grandes hospitais. Jim é palestrante importante, muito procurado para eventos que variam desde sessões com executivos seniores até audiências que alcançam milhares de participantes.

A carreira de Jim já tem três décadas na área de liderança corporativa, englobando de organizações da Fortune 500 a empresas privadas, incluindo sua posição de CEO de uma empresa que figurou 4 vezes entre as 25 Melhores Empresas para se Trabalhar nos EUA.

As equipes de Jim foram agraciadas com prêmios nacionais de destaque no atendimento a clientes, na ética empresarial e na excelência cultural, assim como numerosos prêmios locais e regionais de escolha do lugar de trabalho. Os prêmios pessoais de Jim incluem o Turknett Leadership Group Character Award, que reconhece os CEOs que demonstram os mais altos padrões de ética e de integridade.

Jim é graduado pela University of Alabama e pela Birmingham-Southern College, e atua na diretoria de diversas organizações locais, assim como no Siegel Institute for Leadership, Ethics, and Character.

Jim sente imenso orgulho do maravilhoso casamento de 30 anos com sua querida Donna, é pai de dois adultos fenomenais, Scott e Sarah, e "papaizinho" de seus três netos. É faixa preta de 3º grau em taekwondo, corredor ágil, mochileiro e praticante de rafting.

Para informações adicionais sobre Jim, consulte www.jimhuling.com.

Scott Thele

Scott Thele ingressou originalmente no Covey Leadership Center em 1993 com a função de elaborar o programa de seminários públicos empresariais. Ele então começou a trabalhar diretamente em parceria com os clientes e em breve já estava liderando equipes. Em 1999, foi convidado a formar uma nova equipe regional como diretor administrativo e, pouco depois, passou um tempo focado em entrega e consultoria. Isso levou Scott a uma função de líder sênior externa, com a qual agregou experiência e novas perspectivas. Scott voltou à FranklinCovey em 2009 para trabalhar com Chris McChesney na construção da Prática da Execução. Durante sua gestão, trabalhou com centenas de organizações em diversos setores, incluindo Dell, Eli Lilly, General Mills, Verizon, Procter & Gamble e Halliburton.

A ampla experiência de Scott lhe permite conectar-se rapidamente e transmitir mensagens que inspiram as pessoas a ter um alto nível de desempenho. Ele se sente à vontade com organizações globais sofisticadas, empresas nacionais em expansão, bem como empreendimentos de risco.

Ele também atuou em diretorias de pequenas e médias empresas, dando vazão à sua paixão por consultoria e coaching. Scott tem um mestrado em design organizacional e eficácia, acrescentando outra dimensão a seu processo de aprendizagem ao longo da vida.

Em seu tempo livre, Scott gosta de ficar com sua esposa, Tracy, e seus filhos na praia sob o sol do sul da Flórida. Ele é um viciado em adrenalina em recuperação e trocou as viagens de motocicleta por atividades mais moderadas, como mergulho com snorkel e voos de parapente nos Alpes suíços.

Beverly (BJ) Walker

BJ Walker gerenciou um amplo leque de programas de serviços voltados ao bem público nas gestões dos governadores da Geórgia e de Illinois, e do prefeito de Chicago. Na Geórgia, de 2004 a 2011, foi responsável pelo bem-estar infantil, saúde pública e comportamental, deficiências de desenvolvimento, TANF, creche, vale-refeição, elegibilidade para o Medicaid, questões de idosos e pensão alimentícia. Em Illinois, gerenciou um esforço de reforma em tais serviços em todo o estado, resultando na consolidação histórica de muitos dos serviços sociais de Illinois sob uma única agência. Lá, tornou-se a líder da reforma do bem-estar estadual, gerenciando a equipe e os escritórios responsáveis pela elegibilidade para o TANF, vale-refeição e Medicaid. Em Chicago, BJ foi vice-chefe de gabinete do prefeito Richard M. Daley, liderando várias iniciativas importantes da prefeitura em serviços sociais e educação. Recentemente, foi diretora interina do Departament of Children and Family Services de Illinois, após sua aposentadoria em 2017 da Deloitte Consulting LLP, onde atuou por cinco anos como Diretora Administrativa em sua prática nacional no setor público. Anteriormente, trabalhou na FranklinCovey na prática das 4 Disciplinas da Execução e foi membro sênior da Annie E. Casey Foundation. Ela agora gerencia uma consultoria, a In the Public Way, Inc., que opera como plataforma (inthepublicway.com) de apoio ao estado e a líderes de ONGs envolvidos em esforços por mudanças transformacionais de gestão. Em 1993, BJ Walker foi premiada com uma prestigiosa bolsa anual de residência da Fundação Annie E. Casey. BJ possui mestrado pela Northwestern University e bacharelado pelo Mount Holyoke College. Ela atua como membro do conselho do Algebra Project, Inc., e do Stewards of Change Institute. Casada com Thomas, eles têm dois filhos adultos, quatro netos e um bisneto.

Bill Moraes

Bill Moraes é o Vice-Presidente Executivo da FranklinCovey Enterprise Brasil. Coautor do livro *As 4 Disciplinas da Execução (4DX)*, best-seller global em 2021 sobre execução da estratégia, publicado em 20 línguas. Bill conduz eventos executivos no Brasil e no mundo, tendo liderado a implementação das 4DX no Marriott Hotels, na Faber-Castell, no Sistema Sicoob, Renault-Nissan, Stone Linx e em empresas de tecnologia da informação, comércio eletrônico e de varejo, com mais de 10 mil líderes na América Latina, Estados Unidos, Europa e África.

É professor titular do MBA em Liderança e Gestão Organizacional na FranklinCovey Business School, ensinando sobre liderança de pessoas e equipes, gestão estratégica de negócios e inteligência da execução da estratégia. Possui Bacharelado em Ciências da Computação pela Universidade Metodista de São Paulo, onde foi aluno bolsista em iniciação à pesquisa científica na área "Multimídia no Treinamento Corporativo", e MBA em Liderança e Gestão Organizacional pela FranklinCovey Business School.

A carreira de Bill cobre mais de três décadas de experiência operando e liderando organizações públicas e privadas, trabalhando em indústrias-chave como Tecnologia da Informação, Serviços de Consultoria, Gestão de Cadeia de Suprimentos e Vendas Complexas, como *Key Account Manager*, Gerente Regional e Diretor Geral.

Tem muito orgulho de seu maravilhoso casamento com sua querida esposa Mirela, sendo pai de um fantástico rapaz, Richard. Bill é um ávido leitor e pratica corrida semanalmente. É palestrante regular em eventos públicos sobre *Customer Relationship Management* e Liderança. Para informações adicionais sobre Bill, consulte br.linkedin.com/in/billmoraes.

Sumário

Prefácio xix

Prefácio da Primeira Edição xxiii

Introdução 1

PARTE 1: Aprendendo as 4DX

Capítulo 1   O Verdadeiro Problema da Execução 7
como este livro está organizado

Capítulo 2   Disciplina 1: Foque o Crucialmente Importante 29

Capítulo 3   Disciplina 2: Atue nas Medidas de Direção 55

Capítulo 4   Disciplina 3: Mantenha um Placar Envolvente 77

Capítulo 5   Disciplina 4: Crie uma Cadência de Responsabilidade 91
Como ler as seções restantes deste livro

PARTE 2: Implementando as 4DX como um Líder de Líderes

Capítulo 6   Escolhendo Onde Focar 121

Capítulo 7   Traduzindo o Foco Organizacional em Metas Executáveis .. 137

Capítulo 8   Trazendo Seus Líderes a Bordo 157

Capítulo 9   Execução de Projeto com as 4DX 169

Capítulo 10 Sustentando Resultados e Envolvimento com as 4DX 179

PARTE 3: Implementando as 4DX como um Líder da Equipe da Linha de Frente

Capítulo 11   O Que Esperar 205

Capítulo 12   Implementando a Disciplina 1:
Foque o Crucialmente Importante 221

Capítulo 13   Implementando a Disciplina 2:
Atue nas Medidas de Direção 237

Capítulo 14   Implementando a Disciplina 3:
Mantenha um Placar Envolvente 259

Capítulo 15   Implementando a Disciplina 4:
Crie uma Cadência de Responsabilidade 277

O Ingrediente Perdido 299

Case: LATAM Airlines 305

Case: Linx 311

Case: Renault Technology Americas 323

Case: Sicredi 327

     Glossário 329

     Notas 335

     Índice 337

Prefácio

Como encarregada do Department of Human Services do estado da Geórgia, e diretora do Department of Children and Family Services do estado de Illinois, Beverly Walker implementou as 4 Disciplinas da Execução (4DX) para obter resultados em agências governamentais e enfrentar desafios aparentemente intransponíveis, da mortalidade infantil à saúde mental e à alfabetização infantil. Entre outros resultados extraordinários, seu trabalho com as 4DX foi responsável pela redução de 60% de casos recorrentes de abuso infantil no estado da Geórgia. Atualmente, ela aconselha altos funcionários do governo nos Estados Unidos em seus problemas mais desafiadores.

Quando tomei conhecimento das 4 Disciplinas da Execução, eu enfrentava o maior desafio da minha carreira. Como a nova encarregada do Human Services, eu tinha 20 mil funcionários completamente desmoralizados, estávamos sob constante escrutínio da mídia devido a mortes e acidentes envolvendo crianças, e eu era o sexto ocupante do cargo em cinco anos. Na condição de uma mulher que passou mais da metade da vida adulta trabalhando nas áreas mais difíceis do governo, de início tentei evitar o uso das 4DX. Eu disse ao governador Perdue: "Cuido disso... só me deixe fazer meu trabalho." E então, depois de ser arrastada, esperneando e gritando, para o mundo da execução 4DX, tornei-me um de seus maiores apoiadores.

Caso esteja enfrentando o trabalho mais difícil que já teve, você precisa deste livro. A parte mais complicada de fazer o que parece impossível é encontrar o ponto ideal, ou seja, a Meta Crucialmente Importante e que coisas concretas e específicas você pode fazer para alcançá-la. No governo, não há curas milagrosas; é preciso se concentrar no cerne da crise. Você tem que ser capaz de descobrir qual problema precisa ser resolvido, e nada mais importa. E tem que resolver esse problema ao mesmo tempo que mantém uma supervisão vigilante do que ocorre no dia a dia sob pena de ver surgir uma nova crise.

Mas e quanto à minha visão "nobre"? Eis o que aprendi: no âmago de cada visão, cada aspiração, aninha-se uma crise. Você não pode salvar crianças se não sabe por que estão morrendo. Não pode prevenir a carência de moradias se não compreende por que existem os sem-teto. Não pode reduzir a violência e o crime se não souber onde ocorrem e quem está envolvido. E também não pode ensinar as crianças a ler sem entender quais habilidades elas têm dificuldade para dominar.

Era este o cenário que eu vi quando cheguei na Geórgia: as pessoas morriam e não sabíamos a causa. Em nossa agência havia pouca disposição em falar sobre morte. No entanto, ferimentos graves e óbitos nos impediam de ter êxito em nossa missão de ajudar as pessoas. Era uma guerra da qual não podíamos escapar nem vencer. Dia após dia, nossa preocupação era não deixar a bola cair e sermos responsabilizados.

Isso me forçou, como líder, a estabelecer uma Meta Crucialmente Importante [MCI] retirada do centro de nosso medo: "Reduzir em 50% o número de incidentes que podem levar à morte e a ferimentos graves de pessoas sob nossos cuidados, custódia e supervisão."

Era isso aí! Agora, dito em voz alta, podíamos abertamente reconhecer e incorporar nossa meta. Apenas dizer, por mais assustador que fosse, nos liberou para falar sobre como poderíamos alcançá-la, abrindo espaço para trabalharmos nisso. Não sabíamos, ainda, o que fazer ou como fazer, mas sabíamos que era por isso que aparecíamos todos os dias para evitar que coisas ruins acontecessem a crianças e adultos vulneráveis.

Muitas das questões e dos problemas aparentemente intratáveis e inamovíveis enfrentados por nossos sistemas de governo são desafiadores não porque as pessoas não estejam trabalhando duro, mas porque não há consenso sobre o que significa vencer. No governo, há muitas maneiras de saber o que está errado — cada movimento nosso é medido e publicamente rastreado. Porém, muitas vezes passamos tanto tempo nos preocupando com as métricas públicas que deixamos de tentar descobrir por que não progredimos, de encontrar a razão que nos impede de vencer. É aí que está o ponto ideal: trabalhar naquilo que importa.

Nossa MCI primária de redução de incidentes de morte e ferimentos graves entre aqueles sob nossos cuidados foi traduzida em dezenas de MCIs em nível de equipe que seriam capazes de determinar nosso sucesso. Tudo foi envolvido, desde aumentar a observação da saúde do paciente em hospitais psiquiátricos até a redução do número de casos acumulados de possível abuso infantil. Equipe por equipe, deixamos claro o que significava vencer. E foi apenas nesse nível básico que pudemos começar a identificar e rastrear as medidas vitais de liderança que preveriam o sucesso.

Paramos de esperar por relatórios repletos de medidas históricas para determinar se estávamos ganhando ou perdendo — dados que sempre chegavam tarde demais para fazer qualquer coisa. Joguei softball por muitos anos, e uma das coisas que aprendi é que perder o jogo inteiro dói menos do que suportar um erro uma etapa atrás da outra. Quando você trabalha com base em dados históricos, é como postar o placar apenas no fim do jogo; nessa hora, entretanto, é tarde demais para mudar a maneira de jogar. Aprendi que uma das minhas funções mais importantes como líder era marcar pontos. No governo, não estamos acostumados a jogar um jogo vencedor. Mas não se pode saber o que será necessário para vencer caso não se saiba a quantas anda o placar.

Com a pontuação visível, minha equipe sênior e as equipes de gerenciamento de divisão e da linha de frente realizaram sessões MCI de vinte minutos todas as semanas com foco em medidas de direção e compromissos semanais. Isso forçou os líderes a manter contatos diretos e regulares com o que se passava na linha de frente e, inversamente, forneceu à linha de frente um acesso sem precedentes aos líderes executivos.

Por que esse processo funcionou? Porque nós o levamos para o chão, para as pessoas que fazem esse trabalho tão difícil. Levamos para trabalhadores envolvidos com bem-estar infantil e saúde mental. Quando lhes demos o que precisavam, nos agradeceram e fizeram acontecer! Nossa equipe de liderança certamente acreditava no que estávamos fazendo. Mas nosso pessoal da linha de frente realmente acreditou! Quem, todos os dias, tem contato físico com pessoas que podem morrer ou sofrer ferimentos graves precisava desesperadamente acreditar no que estávamos fazendo. Eles precisavam saber que estavam fazendo a diferença. Nas palavras de um senhor em uma reunião de relatório 4DX: "Você espera até que eu esteja prestes a me aposentar para finalmente nos dar algo que funcione?"

Quando lidamos com situações desafiadoras, estamos acostumados a trabalhar no lado da oferta, colocando mais dinheiro para resolver um problema, procurando a próxima superestrela que vai entrar e consertar as coisas, aprovando novas leis e regulamentações destinadas a forçar mudanças na alimentação. Ao aplicar as 4DX, não fizemos essas coisas. Em vez disso, atacamos o lado da demanda: aqueles que se debruçam nos problemas mais urgentes. Envolvemos a energia de nossa organização trabalhando o problema em conjunto com aqueles que o conheciam intimamente, aqueles envolvidos nele dia após dia. Explorar esse conhecimento e essa experiência coletivos é o que as 4DX fazem. Um método que ajuda os líderes a alavancar seu ativo mais poderoso: seu pessoal.

— *Beverly (BJ) Walker*

Prefácio da Primeira Edição

Clayton Christensen foi professor de Administração de Negócios na cadeira Kim B. Clark da Harvard Business School e autor de O Dilema da Inovação, *além de vários outros livros e publicações de negócios.*

As 4 Disciplinas da Execução oferece mais do que teorias para fazer mudanças organizacionais estratégicas. Os autores explicam não apenas "o que" uma execução eficaz envolve, mas também "como" ela é alcançada. Eles compartilham diversos exemplos de empresas que fizeram exatamente isso, não uma vez, mas repetidamente. Este é um livro que todo líder precisa ler!

— Clayton Christensen

Andy Grove, que ajudou a fundar a Intel e liderou a empresa durante anos como CEO e presidente do Conselho de Administração, me ensinou algumas coisas extraordinárias. Uma delas ocorreu em uma reunião em que ele e vários de seus subordinados diretos planejavam o lançamento do microprocessador Celeron. Eu estava lá como consultor. A teoria da disrupção havia identificado uma ameaça à Intel. Duas empresas — AMD e Cyrix — tinham atacado o segmento inferior do mercado de microprocessadores, vendendo chips de custo muito mais baixo para empresas que fabricavam computadores básicos. Eles haviam conquistado uma fatia significativa do mercado e, então, iniciaram um movimento para o mercado de computadores mais sofisticados. A Intel precisava dar uma resposta.

Em um intervalo da reunião, Grove me perguntou: "Como faço isso?"

De imediato, respondi que ele precisava estabelecer uma unidade de negócios à parte, autônoma, com uma estrutura administrativa diferente e sua própria equipe de vendas.

Com a voz rouca que o caracterizava, Grove me disse: "Você e sua ingenuidade acadêmica! Eu lhe perguntei *como* fazer e você me falou *o que* fazer." Praguejando, ele continuou: "Eu sei o que preciso fazer. Simplesmente, não sei como fazer isso."

Eu me senti como se estivesse perante uma divindade sem um jeito de me esconder. Grove estava certo. Eu era, de fato, um acadêmico ingênuo. Havia acabado de mostrar a ele que não sabia a diferença entre *o que* e *como*.

No voo de volta para Boston, me perguntei se devia mudar o foco da minha pesquisa como acadêmico para tentar desenvolver uma teoria do como. Descartei a ideia, porém, uma vez que eu não imaginava de que modo poderia desenvolver uma teoria do *como*.

Minha pesquisa continuou a se centrar no "o que" dos negócios, aquilo que chamamos de estratégia, e tem sido bastante produtiva. A maioria dos pesquisadores, consultores e escritores de estratégia nos deram visões estáticas de questões estratégicas: instantâneos de tecnologias, empresas e mercados. Isso representa as características e as práticas de empresas bem-sucedidas em um momento específico, não as de empresas em dificuldades; ou de executivos com desempenho melhor do que outros naquela ocasião. Explícita ou implicitamente, eles afirmam que, se você quiser ter um desempenho tão bom quanto os melhores, deve seguir os procedimentos das melhores empresas e dos melhores executivos.

Meus colegas e eu rejeitamos a profissão de fotógrafo. Em vez disso, produzimos "filmes" de estratégia. Não se trata, entretanto, de filmes como os que você assiste nos cinemas, que são uma ficção concebida por produtores e roteiristas. Os filmes incomuns que estamos fazendo em Harvard são "teorias", que descrevem o que *faz* com que as coisas aconteçam e *por que* elas acontecem. Essas teorias constituem o "enredo" desses filmes. Em contraste com os enredos de filmes exibidos em uma sala de cinema, repletos de suspense e surpresas, os enredos de nossos filmes são perfeitamente previsíveis. Neles, você pode fazer alterações no elenco — pessoas, empresas e setores diferentes — e assistir ao filme novamente. Você pode escolher as ações desses personagens. Como os enredos desses filmes são baseados em teorias de causalidade, no entanto, os resultados dessas ações são perfeitamente previsíveis.

Você acha isso entediante? Provavelmente sim, para quem busca diversão. Mas os gestores, que têm que saber se sua estratégia — o "o que" de seu trabalho — está certa ou errada, precisam do máximo de certeza possível. Como a teoria é o enredo, você pode rebobinar o filme e rever o passado repetidamente, se quiser, para entender o que causa o "o que" e "por que" até certo ponto. Outra característica dos filmes desse tipo é que você também pode olhar para o futuro — antes que ele realmente ocorra. Você pode mudar seus planos, com base nas diferentes situações em que se encontra, e verificar no filme o que acontecerá como consequência.

Sem falsa modéstia, penso que é justo dizer que nossa pesquisa sobre estratégia, inovação e crescimento tem auxiliado os gestores que dedicaram seu tempo para ler e compreender as teorias (ou filmes) de estratégia, a obter e manter o sucesso com mais frequência do que era o caso historicamente.

O que permanece é o *como* administrar uma empresa em tempos de mudanças. Esse "como" tem sido estudado minimamente — ao menos até este livro.

A razão pela qual uma boa pesquisa sobre "como" demorou tanto para surgir está na escala diferente requerida por ela. Teorias causais de estratégia — "o que" — normalmente derivam do estudo profundo de uma empresa, como foi o caso com meu estudo de unidade de disco. O "como" da mudança estratégica, ao contrário, surge incessantemente em todas as empresas. Desenvolver uma teoria de "como" significa que você não pode estudar esse fenômeno uma vez em uma empresa. Não pode tirar instantâneos de "como". Em vez disso, é necessário estudá-lo em detalhes recorrentemente, ao longo dos anos, em numerosas empresas. A escala desse esforço explica por que outros acadêmicos e eu ignoramos o "como" da mudança estratégica. Nós simplesmente não tínhamos um modo de fazê-lo. Isso requer a perspectiva, o insight e a escala de uma empresa como a FranklinCovey.

É por esse motivo que estou tão animado com este livro. Este não é um livro repleto de casos sobre empresas que se deram bem. Em vez disso, o livro na verdade contém uma teoria de causalidade sobre a maneira pela qual a execução eficaz é alcançada. Os autores nos deram não instantâneos de execução, mas filmes — filmes que podemos rebobinar e estudar indefinidamente, filmes em que você, como líder, pode inserir sua empresa e seu pessoal como atores. E também observar seu futuro antes que ele se concretize. Este livro é proveniente de um detalhado estudo de várias empresas ao longo do tempo, à medida que colocavam em ação novas maneiras de "como" fazer — loja por loja, hotel por hotel, divisão por divisão.

Espero que você aprecie este livro tanto quanto eu.

— *Clayton Christensen*

Introdução

Quando começamos a escrever a primeira edição de *As 4 Disciplinas da Execução*, em 2009, já haviam transcorrido 8 anos de implementação das 4DX em mais de 1 mil organizações diferentes. Na ocasião em que foi publicado, em 2012, tínhamos aumentado o número de implementações para mais de 1.500. Hoje, esta segunda edição é baseada na experiência de *4 mil implementações*.

Como é comum acontecer em um trabalho que continua a crescer e a evoluir, esta segunda edição das 4DX é o livro que gostaríamos de ter publicado em 2012, caso soubéssemos então o que sabemos agora. Somos extremamente gratos aos leitores em todo o mundo (em todos os dezesseis idiomas em que o livro está agora disponível) por seus comentários. Trabalhar com vocês nos permitiu não apenas aprimorar as disciplinas, mas também simplificar bastante nossa abordagem de implementação.

Uma das coisas mais impactantes que, logo de início, aprendemos sobre nossos leitores foi que eles não se limitaram a apenas ler o livro, mas *implementaram as disciplinas*. Eles eram *executores*. Isso talvez pareça surpreendente, mas é incomum com livros de negócios, que tradicionalmente ficam na simples leitura, em vez de serem aplicados.

Nossos leitores raramente diriam: "Nós lemos as *4DX*." Com mais frequência, diriam: "Estamos executando as 4DX!" Perceber que pessoas e organizações seguiam ativamente as recomendações que fazíamos colocou em nossos ombros uma responsabilidade ainda maior, não somente quanto à precisão, mas também quanto à clareza. Isso nos leva a uma das forças condutoras desta segunda edição.

Ao longo dos anos, precisamos muitas vezes dizer: "Compreendo porque você pensou que era isso que estávamos dizendo, porém não foi exatamente isso que quisemos dizer." Por volta de 2017, as conversas que tivemos já eram suficientes para saber onde e como poderíamos aprimorar significativamente o texto.

Na segunda edição há mais de 30% de um novo conteúdo, cuja pretensão é trazer novas ideias, uma direção mais clara e eliminar confusões envolvendo, principalmente, três áreas:

1. *Líderes de líderes* implementam as 4DX de maneira diferente dos *líderes de equipes da linha de frente*: os princípios são os mesmos, mas a forma de aplicação é diferente. Abordamos isso na primeira edição, mas fomos muito sutis. A segunda edição está organizada em torno dessa importante distinção, que ocupa agora uma seção inteira do livro (incluindo cinco novos capítulos) dedicada especificamente a como os líderes de líderes implementam as 4DX em uma organização.

2. Saber *onde* implementar as 4DX é tão importante quanto saber *como* implementá-las. Ainda que uma orientação valiosa tenha constado da primeira edição, agora trouxemos exemplos melhores, ilustrações mais claras e novos conhecimentos para ajudar os líderes a saber onde (e como) as 4DX funcionam mais efetivamente ou não.

3. *Lançar* as 4DX pode mudar seus resultados, mas *manter* as 4DX pode mudar sua organização. Temos hoje a vantagem adicional de fazer parceria com líderes que sustentaram as 4DX por anos — na verdade, alguns por mais de uma década. Produzir resultados é um nível de realização; sustentá-los e melhorá-los a longo prazo é um feito muito maior. Acreditamos que as novas práticas e percepções oferecidas quanto à sustentabilidade, por si só, teriam garantido a redação de uma segunda edição em face de seu valor para os líderes, não apenas para alcançar suas Metas Crucialmente Importantes, mas, em última análise, por criar uma cultura de execução.

ESTRATÉGIA VERSUS EXECUÇÃO

Há duas coisas principais no âmbito de influência de um líder quando se trata de produzir resultados: sua estratégia (ou plano) e sua habilidade em executar essa estratégia.

Pare por um instante e pergunte a si mesmo: qual a maior dificuldade para um líder — elaborar uma estratégia ou executá-la? Sempre que fazemos essa pergunta a líderes em qualquer parte do mundo, a resposta é imediata: "Executar!"

Agora, responda a uma segunda pergunta: se você tem um MBA ou participou de cursos sobre negócios, o que estudou mais — execução ou estratégia?

Quando fazemos essa pergunta aos líderes, mais uma vez a resposta é imediata: "Estratégia!" Talvez não seja surpresa nenhuma que a área com a qual os líderes têm mais dificuldade seja também aquela em que tiveram menos educação.

Após trabalhar com líderes e equipes de todos os setores de atividade, e em escolas e agências governamentais ao redor do mundo, aprendemos que uma vez tendo decidido o que fazer, seu maior desafio é reunir pessoas para executá-lo com o nível de excelência necessário.

Por que a execução é tão difícil? Afinal, se a estratégia é clara, e você, como líder, está conduzindo o processo, a equipe não se envolverá naturalmente para fazê-lo? A resposta é não, e provavelmente sua própria experiência pessoal seja prova disso, e mais de uma vez.

O livro que você está lendo reúne os insights mais utilizáveis e impactantes de tudo aquilo que aprendemos. Nele, você encontrará um conjunto de disciplinas que foram adotadas por dezenas de milhares de líderes e centenas de milhares de trabalhadores da linha de frente que lhes permitiram obter resultados extraordinários.

PARTE 1

Aprendendo as 4DX

CAPÍTULO 1

O Verdadeiro Problema da Execução

MARRIOTT

Um dos hotéis próximos da sede do Marriott International, o Spartanburg Marriott no Renaissance Park, queria melhorar as avaliações de desempenho, um esforço ampliado pelo fato de estar tão perto da liderança da empresa. O gerente geral, Brian Hilger, sua equipe e os proprietários do hotel trabalharam juntos na primeira parte da equação: uma renovação de US$20 milhões que incluía quartos repaginados, um saguão deslumbrante e um novo restaurante — melhorias críticas para alcançar pontuações mais altas pelos hóspedes. O hotel parecia fantástico, mas as notas ainda não estavam no patamar desejado. Eles, então, passaram a abordar a segunda parte da equação: garantir que cada um dos envolvidos elevasse seu desempenho na mais alta das prioridades: a experiência de cada hóspede.

Após um ano, Brian e sua equipe orgulhosamente comemoraram ter alcançado a mais alta pontuação na satisfação dos hóspedes na história de 30 anos do hotel. Nas palavras de Brian: "Eu temia a chegada de cada nova classificação de satisfação dos hóspedes toda sexta-feira. Agora, me sinto estimulado a sair da cama nas manhãs de sexta."

COMCAST

LeAnn Talbot era a nova vice-presidente sênior da Comcast, responsável pela região da Grande Chicago. Aquela era uma das maiores regiões em que a empresa operava, mas estava em último lugar entre mais de uma dúzia de regiões nas classificações de desempenho da companhia.

Nas palavras de LeAnn: "Nos nove anos anteriores, a região se manteve em último lugar em quase todas as métricas que a Comcast usava para avaliação de desempenho, apesar da sucessão de líderes. Não era um lugar exitoso, e pessoas talentosas não queriam arriscar uma mudança para a região de Chicago porque pensavam que isso poderia impactar negativamente suas carreiras. E, em virtude da importância da região, também estávamos sendo foco de atenção — algo a que nos referimos como 'o amor' — o que ocasionava ainda mais pressão. Precisávamos de um plano disciplinado para executar com excelência, e tinha que ser de imediato."

Em dois anos, a região da Grande Chicago passou do último lugar para o primeiro nas classificações de desempenho interno da Comcast. LeAnn disse: "Além desses resultados operacionais, o efeito na equipe foi dramático. A região foi reconhecida como um dos 100 melhores locais de trabalho pelo *Chicago Tribune*. Quando começamos nossa jornada, eu realmente não pensei que todo esse progresso poderia ter acontecido tão rapidamente."

CNRL

A Canadian Natural Resources investiu aproximadamente US$20 bilhões em sua unidade de produção Horizon Oil no norte de Alberta, Canadá, e não estava atendendo às expectativas de produção. Não obstante o multibilionário investimento, a unidade de produção de betume na operação Horizon Oil Sands não conseguia ultrapassar 72% da capacidade instalada. Casey McWhan, vice-presidente de produção de betume, sabia que precisava agir rápido, especialmente porque cada ponto percentual abaixo de 100% representava US$15,7 milhões por ano de perda de receita. Ele sabia que o problema não era de falta de esforço: suas equipes trabalhavam sem parar para manter o equipamento e as complexas instalações de refino online. Colin Savastianik, líder da operação, expressou uma frustração compartilhada por todos quando, sentado em seu escritório no fim do dia, e balançando a cabeça, se perguntou: "O que eu fiz hoje?" Ele sabia que estava trabalhando muito, mas no fim do dia parecia que nada havia sido de fato realizado.

Em um ano, Casey e sua equipe colocaram a fábrica em operação com quase 100% de sua capacidade. Embora os ganhos inesperados com esses resultados tenham permitido à CNRL comprar um concorrente principal, Casey disse: "O que *mais me orgulho* é desta equipe, de ver como os superintendentes e os gerentes cresceram e desenvolveram uma cultura de responsabilidade e propriedade."

As histórias de Brian (Marriott), LeAnn (Comcast) e Casey (CNRL) podem soar muito diferentes, mas não são. Para cada um desses líderes, o desafio era essencialmente o mesmo. Logo, a solução também era a mesma.

Ao executar uma estratégia que requer uma mudança duradoura no comportamento de outras pessoas, você está enfrentando um dos maiores desafios de liderança. Com as 4 Disciplinas da Execução, você não está experimentando uma teoria interessante; está implementando um conjunto de práticas comprovadas que sempre enfrentam esse desafio com sucesso.

O DESAFIO REAL

Mudar uma cultura significava mudar a conversação. E, para mudar a conversação, as pessoas precisariam de palavras novas, em especial aquelas relacionadas a comportamentos que levariam a resultados positivos.

— Liz Wiseman

Quer você denomine uma estratégia, uma meta ou um esforço de melhoria, qualquer iniciativa que, no papel de líder, você acione a fim de impulsionar de modo significativo sua equipe ou sua organização se enquadrará em uma de duas categorias: a primeira requer principalmente uma "canetada"; a segunda, uma mudança de comportamento paradigmática.

Estratégias que dependem de uma "canetada" são aquelas que você executa apenas ordenando ou autorizando que sejam feitas. Em poucas palavras, se você tiver dinheiro e autoridade, pode fazê-las acontecer. Pode ser um importante investimento de capital, uma mudança no sistema de compensação, um realinhamento de papéis e responsabilidades, um aumento da equipe ou uma nova campanha publicitária. Embora a execução dessas estratégias exija planejamento, consenso, coragem, inteligência e dinheiro, você sabe que acabarão por acontecer.

Mudanças comportamentais de vulto são muito diferentes das estratégias do tipo "canetada". Você não pode apenas ordenar que aconteçam porque a execução delas requer que pessoas, em geral muitas delas, façam algo diferente. Se alguma vez você já tentou fazer com que outras pessoas mudassem suas ações, sabe como é difícil. Mudar a si mesmo já é suficientemente complicado.

Por exemplo, você já tentou persuadir uma equipe de vendas a se comportar mais como consultores em sua abordagem aos clientes, ou induzir uma equipe de engenharia a colaborar com a equipe de marketing no design do produto, ou convencer uma equipe de call center a adotar uma nova plataforma de software? Você não pode simplesmente enviar um e-mail declarando: "A partir de amanhã, gostaríamos que todos fossem mais consultivos!" Na verdade, você pode estar tentando mudar rotinas que estão arraigadas há décadas. Até mesmo quando é ponto pacífico para todos que a abordagem antiga nunca elevará o desempenho a um patamar mais alto, é difícil fazer os seres humanos mudarem! Mesmo as iniciativas que parecem depender de uma canetada podem frequentemente evoluir para aquelas que requerem uma mudança de comportamento significativa e permanente.

Nosso colega Jim Stuart resumiu assim esse desafio: "Para atingir uma meta jamais alcançada, você deve começar a fazer coisas que nunca fez anteriormente." Se a mudança exigir que as pessoas façam algo diferente, será preciso conduzir uma *estratégia de mudança de comportamento*, e isso não será fácil.

O VERDADEIRO PROBLEMA DA EXECUÇÃO

Iniciativas para fazer a organização progredir podem assumir duas estratégias:

"CANETADA" Requer recursos ou autoridade de liderança	OU	MUDANÇA DE COMPORTAMENTO
• Investimento de Capital • Ampliação da Equipe • Mudança de Processo • Aquisição Estratégica • Compra de Mídia • Mudança no Mix de Produtos		• Melhoria da Experiência do Cliente • Melhoria da Qualidade • Menor Tempo de Resposta • Abordagem Consultiva de Venda

Quase todo líder sentiu a dor e a frustração desse desafio. Alguma vez você já se viu a caminho do trabalho murmurando algo como: "Pelo amor de Deus, será que não conseguimos fazer isso?" Em caso afirmativo, então você se lembra de como se sentiu quando a incapacidade de fazer as pessoas mudarem foi o entrave entre você e os resultados desejados. Isso não é exclusividade sua.

Em um importante estudo sobre mudança organizacional, a empresa global de consultoria em gestão Bain & Company relata estes achados: "Cerca de 65% das iniciativas exigem mudanças comportamentais significativas por parte dos empregados da linha de frente, algo que os gestores frequentemente deixam de considerar ou de planejar com antecedência."[1]

Apesar da relevância desse problema, os líderes raramente o reconhecem. Você não os ouve dizer: "Gostaria de ser melhor na condução de estratégias que demandem das pessoas um modo de agir diferente." Provavelmente, o que você ouvirá com mais frequência é: "Gostaria de não ter que lidar com Antônio, Paulo e Suzana!"

É natural um líder supor que as pessoas sejam o problema. Afinal de contas, são elas que fazem o que precisa ser feito. Todavia, isso é um erro. *As pessoas não são o problema!*

W. Edwards Deming, pai do movimento da qualidade, ensinou que, em todas as ocasiões nas quais a maioria das pessoas se comporta de uma maneira particular a maior parte do tempo, elas não são o problema. O problema é inerente ao sistema.² Como líder, você é responsável pelo sistema. Embora uma pessoa específica possa ser um grande problema, se você insiste em culpá-la, reconsidere.

Quando começamos a estudar esse desafio há muitos anos, primeiro queríamos entender as causas básicas da execução deficiente. Coordenamos uma pesquisa internacional com trabalhadores e examinamos centenas de empresas e órgãos governamentais. Durante os estágios iniciais de nossa pesquisa, encontramos problemas por todos os lados.

Uma das principais suspeitas por trás do entrave na execução era a clareza das metas: as pessoas simplesmente não as compreendiam. Na verdade, em nossas pesquisas iniciais, aprendemos que apenas um funcionário em sete era capaz de citar pelo menos uma das metas mais importantes de sua organização. Isso mesmo — 15% não conseguiam mencionar nem mesmo 1 das 3 metas mais importantes identificadas por seus líderes. Os outros 85% citavam o que *pensavam* ser a meta, mas que, em geral, nem remotamente se parecia com o que seus líderes estabeleceram. Quanto mais distante do topo da organização, menor a clareza; e esse foi apenas o começo dos problemas com os quais nos defrontamos.

A falta de comprometimento com a meta foi outro ponto. Até mesmo as pessoas que conheciam a meta não estavam suficientemente comprometidas com ela. Apenas 51% da equipe declarava estar envolvida com sua meta, ou seja, quase metade apenas se deixava levar pelos acontecimentos.

A responsabilização também foi um ponto de destaque. Assombrosos 81% dos entrevistados disseram que não eram responsabilizados pelo progresso regular das metas da organização. E essas não eram traduzidas em ações específicas: 87% não tinham ideia clara do que deveriam fazer para alcançá-las. Não é de se admirar tanta inconsistência na execução!

Em resumo, as pessoas não se sentiam seguras sobre qual era a meta, não estavam comprometidas com ela, não sabiam o que deveria ser feito especificamente e não estavam sendo responsabilizadas por isso.

Essas foram apenas as explicações mais óbvias sobre o porquê das falhas na execução. Em um nível mais sutil, houve problemas de confiança, de sistemas de remuneração desalinhados, processos com desenvolvimento deficiente e tomadas de decisão erradas.

Nosso primeiro instinto foi dizer: "Corrijam tudo! Acertem tudo e depois conseguirão implementar sua estratégia." Seria como lhes aconselhar a ferver o oceano.

Conforme nos aprofundávamos, começamos a vislumbrar uma causa muito mais fundamental da falha na execução. Certamente, os problemas que acabamos de citar (falta de clareza, compromisso, colaboração e responsabilização) exacerbam a dificuldade de execução da estratégia. Mas, na realidade, eles inicialmente desviaram nossa atenção de um problema mais complexo. Há um ditado que diz: "O último a descobrir que a água existe é o peixe." Ele resume muito bem nossa descoberta. Como um peixe descobrindo a água na qual nada o tempo todo, finalmente percebemos que o problema fundamental com a execução sempre esteve bem na nossa frente. Não o víamos porque ele permeava tudo, e assim se tornara invisível.

O REDEMOINHO

O verdadeiro inimigo da execução é o nosso trabalho diário! Nós o denominamos *redemoinho*. É a enorme quantidade de energia necessária apenas para manter em funcionamento nossa operação no dia a dia, que, ironicamente, é também aquilo que torna tão difícil executar qualquer coisa nova. O redemoinho tira o foco necessário para impulsionar sua equipe.

Líderes raramente diferenciam o redemoinho das metas estratégicas, porque ambos são necessários à sobrevivência da organização. Contudo, eles são claramente diferentes e, o mais importante, competem incansavelmente por tempo, recursos, energia e atenção. Não precisamos dizer quem geralmente vencerá essa luta.

O redemoinho urge e todos os dias, a cada minuto, atua sobre você e sobre aqueles que trabalham para você. As metas estabelecidas para avançar são importantes, mas, quando a urgência e a importância entram em conflito, a urgência sempre vence. Quando tomar consciência dessa luta, você a verá acontecendo em todos os lugares e em todas as equipes que estejam tentando implementar algo novo.

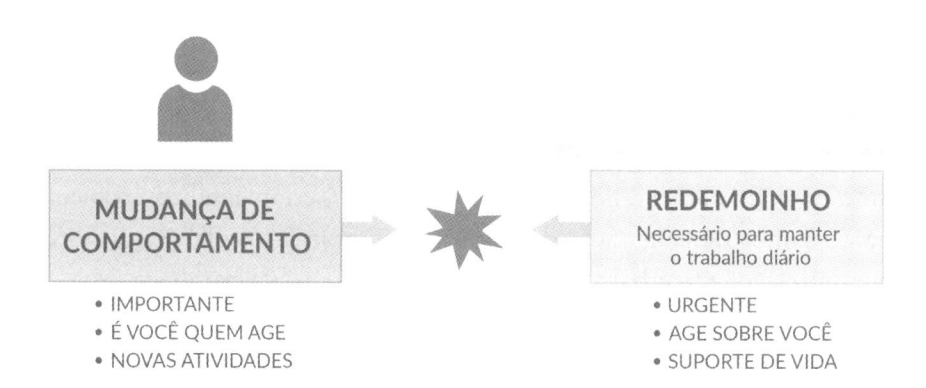

MUDANÇA DE COMPORTAMENTO	REDEMOINHO Necessário para manter o trabalho diário
• IMPORTANTE • É VOCÊ QUEM AGE • NOVAS ATIVIDADES	• URGENTE • AGE SOBRE VOCÊ • SUPORTE DE VIDA

Considere sua própria experiência. Você conseguiu se lembrar de alguma iniciativa importante que foi bem lançada e depois tenha morrido? Como chegou ao fim? Foi com um choque violento, seguido de tremenda explosão? Ou foi se extinguindo lentamente com o passar do tempo, asfixiada pelo redemoinho? Fizemos essa pergunta a líderes de líderes e sempre recebemos a mesma resposta: "Lenta asfixia!" É como encontrar aquela camiseta desbotada no fundo da gaveta e dizer: "Ah, sim, Encontro Anual de Operações. Eu me pergunto o que terá acontecido com ela." Morreu, e nem sequer teve um funeral.

Executar a despeito do redemoinho significa superar não apenas a intensa distração que ele causa, mas também a inércia contida em "o modo como sempre foi feito". Não estamos dizendo que o redemoinho seja nocivo. Não é. Ele mantém uma organização viva e não pode ser ignorado. Se você ignorar a urgência, ela pode matá-lo hoje. Contudo, também é verdade que, se você ignorar o que é importante, pode ser morto amanhã. Em outras palavras, operar somente dentro do redemoinho significa não progredir, e toda a energia será gasta apenas tentando se manter em pé na ventania. O desafio é executar suas metas mais importantes em meio às urgências!

Diferentes líderes vivenciam o redemoinho de diferentes maneiras. Um executivo sênior de um dos maiores varejistas de materiais de obra e decoração para o lar descreve-o da seguinte forma: "Não temos dragões atacando e nos afastando das prioridades. O que temos são mosquitos. Todos os dias eles infestam nossos olhos e, quando olhamos para os seis meses anteriores, constatamos não ter feito nada que dissemos que faríamos."

Quase certamente você já se viu enfrentando o redemoinho ao tentar explicar uma nova meta ou estratégia para alguém que trabalha para você. Lembra-se da conversa? Sua mente estava clara, centrada na meta e formulava uma explicação em termos de fácil compreensão. Todavia, enquanto falava, seu interlocutor lentamente se retirava da sala, o tempo todo fazendo que sim com a cabeça, reafirmando o que você dizia, mas tentando voltar para o *trabalho de verdade*, um outro nome para redemoinho.

Esse empregado está totalmente engajado em atingir aquela meta? Nem um pouco. Está tentando sabotar sua meta ou solapar sua autoridade? Não. Está apenas tentando sobreviver no redemoinho dele.

Para ilustrar, um de nossos colegas compartilhou esta história: "Eu presidia o conselho comunitário da minha escola secundária que estabelecera uma séria meta de melhoria das notas das provas. Minha tarefa era orientar os professores sobre a nova meta. Assim sendo, marquei uma reunião com os professores envolvidos para explicar o que estávamos fazendo e dar início ao processo. Inicialmente fiquei desconcertado, pois eles não pareciam estar prestando atenção ao que eu dizia. Lentamente descobri o porquê: sobre a pequena mesa de uma das professoras havia uma pilha de umas mil folhas de papel. Era a produção de redações de um só dia, que ela teria de avaliar e em seguida atribuir notas. Além disso, tinha de comparecer a uma reunião de pais e planejar as aulas do dia seguinte. Denotava sua impotência enquanto eu fazia minha longa exposição. Na verdade, não estava me escutando. Não existia disponibilidade em sua mente para tal, e não a culpo!"

Vamos resumir o que dissemos até agora. Primeiro, conforme busca resultados, você em certo momento terá que executar uma estratégia de *mudança de comportamento*. Ações com base na autoridade só o levarão até aqui. Em segundo lugar, quando você assumir uma estratégia de mudança de comportamento, lutará em meio a um redemoinho, e este é um adversário de peso, imbatível em muitas organizações.

Não podemos enfatizar o suficiente que as 4 Disciplinas da Execução não são projetadas para gerenciar seu redemoinho, nem tampouco para gerenciar iniciativas do tipo canetada. Elas constituem um método preciso para obter resultados extraordinários com relação a seu objetivo mais crítico: sua Meta Crucialmente Importante.

Considerando que a execução é, essencialmente, um desafio humano que exige comportamentos novos ou diferentes para alcançar melhores resultados, você pode compreender melhor o impacto das 4DX examinando em primeiro lugar a reação mais humana entre todas: a resistência à mudança.

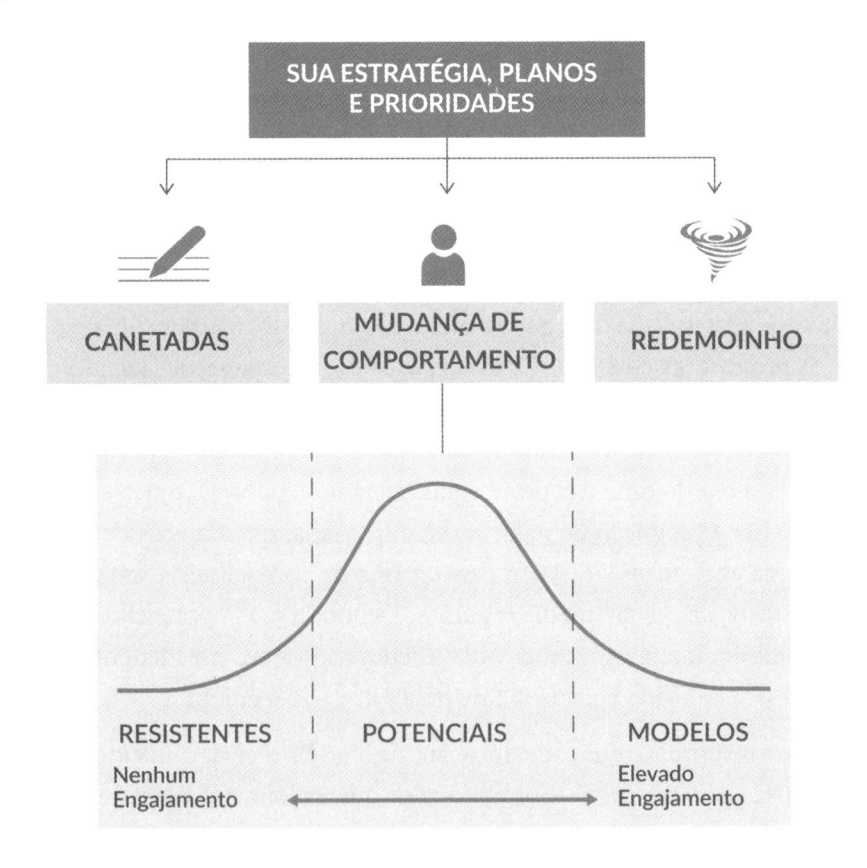

Quando se trata de adotar uma mudança de comportamento, você pode esperar que as pessoas se enquadrem em uma de três categorias. A primeira delas compõe-se de pessoas que se envolvem rapidamente. Eles são seus primeiros usuários, aqueles que adotam com gosto e tomam como modelo os novos comportamentos que criarão melhores resultados. Esses também são os membros de sua equipe mais abertos a novas ideias e dispostos a tentar novas abordagens; eles são, em geral, os mais comprometidos com a *vitória*. Nós nos referimos a eles como Modelos.

Há outra categoria (geralmente uma porcentagem muito maior da equipe) que aparenta apoiar totalmente a mudança de comportamento, mas de fato adotou apenas um mínimo das mudanças necessárias. Eles fazem só o suficiente para parecer solidários, sem nunca realmente se comprometer. Chamamos esses indivíduos de Potenciais, porque ainda não se comprometeram inteiramente.

Por fim, e infelizmente, uma parcela da equipe nunca aceitará as mudanças que os resultados inovadores requerem. Chamamos essa categoria de Resistentes. Na maioria das vezes, os indivíduos nessa categoria jamais adotarão mudanças significativas no modo como se tornaram confortáveis em seu desempenho.

Os Modelos são encontrados tanto nas melhores organizações quanto naquelas que passam por dificuldades. Eles criam bolsões de excelência e normalmente são uma fonte de resultados extraordinários. O alto desempenho dos Modelos é valioso não apenas porque produz resultados, mas também porque confirma que resultados inovadores são possíveis em uma escala maior. Quanto maior a porcentagem de Modelos, maior o desempenho da equipe.

Bolsões de excelência são, também, o lado luminoso de um problema mais sombrio. Há em quase todas as organizações uma variabilidade significativa no desempenho: altos e baixos que são predominantemente impulsionados pelos Potenciais e pelos Resistentes. Quanto maior a percentagem dessas duas categorias, mais inconsistentes serão os resultados.

Essas duas dinâmicas — bolsões de excelência e variabilidade de desempenho — existem nas organizações de melhor e de pior desempenho. O que na verdade separa os melhores e os piores desempenhos é a *forma* de suas respectivas curvas. A curva de adoção do executor de alto desempenho é mais "estreita". Portanto, embora os líderes tenham que aceitar que sempre terão uma curva de adoção, *eles não precisam aceitar a forma dessa curva.* Quando o fazem, os líderes estão, de certo modo, desistindo de melhorar a *execução* e se limitam a melhorar os resultados apenas por meio de mudanças na *estratégia*. O propósito das 4 Disciplinas da Execução é mover a curva de adoção para a direita e para baixo, a fim de obter uma mudança de comportamento.

AS 4 DISCIPLINAS DA EXECUÇÃO

Tim Harford, autor de *Economista Disfarçado,* comentou: "Mostre-me um sistema complexo bem-sucedido e lhe mostrarei um sistema que evoluiu por meio de tentativa e erro."[3] No caso das 4DX, ele está absolutamente correto. Esse sistema se beneficiou de ideias bem pesquisadas, mas *evoluiu* mediante tentativas e erros.

Em nossa pesquisa inicial com a Harris Interactive, entrevistamos quase 13 mil pessoas internacionalmente em 17 diferentes setores de atividade e completamos com avaliações internas de 500 empresas diferentes. Ao longo dos anos, aumentamos essa base, fazendo um levantamento com quase 300 mil líderes e membros de equipes. A pesquisa foi valiosa como fundamento para os princípios e como guia para nossas principais informações, mas os insights reais não resultaram da pesquisa. Eles se originaram do trabalho com pessoas como você em mais de 1.500 implementações. Foi esse esforço que nos capacitou para o desenvolvimento dos princípios e dos métodos que sabemos que funcionarão, independentemente do setor ou do país no qual sejam implementados.

Neste ponto temos uma boa notícia e uma má notícia. A boa notícia é que existem regras — regras para executar uma mudança de comportamento perante o redemoinho. A má notícia é que existem regras — os tipos de regras que ocasionam consequências imediatas se forem violadas.

Apesar da simplicidade que à primeira vista aparentam, as disciplinas não são simplistas. Muito ao contrário. As disciplinas mudarão, e profundamente, a maneira pela qual você aborda suas metas. A partir do momento em que as adotar, nunca mais liderará do mesmo modo novamente, quer você seja um coordenador de projeto, um líder de uma pequena força de vendas ou dirija uma das empresas listadas na Fortune 500. Acreditamos que essas disciplinas representam um avanço sobre como impulsionar equipes e associações.

A seguir apresentamos uma visão geral das 4 Disciplinas.

Disciplina 1: Foque o Crucialmente Importante

Basicamente, quanto mais você tenta fazer, menos realiza de fato. Esse é um princípio inflexível, e inevitável, sob o qual todos nós convivemos. Em algum momento ao longo do caminho, a maioria dos líderes o esquece. Por quê? Porque líderes inteligentes, ambiciosos, não querem fazer o mínimo, querem fazer o máximo, mesmo os mais experientes. Você não acha difícil dizer não para uma boa ideia e mais ainda para uma grande ideia? Ainda assim, sempre haverá melhores ideias do que você e sua equipe têm capacidade de executar. Por isso, seu primeiro desafio é focalizar o crucialmente importante.

Foco é um princípio natural. Os raios solares não são suficientemente fortes para atear um fogo, mas, uma vez que são focalizados com uma lente de aumento, farão com que uma folha de papel se incendeie em segundos. O mesmo se aplica aos seres humanos: a partir do momento que a energia coletiva se concentra em um desafio, pouca coisa deixará de ser realizada.

A Disciplina 1: Foque o Crucialmente Importante requer que você vá contra sua inclinação básica de líder e focalize *menos*, de modo que sua equipe consiga alcançar *mais*. Quando você implementa a Disciplina 1, começa selecionando uma (ou no máximo duas) metas crucialmente importantes, em vez de tentar melhorar significativamente tudo de uma só vez. A isso denominamos *Meta Crucialmente Importante* (MCI) a fim de deixarmos claro para a equipe que essa é uma meta de maior importância. O fracasso na conquista dessa meta tornará qualquer outra realização secundária, ou possivelmente até mesmo irrelevante.

Se você estiver tentando executar simultaneamente uma série de novas metas, cada uma delas exigindo um alto grau de engajamento para ser alcançada, inevitavelmente ficará frustrado com os resultados obtidos. Ainda que cada meta possa ser justificável, as demandas do redemoinho limitam sua capacidade para qualquer coisa nova, em especial uma meta que requeira uma mudança de comportamento. A tentativa de distribuir essa capacidade limitada em várias metas é a causa mais comum de falhar na execução.

A palavra "foco" é mais frequentemente utilizada de duas maneiras, ambas essenciais para a Disciplina 1. A primeira é quando falamos em estreitar nosso foco, isso é, limitar o número de coisas que estamos mirando a uma única Meta Crucialmente Importante. A segunda é quando falamos sobre trazer uma determinada coisa para *dentro do foco,* o modo como se pode ajustar as lentes de uma câmera até obter plena nitidez. Isso é igualmente importante. A Meta Crucialmente Importante é singular e totalmente enfocada. Isso é obtido não somente selecionando a área específica na qual você deseja lograr resultados extraordinários (sua MCI), mas torná-la o foco de atenção definindo um ponto de partida (seu nível atual de desempenho), uma linha de chegada (seu desempenho melhorado desejado) e um prazo final para a MCI (a data em que esse novo nível deve ser alcançado).

Por exemplo, em vez de definir uma MCI como "Melhorar a receita de assinaturas", você a definiria como "Aumente a receita de novas assinaturas de US$3,5 milhões para US$4,5 milhões até 31 de dezembro". O processo para definir uma MCI não deve ser encarado simplesmente como "o processo deste ano para definir metas". O MCI representa um resultado extraordinário que só pode ser alcançado mediante um tratamento especial. Sem esse nível de foco, você provavelmente não chegará aos resultados desejados. O foco é o primeiro passo, mas também é apenas o começo.

Disciplina 2: Atue nas Medidas de Direção

Esta é a disciplina das alavancas. Ela se baseia no simples princípio de que as ações não são todas produzidas da mesma forma. Algumas têm mais impacto do que outras quando direcionadas a uma meta, e são elas que você deseja identificar e utilizar se quiser alcançar resultados extraordinários.

Seja qual for a estratégia que estiver seguindo, seu progresso e seu sucesso se basearão em dois tipos de métricas: históricas e de direção.

Medidas históricas são como relatórios de seguimento da Meta Crucialmente Importante, ou qualquer outra métrica que você não tem como influenciar de maneira significativa individualmente. Essas métricas são as que o deixam ficar em agonia a maior parte do tempo. Receitas, lucros, participação de mercado, qualidade do produto e satisfação do cliente são medidas históricas, o que significa que, quando as recebe, o desempenho que os impulsionou já se encontra no passado. É por isso que você está se agoniando: uma medida histórica não pode ser consertada, já é história.

Medidas de direção são bastante diferentes, no sentido de que são medidas de questões de alto impacto que sua equipe precisa realizar para atingir a meta. Em essência, elas correspondem aos novos comportamentos que impulsionarão o sucesso das medidas históricas, independentemente de padrões de comportamento tão simples como oferecer uma amostra a cada cliente da padaria ou tão complexo como aderir às normas de projeto de um motor a jato.

Uma boa medida de direção tem duas características básicas: é *preditiva* no alcance da meta e pode *ser influenciada* pelos membros da equipe. Para compreender essas duas características, considere uma simples meta como perder peso. Enquanto a medida histórica é o número de quilos perdidos, duas medidas de direção podem ser um limite específico de calorias por dia e um número específico de horas de exercício físico por semana. Essas medidas de direção são preditivas porque, ao implementá-las, você pode predizer o que a balança (a medida histórica) lhe dirá na próxima semana. E são influenciáveis porque ambas estão sujeitas ao seu controle.

Tenha cuidado para não confundir o que chamamos de "medida de direção" com o termo frequentemente usado "indicador preditivo". Por exemplo, centímetros de chuva podem ser preditivos do crescimento da safra, mas não é algo que pode ser influenciado pela equipe, e essa é a diferença crucial. Tanto as medidas de direção quanto os indicadores preditivos antecipam um resultado, mas apenas as medidas de direção incluem a influência da equipe. Por essa razão, as medidas de direção são o elemento mais eficaz para rastrear ações críticas para a consecução da MCI.

O número de vezes que a manutenção preventiva é realizada pode ser uma medida importante para uma MCI (ou medida de direção) de redução do tempo de inatividade da máquina. Uma redução nos itens fora de estoque poderia ser uma medida importante para a MCI de aumentar as vendas nas mesmas lojas. O total de vezes que os supervisores do call center fazem coaching individual pode ser uma medida importante para uma MCI de melhoria do serviço prestado ao cliente. Agir com base em medidas de direção é um dos segredos de execução pouco conhecidos.

Em sua maioria, os líderes, inclusive alguns dos mais experientes, estão tão focados nas medidas históricas que a disciplina para se concentrar nas medidas de direção parece contraintuitiva.

Não entenda mal. As medidas históricas, no fim das contas, constituem as coisas mais importantes que você está procurando realizar. Todavia, as medidas de direção que fazem jus ao próprio nome são as que lhe permitirão atingir as medidas históricas. Uma vez identificadas, suas medidas de direção se tornarão as alavancas para alcançar sua meta.

Disciplina 3: Mantenha um Placar Envolvente

As pessoas agem de forma diferente quando mantêm um placar. Se duvidar, observe qualquer grupo de adolescentes jogando basquete e veja como a partida se altera no minuto que se começa a marcar as cestas. Contudo, a verdade dessa declaração fica mais evidente por uma mudança na ênfase: as pessoas atuam de forma diferente quando *elas* mantêm um placar. Não se trata de o líder manter o placar para elas.

A Disciplina 3 é a disciplina do engajamento. Em princípio, o nível mais alto de desempenho sempre se origina nas pessoas que estão emocionalmente engajadas, e o nível mais alto de engajamento decorre do conhecimento do placar, isso é, se as pessoas sabem quando estão ganhando ou perdendo. É simples assim. Jogar boliche com os olhos vendados pode ser engraçado no começo, mas, se não puder ver os pinos tombarem, logo se tornará maçante, até mesmo se você gostar muito desse tipo de diversão.

Se tiver restringido seu foco na Disciplina 1 (sua MCI com uma medida histórica) e determinado as medidas de direção que irão mantê-lo no curso de sua meta na Disciplina 2, terá os elementos de um jogo com possibilidade de ser vencido; ainda assim, o que você tem em mãos é uma "boa aposta". Você não se sentirá em um jogo que pode ser vencido até que haja um placar envolvente.

O tipo de placar que levará aos níveis mais altos de engajamento de sua equipe sempre se parecerá mais com o placar de um jogador do que com o placar mais complexo que os treinadores adoram criar. Deve ser simples, tão simples que os membros da equipe podem verificar instantaneamente se estão vencendo ou perdendo. Por que isso é importante? Se o placar não for claro, o jogo que você deseja que as pessoas joguem será abandonado no redemoinho de outras atividades, e, se a equipe não souber se está ou não vencendo o jogo, provavelmente estará a caminho do fracasso.

Disciplina 4: Crie uma Cadência de Responsabilidade

A Disciplina 4 é quando a execução realmente acontece. As primeiras três disciplinas montaram o jogo, mas, até que você aplique a Disciplina 4, sua equipe *não* estará jogando a partida. Ela se baseia no princípio da responsabilização: a menos que nos responsabilizemos consistente e mutuamente, a meta se desintegrará naturalmente no redemoinho.

A cadência de responsabilidade é um ritmo de reuniões regulares e frequentes de toda equipe que possua uma Meta Crucialmente Importante. Essas reuniões acontecem pelo menos uma vez por semana e idealmente não duram mais do que 20 a 30 minutos. Nesse curto período de tempo, os membros da equipe se responsabilizam mutuamente pela produção de resultados apesar do redemoinho.

Por que a *cadência* de responsabilidade é tão importante?

Considere a experiência de alguém com quem tenha trabalhado. Ele e a filha adolescente dele fizeram um acordo de que ela poderia utilizar o carro da família desde que aos sábados pela manhã o lavasse, e ele estaria presente para se assegurar de que o carro estava limpo.

Por várias semanas, os dois se encontraram aos sábados e tudo estava em ordem. No entanto, seu colega precisou sair da cidade por dois sábados seguidos. Quando retornou, constatou que o carro não estava limpo. Perguntou à filha por que ela não cumprira a tarefa.

"Ora", replicou ela, "vamos continuar fazendo isso?".

Bastaram duas semanas para que o sistema de responsabilização se desfizesse. Se isso aconteceu em uma situação bilateral, pense na extensão de sua aplicação em um trabalho de equipe ou em uma organização como um todo. A mágica é a cadência. Os membros da equipe devem ser capazes de se responsabilizarem mutua e regularmente, com ritmo. Toda semana, um a um, cada membro da equipe responde a uma simples pergunta: "Que uma a duas coisas mais importantes farei na próxima semana (fora do redemoinho) que produzirão o maior impacto no placar?" Em seguida, os participantes relatam se cumpriram seus compromissos da semana anterior, quão bem estão progredindo nas medidas de direção e nas medidas históricas do placar, e assumem seus compromissos para a semana seguinte, tudo em poucos minutos. Na condição de líder, o modo pelo qual inicia as 4DX com sua equipe não é tão importante quanto o modo como executa as 4DX com sua equipe. A equipe deve sentir que isso não é apenas um jogo que pode ser vencido, mas também um jogo cujas apostas são altas. Isso começa com a maneira como você, sendo o líder, trata essa questão. Quando se lida com essa questão com total consistência, a comunicação de que as apostas são altas é perfeita. Isso é vital, uma vez que muitas outras prioridades concorrentes realmente dão a impressão de serem mais urgentes do que sua MCI no dia a dia. Contudo, o verdadeiro segredo da Disciplina 4, além da cadência recorrente, é que os membros da equipe criam seus próprios compromissos. É comum encontrarmos equipes nas quais os membros esperam, até mesmo desejam, que lhes seja dito o que deve ser feito. Todavia, ao assumirem seus próprios compromissos, o comprometimento aumenta. Os membros da equipe serão sempre mais comprometidos com as próprias ideias do que com as diretrizes dos superiores. Ainda mais importante, ao se comprometerem com seus parceiros, e não apenas com o chefe, a ênfase migra do profissional para o pessoal. O comprometimento transcende a realização da tarefa e se torna uma promessa feita à equipe.

Como a equipe se compromete com um novo conjunto de metas toda semana, essa disciplina cria um plano de execução semanal *just-in-time* que se adapta aos desafios e às oportunidades que jamais podem ser previstos em um plano estratégico anual. Assim, o plano vai sendo adaptado na mesma velocidade do negócio. O resultado? A equipe pode direcionar enorme energia para a Meta Crucialmente Importante sem ficar bloqueada pelo redemoinho de mudanças em movimento ao redor dela.

Quando sua equipe começar a ver a medida histórica de uma grande meta avançando como resultado direto de seus esforços, saberá que está vencendo, e nunca encontraremos nada que aumente mais o moral e o engajamento de uma equipe do que a vitória.

As pessoas querem vencer. Elas querem dar uma contribuição que seja significativa. Porém, muitas organizações não têm uma disciplina desse tipo — um regime consciente e consistente, necessário para implementar metas-chave com excelência. O impacto financeiro de uma falha na execução pode ser enorme, mas esse é apenas um dos impactos. Outro é o custo humano para as pessoas que querem dar o melhor de si e ser parte de uma equipe vencedora. Em contraste, não há nada mais motivador do que pertencer a uma equipe que conheça a meta e esteja determinada a chegar lá.

As 4 Disciplinas funcionam porque se baseiam em princípios, não em práticas. As práticas são situacionais, subjetivas e estão sempre se transformando ao longo do tempo. Os princípios são atemporais e autoevidentes, e se aplicam sempre. São leis naturais, como a gravidade. Se você os entende, ou até mesmo concorda com eles, não importa, pois ainda assim se aplicam.

Assim como existem princípios que governam o comportamento humano, há princípios que governam o modo como as equipes levam suas missões a termo, ou como elas as executam. Acreditamos que os princípios da execução sempre foram o foco, a alavancagem, o engajamento e a responsabilização. Existem outros princípios em jogo quando se trata de execução? Sim. Entretanto, existe algo de especial sobre esses quatro e o sequenciamento deles? Com certeza. Não os inventamos e livremente reconhecemos que entendê-los nunca foi o problema. O desafio para os líderes tem sido encontrar um modo de implementá-los, especialmente em meio à fúria do redemoinho.

COMO ESTE LIVRO ESTÁ ORGANIZADO

As 4 Disciplinas da Execução está organizado em três partes para fornecer uma compreensão progressivamente mais profunda sobre as disciplinas e sua aplicação a qualquer equipe ou organização.

A **Parte 1**, "Aprendendo as 4DX", apresenta uma compreensão completa das 4 Disciplinas. Essa parte também explica por que esses conceitos aparentemente simples são na verdade tão difíceis de praticar, e por que eles são a chave para enfrentar com sucesso o maior desafio de qualquer líder. Cada líder e, se possível, cada indivíduo deve ler e absorver as ideias deste texto.

A **Parte 2**, "Implementando as 4DX como um Líder de Líderes", é um guia detalhado de como enfrentar os desafios de alto nível envolvidos na implementação das 4DX em várias equipes ou em uma organização inteira. Também inclui práticas específicas para modelagem e sustentação de alto desempenho em longo prazo. Cada líder de líderes deve estudar essa seção cuidadosamente e seguir essas diretrizes ao implementar as 4DX. O conteúdo aqui presente é o resultado de nossa experiência de mais de duas décadas ensinando e aprendendo com alguns dos melhores líderes seniores do mundo. Além disso, os líderes das equipes da linha de frente acharão este material valioso para entender o foco e a direção de *seus líderes*, e para se preparar para o sucesso como um líder de líderes um dia.

A **Parte 3**, "Implementando as 4DX como um Líder da Equipe da Linha de Frente", é projetada como um guia de campo. Ela fornece instruções detalhadas, passo a passo, para implementar as disciplinas como um líder de uma equipe de linha de frente, e tem um capítulo separado dedicado a cada disciplina. Essa seção é a instrução mais específica e detalhada para implementar as 4DX, e é projetada para guiar o líder de uma equipe da linha de frente em todos os aspectos relacionados a trazer as disciplinas para sua equipe. Líderes de líderes podem descobrir que esse material fornece um contexto valioso para as atividades de suas equipes de linha de frente, mas isso não significa que deve ser leitura obrigatória em seu nível.

Em sua maioria, os livros de negócios compartilham muitas ideias e teorias úteis, mas são superficiais na aplicação. Neste livro, nos dedicamos muito à aplicação, e diremos exatamente o que você pode fazer para implementar essas disciplinas — os detalhes, as dicas, os cuidados, o que você precisa. Vamos compartilhar tudo o que sabemos. Esperamos que você ache essa abordagem estimulante.

ANTES DE VOCÊ COMEÇAR...

Aprendemos que há de se ter cuidado com três coisas quando se começa a estudar as 4 Disciplinas mais profundamente.

4DX: fáceis de dizer, difíceis de fazer. Em primeiro lugar, as disciplinas parecerão ilusoriamente simples, mas exigem um trabalho contínuo para serem implementadas. É como um dos nossos clientes colocou: "Fácil de dizer, difícil de fazer." Não se engane com essa simplicidade: em parte, as 4 Disciplinas são poderosas porque são fáceis de entender. Todavia, a implementação bem-sucedida demanda esforço significativo ao longo de um período extenso. Exige comprometimento contínuo. Se a meta que você está buscando não é aquela que precisa alcançar, talvez não tenha o comprometimento necessário. A recompensa, contudo, é que você não apenas alcançará essa meta, mas também construirá o músculo organizacional e a capacidade para alcançar a próxima meta e a seguinte.

As *4DX são contraintuitivas*. Em segundo lugar, cada uma das 4 Disciplinas é uma mudança de paradigma e pode até ir contra sua intuição. Não obstante possa parecer instintivo ter muitas metas, quanto mais você tem, menos alcançará a excelência. Caso queira alcançar uma determinada meta, não se concentre na meta em si, mas nas medidas de direção que conduzem a ela. À medida que você implementa cada disciplina, pelo menos inicialmente, estará fazendo coisas que à primeira vista podem não parecer fazer sentido e vão contra seus instintos. Permita-nos enfatizar, porém, que as 4 Disciplinas são o resultado de experimentação séria e intensa, e de testes de hipóteses ao longo de muitos anos; tudo o que você aprenderá aqui foi examinado minuciosamente. A boa notícia é que, assim que você ganhar experiência com as 4 Disciplinas, o que parecia estranho no início se tornará mais confortável e mais eficaz.

As *4DX são um sistema operacional*. Em terceiro lugar, as 4 Disciplinas são um conjunto harmônico e não um menu de escolhas. Apesar de cada disciplina ter seu valor, o verdadeiro poder delas reside em como funcionam em conjunto e em sequência. Cada disciplina define o cenário para a próxima. Deixe uma de fora e terá um resultado muito menos eficaz. Pense nas 4 Disciplinas como o sistema operacional de um computador — uma vez instalado, pode ser usado para colocar em prática qualquer estratégia que escolher, mas você precisará de todo o sistema para ter resultado. Conforme formos avançando nos próximos capítulos, as razões disso se tornarão mais evidentes.

CAPÍTULO 2

Disciplina 1: Foque o Crucialmente Importante

A primeira disciplina é *focar* seus melhores esforços naquilo que fará a maior diferença.

A execução parte do foco. Sem ele, as outras três disciplinas não conseguirão ajudar. Mas o modo como você aplica a Disciplina 1 varia, dependendo se você é um líder de uma equipe da linha de frente ou um líder de líderes. Essa é uma distinção-chave e será usada ao longo do livro para garantir que sejamos sempre claros não apenas sobre *o que* precisa ser feito, mas também sobre *quem* precisa fazer. Este capítulo começará discutindo a Disciplina 1 a partir da perspectiva de um líder de uma equipe da linha de frente e, em seguida, da perspectiva de um líder de líderes.

É difícil e exige muitos recursos ser excelente em tudo — na verdade, não é necessário nem saudável. Em vez disso, empresas com modelos operacionais altamente eficazes decidiram se destacar apenas nos poucos recursos essenciais para a concretização da estratégia.

— Marcia Blenko, Eric Garton e Ludovica Mottura[4]

DISCIPLINA 1 PARA O LÍDER DE UMA EQUIPE DE LINHA DE FRENTE

Por que quase todos os líderes lutam para restringir o foco? Não é porque pensam ser desnecessário. Semanalmente, trabalhamos com dezenas de equipes de liderança no mundo todo, que quase sem exceção admitem precisar de maior foco. Apesar desse desejo, continuam a ter um número excessivo de prioridades concorrentes puxando suas equipes em múltiplas direções. Uma das primeiras coisas que desejamos que você saiba é que não está sozinho. A incapacidade de os líderes manterem o foco é um problema de proporções epidêmicas.

Também queremos que você saiba que, quando falamos sobre restringir o foco na Disciplina 1, isso *não* significa restringir o tamanho e a complexidade do seu redemoinho (embora com o tempo a atenção dedicada às MCIs possa ter esse efeito). O seu redemoinho inclui todas as atividades urgentes necessárias para sustentar o negócio diariamente, tais como projetos que precisam ser concluídos, cotas a serem cumpridas ou métricas referenciais históricas que precisam ser alcançadas. Consequentemente, esses requisitos sempre estarão lá e (quase) sempre consumirão a maior parte do tempo e da energia de sua equipe.

A Disciplina 1 é diferente. Exige que você identifique *aquele objetivo* que será separado de seu redemoinho e receberá um foco intenso, bem como os tratamentos adicionais das Disciplinas 2, 3 e 4. Essa diferença é denominada Meta Crucialmente Importante. Sua MCI é um resultado tão significativo que não pode ser alcançado sem os melhores esforços de sua equipe e por um desempenho superior ao seu nível diário. Este é o único objetivo para o qual você aplica as 4DX.

```
MUDANÇA DE COMPORTAMENTO  ←→  REDEMOINHO
                               Necessário para
                               manter as operações

FOCO ESTREITO AQUI
```

Tendo definido sua MCI, você verá o trabalho de sua equipe em dois "cestos" distintos. O primeiro cesto contém tudo o que a equipe precisa realizar durante seu trabalho diário (seu redemoinho). Há muita coisa nele, o que provavelmente demandará 80% do tempo e da energia da equipe. O segundo cesto está reservado à Meta Crucialmente Importante: o único resultado específico que representa o avanço mais significativo que você gostaria de alcançar. Idealmente, a MCI deve receber os 20% restantes da capacidade da equipe.

Sua MCI será específica e claramente mensurável, como em:

"Diminuir a velocidade dos checkouts de 4h45 para 3h30 até o fim do ano."

"Aumentar o número de novas assinaturas de 15 por mês para 22 por mês até 31 de julho."

"Reduzir o desligamento das máquinas de 1,4 por dia para 0,5 por dia até 1º de março."

"Aumentar o cumprimento das diretrizes orçamentárias estaduais de 58% para 63% até 31 de dezembro."

Sua MCI pode ser algo novo, alguma coisa nunca tentada antes pela equipe. Porém, no mais das vezes, trata-se de algo que já fez parte do redemoinho e agora precisa atingir um novo nível de importância e realização.

Quer sua MCI venha de dentro ou de fora do redemoinho, o verdadeiro objetivo não é só alcançá-la, mas também fazer com quer o novo nível de desempenho operacional de sua equipe seja sustentável. Em essência, uma vez que uma MCI é alcançada, há um retorno ao redemoinho: passa a fazer parte de suas operações diárias, agora em um novo patamar. Quando isso acontece, seu redemoinho muda. Menos caótico, problemas crônicos são resolvidos e o novo desempenho é mantido; basicamente, é um redemoinho de desempenho muito mais alto. Em última análise, é isso que permite que sua equipe busque a próxima MCI a partir de uma base mais forte.

SUA ESTRATÉGIA, PLANOS E PRIORIDADES

CANETADAS

MUDANÇA DE COMPORTAMENTO

REDEMOINHO

A maioria das MCIs vem do redemoinho

As MCIs alcançadas retornam ao redemoinho

Se você é como a maioria dos líderes com os quais trabalhamos, terá dificuldade em restringir seu foco a apenas uma MCI.

Eis algumas diretrizes simples que auxiliarão:

- **Pense primeiro a partir do ponto de vista da equipe.** Ninguém em sua equipe deve se concentrar em mais de uma MCI. Por exemplo, se você liderar uma equipe de marketing composta por equipes de publicidade, de mídia social e de geração de clientes em potencial, cada uma dessas equipes pode ter sua própria MCI exclusiva. Isso pode parecer três MCIs, mas, da perspectiva da equipe, nenhum indivíduo se concentra em mais de uma.
- **Não escolha uma MCI que abranja toda sua carga de trabalho.** Talvez pareça que você estreitou seu foco ("Vejam, pessoal, temos apenas uma MCI: 'Aumentar a receita'"), mas não o fez. E todos sabem disso. Separe sua MCI de seus resultados normais. Em vez de "Aumentar a receita", aplique as 4DX a uma parte mais específica desse resultado geral, como "Aumente a receita de empresas manufatureiras de médio porte na região sudeste".

Depois de observar mais de 60 mil equipes aplicando as 4DX, concluímos que, se você deseja o máximo de resultados, deve restringir seu foco a não mais do que uma nova meta significativa além do redemoinho. Você pode ser alguém excelente em multitarefas e, portanto, acreditar que sua equipe pode realizar muitos objetivos (exigindo comportamentos novos e diferentes) ao mesmo tempo. Mas isso não é verdade. A ciência é muito clara. O cérebro humano é capaz de centrar-se totalmente em apenas um único objeto em um certo momento. A maioria de nós não consegue nem dar nosso melhor quando está dirigindo um carro enquanto conversamos (mãos livres) em um telefone celular, muito menos fazer malabarismos com vários objetivos de negócios importantes simultaneamente.

Em nossa cultura de multitarefa, segundo o professor Clifford Nass, da Universidade de Stanford, "os circuitos neurais dedicados à varredura, leitura superficial e multitarefa estão se expandindo e se fortalecendo, enquanto aqueles usados para leitura e pensamento profundo, com concentração sustentada, estão se enfraquecendo ou corroendo".[5]

Consequências? "Multitarefas habituais podem estar sacrificando o desempenho na tarefa principal. São otários rumo à irrelevância."

Essas mesmas limitações se aplicam à sua equipe quando você pede que eles se concentrem em vários objetivos simultâneos, *no mesmo nível de prioridade*. Quanto mais eles se concentram, menos realizam. É por isso que a ideia de designar uma única Meta Crucialmente Importante é tão eficaz.

Eis uma boa analogia. Neste momento, mais de cem aviões podem estar se aproximando, decolando ou taxiando, e todos são muito importantes, em especial se você estiver em um deles! Mas, para o controlador de tráfego aéreo, apenas um avião é *extremamente importante* — aquele que está aterrissando neste exato momento.

O controlador está ciente dos outros aviões no radar. Ele os está monitorando, mas agora toda sua especialização e sua experiência estão centradas exclusivamente em um voo. Caso não consiga que esse avião pouse com segurança e total excelência, nada mais que possa fazer terá muita importância. Eles pousam *um avião por vez*.

MCIs são assim, metas a serem alcançadas com total excelência, além das prioridades acessórias da vida diária. O êxito depende de sua disposição para fazer escolhas difíceis que separam o extremamente importante de muitas outras metas de menor grau de importância. Então, é preciso abordar essa MCI com foco e diligência até entregá-la como prometido, com excelência.

Escolher uma MCI não significa abandonar seus outros objetivos importantes. Suas responsabilidades e métricas do dia a dia estão sempre em seu radar. A diferença é que, quando você se concentra em sua MCI, emprega sua melhor diligência e seu esforço de uma forma precisa — porque você está pousando um avião específico *agora*.

Equipes que tentam se concentrar em muitas metas novas ao mesmo tempo, em geral, acabam fazendo um trabalho medíocre em todas elas.

Você pode ignorar o princípio do foco, mas o inverso não acontece. Você pode utilizar esse princípio para atingir seus objetivos principais, como pousar aviões um de cada vez, repetidamente.

O DESAFIO DO LÍDER

Então, eis a grande questão: por que há tanta pressão para expandir, em vez de estreitar, o número de novas metas? Ou, de forma ainda mais simples, se você entende a necessidade de foco, por que é tão difícil fazê-lo de fato?

Você pode dizer que, como líder, tem sempre condições de identificar mais de uma dúzia de coisas que precisam de melhorias e diversas novas oportunidades que gostaria de aproveitar em determinado dia. Além disso, outras pessoas (e seus respectivos projetos) estão sempre adicionando algo às suas metas, em especial se hierarquicamente superiores na organização.

Entretanto, mais corriqueiramente do que qualquer uma dessas forças externas, há um real culpado que cria a maior parte do problema: você mesmo. Nas palavras imortais de Pogo [tira de jornal cômica]: "Encontramos o inimigo, e ele somos nós."

Há boa intenção em sua tendência de acrescentar mais e mais novas metas, porém, em um sentido muito real, você costuma ser seu pior inimigo. Estar ciente dessas tendências é um bom ponto de partida. Vamos examinar alguns deles com franqueza.

Um dos motivos que podem levá-lo a fazer com que sua equipe assuma tarefas demais é que, como líder, você tende a ser ambicioso e criativo: exatamente o tipo de organização individual que gostaria de promover. No entanto, pessoas criativas e ambiciosas às vezes perdem o foco porque sempre querem fazer mais, não menos. Se esse é seu perfil, você está quase programado para violar a primeira disciplina de execução.

Outro desses motivos é proteger suas apostas. Em outras palavras, quanto mais objetivos sua equipe perseguir, maior a probabilidade de pelo menos alguns deles serem alcançados. Isso também garante que, se você falhar, ninguém poderá questionar o nível de esforço de sua equipe. Mesmo sabendo que mais não é melhor, *parece* melhor, especialmente aos olhos da pessoa acima de você. Assim, você pode resistir ao aumento da responsabilidade por resultados que viriam com menos objetivos e, em vez disso, confiar no grande volume de esforço para levá-lo ao sucesso.

Todavia, o maior desafio que você enfrenta ao estreitar seus objetivos é simplesmente a exigência de dizer não a muitas boas ideias. As 4DX podem até significar dizer não a algumas *ótimas* ideias, ao menos por ora. Nada é mais contraintuitivo para um líder do que dizer não a uma boa ideia, e nada destrói mais o foco do que sempre dizer sim.

Há, ainda, a dificuldade extra de que essas boas ideias não são apresentadas todas de uma vez, em um belo pacote, para que a distração que criariam fosse óbvia. Em vez disso, elas vêm a conta gotas. Sozinha, cada ideia parece fazer tanto sentido que é quase impossível para você dizer não. Quanto mais disser sim, mais cairá na armadilha que você mesmo criou.

Acreditamos que todos os líderes que enfrentam tal desafio devem afixar esta citação em lugar de destaque em seus escritórios:

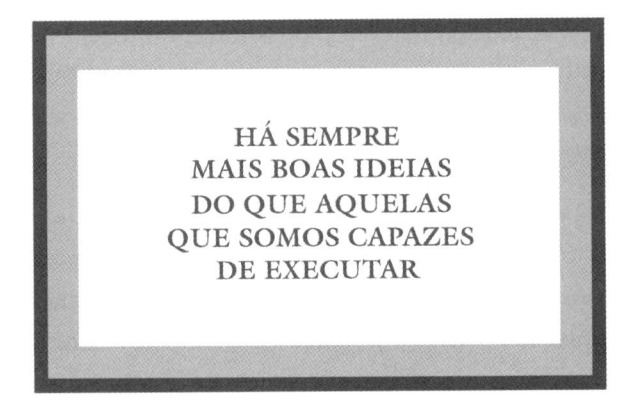

> HÁ SEMPRE
> MAIS BOAS IDEIAS
> DO QUE AQUELAS
> QUE SOMOS CAPAZES
> DE EXECUTAR

Como líder de uma equipe da linha de frente, você deve ser fanático por garantir que cada indivíduo se concentre em não mais do que uma MCI por vez, além do redemoinho. É contraintuitivo, mas tem que acontecer se você quiser um foco real.

IDENTIFICANDO A META CRUCIALMENTE IMPORTANTE DE SUA EQUIPE

Uma Meta Crucialmente Importante é aquela que pode fazer toda a diferença. Por ser o ponto de inflexão estratégico, você vai se comprometer a dedicar uma quantidade desproporcional de energia a ele: os 20% que não são usados no redemoinho. Mas como você decide qual das muitas metas possíveis deve ser sua MCI?

Na função de líder de uma equipe da linha de frente, tentando definir uma MCI da Equipe, você estará em uma de duas situações comuns:

1. **Você tem autonomia para definir metas.** Isso pode ocorrer quando sua equipe é, na verdade, a empresa inteira, como na maioria dos pequenos negócios. E também quando a liderança acima de você não exige resultados novos ou significativamente diferentes para além do seu dia a dia. Nessa situação, você é livre para escolher uma MCI da Equipe sem precisar considerar muito as metas das outras equipes.

2. **Você não tem autonomia para definir metas.** Isso pode ocorrer quando sua equipe integra uma estratégia mais ampla. Nessa situação, sua MCI da Equipe pode precisar se encaixar precisamente em um plano maior visando a alcançar um resultado estratégico.

Às vezes, a escolha de uma MCI da Equipe é óbvia, mas em outras pode ser confusa. Por exemplo, se você tentar selecionar sua MCI da Equipe se perguntando o que é mais importante, pode descobrir que sua mente está girando em círculos. Por quê? Porque as prioridades urgentes em seu redemoinho estão sempre competindo para serem designadas como as *mais importantes*, e em geral há um bom argumento para escolher qualquer uma delas.

Quando você *tem* autonomia para estabelecer metas, em vez de perguntar: "O que é mais importante para nossa equipe?", comece perguntando: "Se todos os outros aspectos do desempenho atual de nossa equipe forem os mesmos, onde uma melhoria significativa teria o maior impacto?" Essa questão muda sua maneira de pensar e permite identificar claramente o foco que faria toda a diferença.

Quando você *não tem* autonomia para estabelecer metas, é mais eficaz perguntar: "Qual resultado melhor representaria a maior contribuição de nossa equipe para a estratégia geral?" Reconhecemos que, se você é o líder de uma equipe de linha de frente e tem menos autonomia, pode ter muitos objetivos estabelecidos de cima. Você pode até estar pensando: *meu chefe realmente precisa ler* as 4DX. Nós entendemos. Muitos líderes de equipes da linha de frente pensam assim. Ainda que você seja responsável por uma variedade de objetivos, é altamente provável que você mesmo acabe escolhendo sua MCI da Equipe, afinal, a influência maior sobre onde a equipe aplica o foco deliberado é do líder.

A apresentação das 4DX aos gerentes de fábrica de uma das maiores empresas de produtos de consumo nos EUA não nos sai da memória. Após a sessão, um dos gerentes nos disse: "Devo dizer que acabei de receber o prêmio de Gerente de Fábrica do Ano graças aos nossos resultados. Mas, no início do ano, recebi doze 'prioridades de desempenho'. Mesmo que eu não tivesse ouvido falar das 4DX, meus próprios instintos diziam que eu não poderia ir atrás de todas. Então, escolhemos o objetivo crítico que pensávamos que teria o maior impacto, e nossos resultados foram os melhores!"

Lembre-se, 80% da energia de sua equipe ainda será direcionada para manter o redemoinho girando, então não há necessidade de temer que, ao focar uma única MCI, sua equipe irá ignorar todo o resto. Não se preocupe. O que acontecerá, nas palavras da Disciplina 1, é que você aumentará seu foco no que é *extremamente importante.*

Outro aspecto-chave é que sua MCI da Equipe virá de dentro ou de fora do redemoinho. Em termos simples, isso significa que sua MCI da Equipe representará uma coisa *nova* (um resultado que você não obtém atualmente) ou *melhor* (um resultado que precisa ser significativamente melhorado).

Dentro do redemoinho, sua MCI da Equipe pode ser o resultado de um processo existente tão danificado que precisa ser consertado, ou um elemento-chave de seu compromisso de prestação de serviço ao cliente no qual a entrega tem problemas. Tempo de conclusão de projeto insatisfatório, custos fora de controle ou atendimento deficiente ao cliente são bons exemplos. Porém, sua MCI da Equipe também pode ser uma área na qual já há bom desempenho, mas uma melhoria significativa pode gerar um impacto ainda maior. Por exemplo, aumentar a satisfação do paciente em um hospital do percentil 85 (bom) para o percentil 95 (ótimo) pode ajudar os pacientes, aumentar a receita e elevar toda a organização a um novo patamar.

Fora do redemoinho, sua MCI da Equipe terá de alcançar algo em que nunca se concentrou antes. Isso pode assumir a forma de uma nova oportunidade a ser aproveitada, um novo serviço a ser prestado ou uma resposta a uma nova ameaça competitiva ou econômica. Seja qual for o foco, lembre-se que esse tipo de MCI exigirá uma mudança ainda maior de comportamento, pois será inédito para sua equipe. E mudar o comportamento humano é o maior desafio de todos.

DISCIPLINA 1 PARA LÍDERES DE LÍDERES

Começaremos com três armadilhas de foco comuns para líderes de líderes.

A **primeira armadilha** para líderes de líderes (como mencionamos antes) é a prática contraintuitiva de dizer não a boas ideias. Uma ilustração de como essa ideia é importante foi dada por Tim Cook aos acionistas da empresa alguns anos antes de se tornar CEO da Apple.

"Somos a empresa mais focada que conheço, ou sobre a qual já tenha lido ou conhecido. *Dizemos 'não' para boas ideias todos os dias* [ênfase nossa]. Dizemos 'não' para grandes ideias a fim de mantermos a quantidade de coisas nas quais nos concentramos em um número bem reduzido. Assim, conseguimos dedicar uma imensa quantidade de energia naquelas que escolhemos. Provavelmente, todos os produtos que a Apple produz hoje poderiam ser colocados sobre a mesa ao redor da qual estão sentados. Ainda assim, a receita da Apple no ano passado foi de US$40 bilhões."[6]

A determinação da Apple em dizer "não" para boas ideias provocou consequências devastadoras nos concorrentes. Certa vez trabalhávamos com um fabricante que competia diretamente com o iPhone da Apple. Quando nos encontramos com o líder responsável por criar uma nova interface para competir com o iPhone (você gostaria de receber tal incumbência?), ele se mostrou mais do que desencorajado. "Realmente não é justo", disse, balançando a cabeça. "Considerando nossas operações doméstica e internacional, fazemos mais de 40 telefones diferentes. Eles fazem apenas um." Nós não teríamos nos expressado melhor.

Você tem que decidir quais são suas prioridades mais altas e ter coragem para, de uma forma agradável, sorridente e sem desculpas, dizer não para as outras coisas. Você faz isso tendo sempre um "sim" queimando internamente.

— Stephen R. Covey

Dizer não às boas ideias, para dizer sim focando as grandes ideias, é a chave para resultados extraordinários.

A **segunda armadilha** para líderes de líderes é tentar transformar tudo no redemoinho em uma MCI. Essa abordagem é atraente porque permite agrupar tudo no redemoinho em um único objetivo abrangente. Embora pareça que você estreitou seu foco, na verdade você simplesmente deu ao redemoinho um novo nome.

A menos que você alcance seu objetivo com uma canetada, o sucesso exigirá que as pessoas em sua organização mudem seu comportamento, e elas simplesmente não podem fazer isso de uma vez, não importa o quanto você queira. Tentar melhorar significativamente cada medida no redemoinho consumirá todo seu tempo e o deixará com muito pouco para mostrar.

DISCIPLINA 1: FOQUE O CRUCIALMENTE IMPORTANTE

A **terceira armadilha** para líderes de líderes é tentar criar uma MCI a fim de identificar o objetivo *mais importante*. Já mencionamos isso brevemente como sendo um desafio para o líder de uma equipe de linha de frente, mas o desafio e as consequências são ainda maiores para um líder de líderes, então queremos abordá-lo mais adiante aqui.

Para ilustrar, imagine esta conversa entre as lideranças de um fabricante: "Veja, qualidade é o mais importante e deve ser nossa MCI!", diz uma das pessoas. "Bem, mas nossa produção é que paga as contas", diz outra. "Sinto, mas discordo dos dois", diz uma terceira. "A segurança tem de ser mais importante. Alguma vez algum de seus funcionários já foi ferido em um acidente? Se foi, você deve concordar comigo." O resultado é frustração e confusão, juntamente com uma inevitável (e paradoxal) perda do foco.

O problema dessa conversa é que os líderes estão fazendo a pergunta errada. Eles não deveriam estar perguntando "O que é mais importante?", mas, sim, "Em qual área devemos provocar o maior impacto?".

Sabemos que isso pode parecer confuso, já que estamos falando sobre a criação de uma *Meta Crucialmente Importante,* então vamos usar um exemplo. No setor de aviação, ninguém discutiria que a segurança das companhias aéreas é, e sempre será, o objetivo mais importante. Mas a segurança das companhias aéreas não seria uma MCI eficaz. Por quê? Porque elas já são muito boas nisso. Seus resultados são surpreendentes, o que deixa *pouca margem para um verdadeiro avanço.* Contudo, se porventura a segurança das companhias aéreas se tornasse um problema, a situação mudaria completamente e deveria se tornar imediatamente uma MCI.

Outro problema com a questão do *mais importante* é que ela tende a direcionar sua atenção para uma meta de nível muito alto e, em consequência, muito ampla. Você perde o foco. Um líder em uma empresa com dificuldades financeiras resistiria em escolher uma MCI diferente do EBITDA (ou lucro). Mas e o foco estreito em uma meta tão ampla? O EBITDA é um subproduto de *todas as atividades* da empresa. É como dizer: "Melhore em tudo!" Você não disse nada significativo e por certo não estreitou seu foco.

No lugar disso, pense sobre a *energia* que uma MCI em seu nível está realmente direcionando para um resultado. Para fazer isso, considere:

1. Se cada líder de uma equipe da linha de frente em sua organização fosse identificar uma MCI da Equipe que representa um avanço para a equipe que lidera...

2. Depois, se cada equipe aplicasse energia disciplinada em sua MCI da Equipe todas as semanas (além do esforço aplicado no redemoinho)...

3. E, se você pensou nessa energia cumulativa, aplicada a todos os MCIs de todas as equipes, como sua "moeda de avanço"...

Então, seu papel, como líder de líderes, é determinar como deseja gastar essa moeda. Quanto mais alinhado e focado for seu investimento, maior será o retorno. E, quanto mais estrategicamente eficaz for esse foco, maior será o impacto geral das 4DX. É por isso que a escolha da MCI em seu nível adquire proporções tão fundamentais. Seja qual for, sua escolha como MCI Primária pode ser como uma bússola para as equipes — cada líder de uma equipe da linha de frente pode alinhar sua MCI da Equipe com a direção que você estabelecer.

A seguir, citamos as três abordagens mais comuns que você, como líder de líderes, pode adotar para definir MCIs em seu nível. Mesmo que cada um desses gráficos exiba diversas MCIs na mesma organização, eles não contrariam a diretriz principal para o foco: ninguém foca mais de uma MCI por vez.

Abordagem A. Criar uma única MCI Primária.

As equipes escolhem uma MCI que se alinhe à MCI Primária. Assemelha-se aos exemplos a seguir.

DISCIPLINA 1: FOQUE O CRUCIALMENTE IMPORTANTE

```
SUA ESTRATÉGIA, PLANOS E PRIORIDADES
    ├── CANETADAS
    ├── MUDANÇA DE COMPORTAMENTO
    │       └── MCI PRIMÁRIA
    │             ├── MCI Nível de Equipe
    │             ├── MCI Nível de Equipe
    │             ├── MCI Nível de Equipe
    │             ├── MCI Nível de Equipe
    │             └── MCI Nível de Equipe
    └── REDEMOINHO

SUA ESTRATÉGIA, PLANOS E PRIORIDADES
    ├── CANETADAS
    ├── MUDANÇA DE COMPORTAMENTO
    │       └── MCI PRIMÁRIA
    │             ├── SUB MCI
    │             ├── SUB MCI
    │             └── SUB MCI
    │                   ├── MCI Nível de Equipe
    │                   ├── MCI Nível de Equipe
    │                   ├── MCI Nível de Equipe
    │                   ├── MCI Nível de Equipe
    │                   └── MCI Nível de Equipe
    └── REDEMOINHO
```

No primeiro, as MCIs da equipe se alinham diretamente à MCI Primária; e, no segundo exemplo, existem "sub MCIs" intermediárias (muitas vezes referidas como "MCIs de jogos") às quais as MCIs da equipe se alinham.

Há duas vantagens claras nessa abordagem. Primeiro, a energia da organização está focada em uma única MCI Primária, o que lhe permite produzir o maior resultado possível. Em segundo, cada um na empresa participa da mesma conquista geral. Sempre que suas equipes de linha de frente podem ter um impacto relevante na MCI Primária, essa abordagem é poderosa. Porém, se elas não conseguirem encontrar um jeito de contribuir direta ou indiretamente para a MCI Primária, o alinhamento de sua MCI da Equipe pode parecer forçado e artificial, liquidando o engajamento.

Abordagem B. Crie um pequeno conjunto de MCIs Primárias críticas. Ainda que essas MCIs Primárias não se relacionem operacionalmente, suas realizações combinadas podem levá-lo a alcançar seu objetivo estratégico. Nessa abordagem, as equipes da linha de frente dentro da organização alinham sua MCI da equipe com a MCI Primária na qual *eles podem fazer a maior contribuição e impacto*. Mesmo que cada equipe ainda tenha apenas uma MCI de impacto, a organização agora pode dividir sua "moeda inovadora" entre vários objetivos necessários para cumprir a estratégia.

Abordagem C. Os líderes das equipes da linha de frente têm autonomia para escolher sua própria MCI da Equipe.

Nessa abordagem, o líder dos líderes confia no julgamento dos líderes das equipes da linha de frente sobre qual deve ser a MCI para suas próprias equipes. Isso é particularmente eficaz em empresas em que as equipes da linha de frente têm alta autonomia operacional e pouca ou nenhuma interdependência com outras equipes para resultados combinados. Pequenos varejistas, mercearias e prestação de serviços são bons exemplos. Também a vimos ser usada em franquias e organizações com várias unidades.

Embora tenhamos visto outras variações nas quais os elementos dessas abordagens são combinados criativamente de modo a atender a modelos e a objetivos de negócios muito exclusivos, essas três abordagens representam a grande maioria das implementações das 4DX.

Há 4 regras principais para a aplicação da Disciplina 1 como líder de líderes.

Regra 1. Nenhuma equipe ou indivíduo se concentra em mais de duas MCIs ao mesmo tempo. Essa regra atua como um condutor de uma máquina. Quando você mergulha fundo nas 4 Disciplinas da Execução, podem ocorrer dezenas ou até mesmo centenas de MCIs por toda a organização, mas a chave é não sobrecarregar uma única equipe, um único líder ou um único colaborador individual. Lembre-se: estão todos lidando com demandas incessantes do redemoinho. Mantenha essa regra em mente enquanto examina atentamente as outras três. Se violar essa, terá perdido o foco sob a ótica da organização.

Regra 2. Os jogos que você escolher têm de vencer o campeonato. Seja um conflito militar ou a guerra contra a fome, o câncer ou a pobreza, existe uma relação entre jogos e campeonatos. A única razão de você jogar um jogo é vencer o campeonato. O único propósito das MCIs da equipe é conduzir a realização da MCI Primária. Não basta que as MCIs da Equipe apoiem ou se alinhem à MCI Primária. A realização das MCIs das Equipes tem de *assegurar* o sucesso da MCI Primária.

Com a MCI Primária escolhida, a próxima pergunta é crítica. Não pergunte: "Qual é a lista completa de coisas que poderíamos fazer para vencer este campeonato?" — um erro comum proveniente de uma longa lista de tarefas —, mas sim: "Qual é o menor número de jogos necessários para vencer este campeonato?" A resposta mostra quais e quantas MCIs da Equipe serão necessárias para alcançar a MCI Primária. Ao começar a escolher os jogos para vencer o campeonato, você começa a esclarecer e a simplificar sua estratégia. Aqui está um exemplo significativo da diferença entre as MCIs das Equipes que *apoiam* a realização da MCI Primária e aquelas que *asseguram* isso. Um provedor de serviços financeiros da internet precisava aumentar as receitas *em um segmento específico de mercado* de US$160milhões para US$200 milhões até o fim do ano fiscal para atender às expectativas de seus investidores. É importante observar que esse foi um foco estreito em apenas uma *parte* da receita geral. Para chegar a esse resultado, a equipe externa de vendas se comprometeu a obter US$8 milhões em novas receitas e a divisão de contas principais comprometeu-se com os outros US$32 milhões.

De imediato ficou claro que uma grande equipe — a divisão de tecnologia — ficara de fora. Afinal, que papel poderia desempenhar em uma MCI de receita, pois vendas não eram sua responsabilidade direta? Não houve respostas fáceis, e essa equipe significativa logo se sentiu excluída da MCI.

Mas, após cuidadosa ponderação, essa equipe percebeu que poderia ter um grande impacto na MCI Primária melhorando seus resultados de desempenho para um serviço contínuo e ininterrupto. Acontece que esse era um dos principais critérios que os novos clientes usariam para escolher um fornecedor. Quando tudo terminou, essa MCI da Equipe revelou-se a *mais crucial* para alcançar a MCI Primária de crescimento de receita, uma vez que abriu o caminho para todas as outras divisões. Sem tal contribuição, a MCI Primária nunca poderia ter sido alcançada.

DISCIPLINA 1: FOQUE O CRUCIALMENTE IMPORTANTE

Regra 3. Os líderes dos líderes podem vetar, mas não impor. Os mais altos níveis de execução nunca são alcançados quando a estratégia é concebida exclusivamente pelos líderes dos níveis hierárquicos mais elevados e passada adiante para os líderes e as equipes mais abaixo. Sem o envolvimento de todos, não há como gerar os altos níveis de comprometimento que a execução exige. Embora os líderes seniores sem dúvida determinem a MCI Primária, têm de permitir que os líderes das equipes da linha de frente definam as MCIs *para suas próprias equipes*. Isso não apenas alavanca o conhecimento desses líderes da linha de frente, mas também dá à equipe um maior sentido de responsabilidade e envolvimento. Os líderes da linha de frente estarão mais engajados em uma meta em cuja determinação tiveram um papel significativo. Os líderes seniores, como sempre, podem exercer o direito de veto que lhes é próprio caso a escolha da MCI não puder atender às necessidades da MCI Primária.

A implementação da Disciplina 1 a partir de uma MCI Primária até as MCIs das Equipes capacita a organização a transformar com rapidez uma ampla estratégia em metas definidas com clareza em todos os níveis. Não é apenas um processo de cima para baixo, mas também não é apenas o inverso. Combina o melhor de ambos. A escolha do líder sênior da MCI Primária (de cima para baixo) traz clareza, e a escolha do líder da linha de frente de uma MCI da Equipe (de baixo para cima) promove engajamento. Durante o processo, toda a organização se mobiliza em torno do foco mais importante e assume a responsabilidade pela obtenção do resultado.

Um poderoso exemplo disso foi ilustrado por Dave Grissen, ex-presidente do Grupo das Américas da Marriott International, quando ele começou a implementação na Marriott, que acabaria por ver 70 mil líderes certificados nas 4DX. Em uma apresentação franca a um grupo de gerentes de hotel, ele disse: "Vou contar um pequeno segredo. Se alguém quiser ter um emprego na Marriott, tudo o que precisa fazer é cuidar do redemoinho. Faça isso bem todos os dias e sempre terá um emprego. Mas, se quiser ser promovido, você precisa gerar resultados. Dê as cartas. Escolha uma MCI que melhore a experiência do cliente e mude para melhor, seja a experiência da estada, ou a satisfação quanto a algum evento, ou se está tudo em ordem." Dave Grissen não somente disse isso, mas "mostre-me seu resultado" tornou-se o primeiro pedido aos aspirantes a gerentes de hotel nos processos de entrevista. (Veja uma explicação mais detalhada desse processo no Capítulo 8.)

Regra 4. Todas as MCIs devem ter uma linha de chegada no formato *De X para Y até Quando*. Cada MCI em cada nível deve conter um resultado claramente mensurável, bem como a data em que ele deve ser alcançado. Por exemplo, uma MCI com foco na receita pode ser: "Aumentar a porcentagem da receita anual de novos produtos de 15% para 21% até 31 de dezembro." Esse formato *De X para Y até Quando* reconhece onde você está hoje, aonde deseja ir e quando planeja atingir essa meta. Por mais enganosamente simples que essa fórmula possa parecer, muitos líderes geralmente têm dificuldade em traduzir os conceitos estratégicos dela em uma única linha de chegada do tipo *De X para Y até Quando*. Contudo, uma vez definida, os líderes e suas equipes obtêm uma tremenda clareza.

Normalmente, contudo, as metas carecem desse tipo de clareza. É comum nos depararmos com metas que ninguém consegue alcançar porque não há linha de chegada, o que significa que não há como dizer se você atingiu ou não a meta e onde você se encontra em determinado momento. Eis alguns exemplos:

De uma empresa varejista global: "Melhorar a gestão de estoque."

De uma editora inglesa: "Desenvolver novas relações comerciais e fortalecer as atuais."

De uma autoridade australiana na área de turismo: "Influenciar o desenvolvimento eficaz da força de trabalho na área de turismo em Queensland."

De uma empresa de investimentos europeia: "Converter, de forma bem-sucedida, nosso portfólio para uma estratégia com base no ciclo de vida."

DISCIPLINA 1: FOQUE O CRUCIALMENTE IMPORTANTE

De uma empresa multinacional na área do agronegócio: "Identificar, recrutar e reter os melhores empregados."

Essas metas carecem de medidas que mostrem para a equipe quando venceu o jogo. "Melhorar a gestão de estoque?" Quanto? "Fortalecer as relações comerciais?" Como medir o "fortalecer"? "Converter, de forma bem-sucedida, nosso portfólio em uma estratégia com base no ciclo de vida?" Como saber que fizemos isso?

MCIs com linhas de chegada claramente definidas se parecem com isto:

> "Melhorar a gestão de estoque aumentando o giro do estoque de 8 para 10 ao ano até o dia 31 de dezembro."

> "Aumentar nosso índice de relacionamento com clientes de 40 para 70 na escala de lealdade no prazo de 2 anos."

> "Passar 40% dos nossos clientes de investimentos de categorias fixas para categorias com ciclo de vida no prazo de 5 anos."

> "Lançar a nova solução CRM em uma classificação beta de 85% de qualidade até o fim do nosso ano fiscal."

Se uma meta for crucialmente importante, com certeza você deve ser capaz de dizer se a atingiu ou não. A fórmula *De X para Y até Quando* faz com que isso seja possível.

Ao estabelecer uma linha de chegada, sempre ouvimos a pergunta: "Por qual período se deve estender a realização de uma MCI?" Nossa resposta é: "Depende." Como as equipes e as organizações frequentemente pensam e se avaliam em termos de um calendário ou ano fiscal, um período de um ano é um ponto de partida conveniente para uma MCI. Dito isso, lembre-se de que uma MCI não é uma estratégia, mas sim uma meta tática com cronograma limitado. Já vimos MCIs com prazo de dois anos e outras de seis meses. A duração de uma MCI baseada em um projeto, tal como "Completar o novo site da internet dentro do orçamento até 1º de julho", habitualmente corresponderá ao cronograma do projeto propriamente dito.

Faça seu próprio julgamento. Lembre-se apenas de que uma MCI deve se enquadrar em um cronograma que equilibre a necessidade de criar uma visão convincente, com a necessidade de criar uma meta viável.

NOSSA META É A LUA

Em 1958, a novata NASA (National Aeronautics and Space Administration) tinha muitas metas importantes, como esta: "A expansão do conhecimento humano sobre os fenômenos da atmosfera e do espaço." Soava como muitas das metas que você escuta nas empresas atualmente: "Tornar-se referência mundial..." ou "Liderar o setor...". Embora os líderes da NASA tivessem meios de avaliar os vários aspectos dessa meta, não tinham a clareza de uma linha de chegada definida. Além disso, não estavam obtendo resultados como os da União Soviética.

No entanto, em 1961, o presidente John F. Kennedy abalou os alicerces da NASA ao fazer o pronunciamento "aterrissar o homem na Lua e trazê-lo de volta à Terra antes do término desta década". Repentinamente, a NASA tinha um desafio formidável, a copa do mundo na qual se envolveria nos dez anos que se seguiram, e ele foi enunciado exatamente do modo como as MCIs devem ser expressas: X estava vinculado à Terra, Y à Lua e ao retorno, e o *Quando* era até 31 de dezembro de 1969.

Dê uma olhada na tabela[7] a seguir, que mostra a diferença entre metas organizacionais convencionais e a uma verdadeira MCI.

Considere as metas de 1958:

Elas são claras e mensuráveis?

Quantas eram?

Havia linha de chegada para qualquer uma delas?

Assim sendo, para que tipo de resultados essas metas estavam conduzindo a NASA? A Rússia chegou ao espaço primeiro, com satélites e cosmonautas, enquanto os Estados Unidos ainda explodiam foguetes nas plataformas de lançamento.

DISCIPLINA 1: FOQUE O CRUCIALMENTE IMPORTANTE

Contraste as metas de 1958 com a de 1961: uma MCI clara e mensurável.

NASA: METAS EM 1958	NASA: METAS A PARTIR DE 1961
1. Expansão do conhecimento humano sobre os fenômenos da atmosfera e do espaço. 2. Melhoria da utilidade, do desempenho, da velocidade, da segurança e da eficiência de veículos aeronáuticos e espaciais. 3. Desenvolvimento e operação de veículos capazes de carregar instrumentos, equipamentos, materiais e organismos vivos através do espaço. 4. Estabelecimento de estudos de longo alcance dos potenciais benefícios a serem ganhos a partir das oportunidades e dos problemas envolvidos na utilização de atividades aeronáuticas e espaciais para fins pacíficos e científicos. 5. Preservação do papel dos Estados Unidos como líder na ciência e na tecnologia aeronáutica e espacial e na aplicação destas na condução de atividades pacíficas dentro e fora da atmosfera. 6. Disponibilizar, para as agências diretamente ligadas à defesa nacional, descobertas de valor ou significado militar e fornecer por intermédio de tais agências, para a agência civil estabelecida para dirigir e controlar atividades aeronáuticas e espaciais não militares, informações relativas a descobertas que tenham valor ou significado para aquela agência. 7. Cooperação dos Estados Unidos com outras nações e grupos de nações no trabalho realizado segundo este Ato e na aplicação pacífica de seus resultados. 8. A utilização mais eficaz dos recursos científicos e de engenharia dos Estados Unidos, em estreita cooperação com todas as agências dos Estados Unidos que estejam interessadas, a fim de evitar desnecessária duplicação de esforços, instalações e equipamentos.	*"Creio que esta nação deva se comprometer em alcançar a meta de, antes do final desta década, aterrissar o homem na Lua e trazê-lo de volta à Terra em segurança."* – John F. Kennedy.

Agora, com sua reputação em xeque no cenário mundial, a NASA teve que determinar os poucos jogos-chave que ganhariam o campeonato.

Por fim, três jogos críticos foram escolhidos: navegação, propulsão e suporte à vida. A navegação apresentava o desafio fantástico de deslocar uma nave através do espaço a quase 29km/s até uma localização precisa na Lua, que também se movia rapidamente em sua órbita elíptica ao redor da Terra. A propulsão não era um desafio menor, pois um foguete suficientemente pesado para carregar um módulo lunar jamais alcançara antes uma velocidade suficiente para romper a força gravitacional da Terra. O suporte à vida era o mais crítico de todos porque demandava o desenvolvimento de uma cápsula e um módulo de aterrissagem que mantivessem os astronautas vivos, tanto para a viagem em direção à Lua como na viagem de volta, e enquanto explorassem a superfície lunar.

O discurso do presidente Kennedy também incluiu outro aspecto relevante da Disciplina 1 — dizer não a boas ideias — quando ele reconheceu que havia muitas outras metas valiosas que o país não perseguiria a fim de atingir essa meta. Porém, quando ele perguntou: "Por que, dizem alguns, a Lua? Por que escolhê-la como nossa meta?... Essa meta servirá para organizar e avaliar o melhor de nossas energias e habilidades, porque esse desafio é aquele que estamos prontos para aceitar, que não estamos dispostos a postergar e que pretendemos vencer."[8] Assim, ele estreitou o foco da NASA para uma linha de chegada cuja realização se tornou um dos empreendimentos mais importantes da história humana.

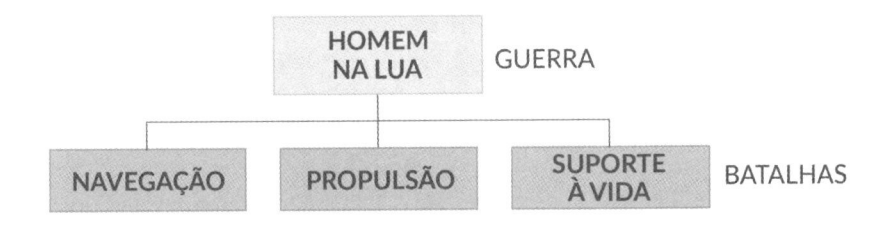

```
         ┌─────────┐
         │ HOMEM   │   GUERRA
         │ NA LUA  │
         └────┬────┘
    ┌─────────┼─────────┐
┌───────┐ ┌────────┐ ┌────────┐
│NAVEGA-│ │PROPUL- │ │SUPORTE │  BATALHAS
│ ÇÃO   │ │ SÃO    │ │ À VIDA │
└───────┘ └────────┘ └────────┘
```

O que você acha que aconteceu com a responsabilização dentro da Nasa quando o desafio de colocar o homem na Lua foi publicamente anunciado? Foi às alturas. Isso ficará particularmente claro quando você se recordar que a nave espacial utilizada tinha apenas uma minúscula fração do poder computacional do smartphone que está em seu bolso. Pior ainda era o fato

DISCIPLINA 1: FOQUE O CRUCIALMENTE IMPORTANTE

de que os engenheiros e os cientistas ainda não tinham tecnologia operacional para vencer os três jogos necessários. Ao olhar para trás, você poderia dizer que, para os seres humanos, não fazia o menor sentido os homens irem à Lua em 1969.

Agora, considere uma pergunta diferente: quando a responsabilização se difundiu rapidamente, o que aconteceu com o moral e o engajamento? Também foram às alturas. A maioria dos líderes acha isso surpreendente. Tendemos a achar que, quando a responsabilização atinge um pico, a pressão diminui o moral. A realidade é oposta: ao restringir o foco, tanto a responsabilização quanto o engajamento da sua equipe aumentam.

Quando as metas de uma equipe deixam de ser uma dúzia de metas do tipo "nós realmente esperamos" para uma do tipo "não importa o que aconteça", o efeito sobre o moral é dramático. É como se existisse um interruptor na cabeça de cada membro da equipe com a etiqueta "O jogo começou!" Se você conseguir acionar essa opção, terá lançado as bases para uma execução extraordinária. Foi o que o presidente Kennedy fez quando disse ir à Lua e voltar no final da década.

Você consegue se lembrar de como é fazer parte de uma equipe quando o interruptor do jogo é pressionado? É uma experiência notável. Muito embora ainda tenha de lidar com o redemoinho e uma miríade de demandas, você também tem uma linha de chegada, algo claro e importante em que pode ser vencedor. Ainda mais significativo é o fato de que todo membro da equipe pode ver que sua contribuição faz a diferença. Todos querem sentir que estão vencendo e que estão contribuindo para algo importante, e em tempos difíceis esse desejo é ainda maior.

Quando começamos esta jornada anos atrás, não pretendíamos nos centrar na definição nem no refinamento da estratégia. Contudo, rapidamente aprendemos que a linha que separa a estratégia da execução é difusa. Aplicar essa disciplina aperfeiçoará sua estratégia mais do que você imagina. Todavia, o resultado realmente será tornar sua estratégia *executável*.

Pense do seguinte modo: acima de sua cabeça está uma bolha de pensamentos, e dentro da bolha estão todos os vários aspectos de sua estratégia, inclusive as oportunidades que deseja perseguir, novas ideias e conceitos, problemas que você sabe que precisa resolver, e várias versões de "o quê" e "como" fazer tudo. Seu balão está complicado e caótico. É também diferente do conteúdo das bolhas sobre cada um dos outros líderes.

Por isso, a Disciplina 1 exige que você traduza sua estratégia de conceitos para metas, de uma vaga intenção estratégica para um conjunto de metas específicas. As quatro regras para implementar a Disciplina 1, resumidas anteriormente, fornecem uma estrutura à organização como um todo, para realizar isso de forma exitosa. (Para mais exemplos e etapas do processo, consulte as Partes 2 e 3.)

Finalmente, lembre-se de que as quatro regras do foco são implacáveis. Em algum momento, você vai querer trapaceá-las, nem que seja só ligeiramente. Nós compreendemos. Com frequência desejamos fazer o mesmo em nossa empresa. Entretanto, aprendemos que as regras que governam o foco são como as que governam a gravidade: não estão associadas ao que você pensa ou aos detalhes de sua situação em particular. Elas simplesmente ocasionam consequências previsíveis.

Quando você pondera sobre essa questão, o princípio de foco nas poucas metas vitais é o senso comum, contudo, não é uma prática comum. Em uma das fábulas de Esopo, um menino colocou a mão em um pote cheio de avelãs. Agarrou tantas quantas pôde, mas, quando tentou puxar a mão, descobriu que o gargalo do pote era estreito demais. Relutante por perder o que agarrara e incapaz de puxar a mão, caiu em lágrimas e amargamente lamentou seu desapontamento.

Assim como o menino, você pode achar difícil se desprender de várias boas metas, até que comece a se dedicar a uma meta maior. Como Steve Jobs dizia frequentemente: "Sinto tanto orgulho do que deixamos de fazer quanto do que fizemos." A Disciplina 1 define essa meta maior, e *é* uma disciplina. Na Parte 2 deste livro, daremos orientações adicionais sobre o processo exato para definir uma MCI Primária.

Para mais informações sobre MCIs no aplicativo 4DX, acesse: www.4DXBook.com/wigs [conteúdo em inglês].

CAPÍTULO 3

Disciplina 2: Atue nas Medidas de Direção

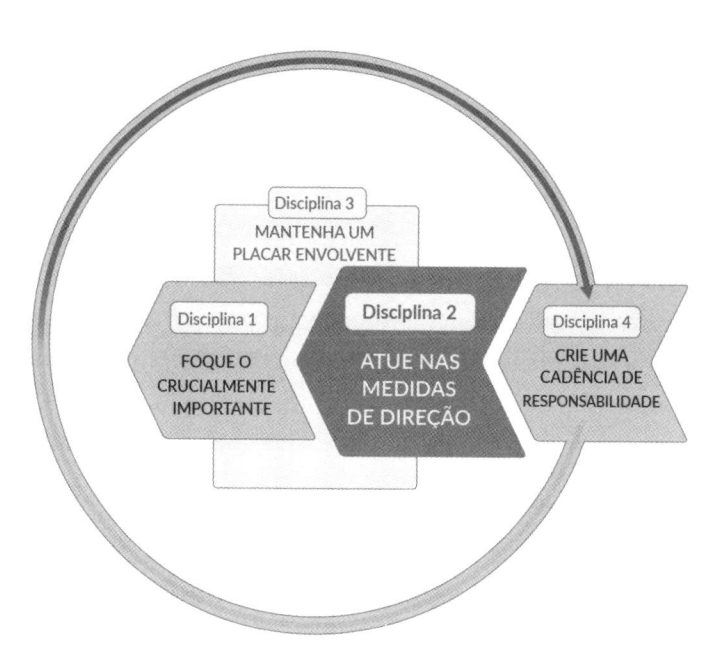

A segunda disciplina consiste em aplicar energia desproporcional às poucas ações (ou comportamentos) que terão o maior impacto na realização da Meta Crucialmente Importante. Chamamos essas ações de "medidas de direção" porque são as métricas que *realmente levam* a alcançar a MCI.

Pense desta forma: uma medida histórica mostra se a meta foi atingida. Uma medida de direção informa que *provavelmente* a meta será atingida — ou seja, a equipe está fazendo o que é mais crítico para alcançá-la. Enquanto para um indivíduo (ou equipe) afetar diretamente uma medida histórica é difícil, uma medida de direção é escolhida por poder impactar uma medida histórica e estar sob controle da equipe: o que chamamos de *influenciável*.

Cabe frisar que as medidas de direção existem no nível da equipe da linha de frente e são projetadas para mover a MCI da Equipe (medida histórica). Líderes de líderes podem escolher usar uma métrica específica, a Execution Performance Score (XPS), como uma medida de direção (um tópico que abordaremos no Capítulo 10), pois, de todo modo, não há medidas de direção em seu nível. As descrições das Disciplinas 2, 3 e 4 apresentadas aqui se aplicam diretamente aos líderes das equipes da linha de frente, mas seu entendimento é valioso para líderes de líderes.

A Disciplina 2 também se baseia no princípio da alavancagem. Quando uma medida de direção é bem selecionada, ela proporciona resultados maiores do que o esforço investido para realizá-los. As medidas de direção permitem a uma equipe trabalhar de maneira mais inteligente, concentrando sua energia nas ações que geram maior retorno. Um exemplo simples seria que, embora não possa controlar a frequência com que seu carro quebra na estrada (uma medida histórica), você pode controlar a frequência das manutenções de rotina (uma medida de direção). E, quanto maior o cuidado com a manutenção, maior a probabilidade de evitar quebrar na estrada.

Como as Disciplinas 1 e 2 se combinam com tanta precisão, é mais fácil entendê-las quando você as vê juntas, em vez de separadamente.

Na Disciplina 1, cada equipe possui uma MCI. Essas MCIs da Equipe são geralmente criadas para representar a maior contribuição possível de cada equipe para a MCI Primária. As MCIs da Equipe devem estar *alinhadas* (contribuírem) com a MCI Primária, e seus resultados combinados devem *garantir* que X para Y (medida histórica) da MCI Primária

DISCIPLINA 2: ATUE NAS MEDIDAS DE DIREÇÃO

seja alcançado. É importante notar que, uma vez que uma MCI tenha uma atribuição X para Y, isso normalmente se refere a uma medida histórica.

Na Disciplina 2, cada equipe define, então, as ações mensuráveis alavancadas (medidas de direção) que permitirão que sua MCI da Equipe seja alcançada. A ilustração a seguir mostra a relação entre medidas históricas e medidas de direção em um plano geral para realizar a MCI Primária.

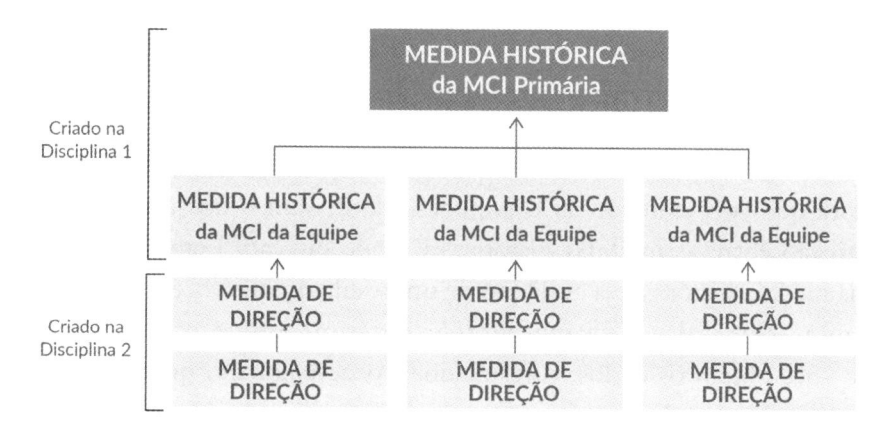

```
                    MEDIDA HISTÓRICA
                      da MCI Primária
Criado na                   ↑
Disciplina 1    ┌───────────┼───────────┐
         MEDIDA HISTÓRICA  MEDIDA HISTÓRICA  MEDIDA HISTÓRICA
          da MCI da Equipe  da MCI da Equipe  da MCI da Equipe
                ↑                ↑                ↑
            MEDIDA DE        MEDIDA DE        MEDIDA DE
Criado na    DIREÇÃO          DIREÇÃO          DIREÇÃO
Disciplina 2    |                |                |
            MEDIDA DE        MEDIDA DE        MEDIDA DE
             DIREÇÃO          DIREÇÃO          DIREÇÃO
```

Um modelo tradicional de planejamento começa com a identificação da meta. Depois, cria-se uma lista detalhada de todas as tarefas e subtarefas específicas necessárias para atingir a meta. Mas planos de longo prazo costumam ser muito rígidos, não têm a capacidade de se adaptar às necessidades e ao ambiente de negócios em constante mudança. Não surpreendentemente, eles em geral acabam na prateleira, juntando poeira após alguns meses.

Com a Disciplina 2, você vai fazer algo bem diferente.

A Disciplina 2 requer que você defina as medidas de direção diárias ou semanais cuja realização levará à meta. Assim, a cada semana, a equipe identifica as ações mais importantes que conduzirão às medidas de direção. Dessa forma, a equipe está criando um plano *just-in-time* todas as semanas, que a capacita a se ajustar e se adaptar rapidamente, mantendo o foco na MCI da Equipe.

PENSAMENTO CONVENCIONAL	PRINCÍPIO DAS 4DX
Mantenha os olhos nas medidas históricas: resultados trimestrais, números das vendas, dinheiro perdido. Fique tenso. Morda as unhas enquanto aguarda.	Foque a evolução das medidas de direção. Estas são as ações de alta alavancagem que você toma para impulsionar as medidas históricas.

MEDIDAS HISTÓRICAS VERSUS MEDIDAS DE DIREÇÃO

Agora que você entende as Disciplinas 1 e 2, vamos nos aprofundar na distinção entre as medidas históricas e as de direção. Lembre-se de que uma medida histórica é a avaliação de um resultado que você está tentando alcançar. Nós as denominamos *medidas históricas* porque, no momento em que você obtém os dados, o resultado, e o desempenho que levou a ele, são coisa do passado; os números estão sempre atrasados. Em uma MCI, a fórmula *De X para Y até Quando* define sua medida histórica. Lembre-se de que seu redemoinho está repleto de medidas históricas — qualidade, lucratividade e satisfação do cliente (para citar apenas alguns) — que sempre serão históricas no momento em que você as tiver em mãos.

As medidas de direção são diferentes; eles predizem o resultado. As medidas de direção sempre precisam ter duas características principais. Primeiro, uma medida de direção é *preditiva,* o que significa que, se a medida de direção mudar, você pode prever que a medida histórica também mudará. Em segundo lugar, uma medida de direção é *influenciável*; ela pode ser diretamente influenciada pela equipe. Ou seja, a equipe pode fazer uma medida de direção acontecer sem uma dependência significativa de outra equipe.

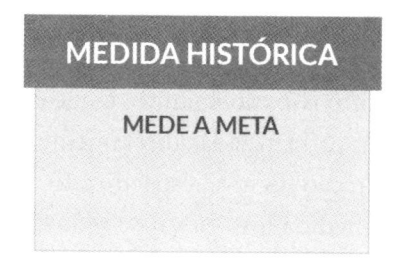

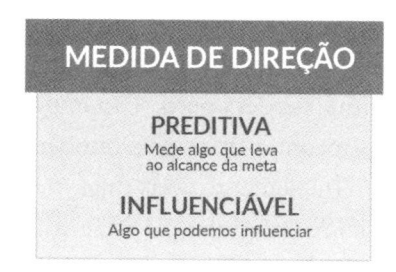

DISCIPLINA 2: ATUE NAS MEDIDAS DE DIREÇÃO

MEDIDA HISTÓRICA	MEDIDA DE DIREÇÃO
MEDE A META	PREDITIVA Mede algo que leva ao alcance da meta INFLUENCIÁVEL Algo que podemos influenciar

Na Disciplina 2 você cria medidas de direção cujo movimento se tornará a força propulsora para atingir a MCI da Equipe. Nos meses seguintes, a equipe investirá energia consistente no acionamento dessas medidas de direção, e esse investimento será a chave para o sucesso.

Acreditamos que compreender as medidas de direção será uma das percepções mais importantes que você tirará deste livro.

Exploraremos as duas características de uma boa medida de direção mais adiante, assumindo primeiro que você tem uma MCI para "Aumentar a produção de milho de 200 toneladas para 300 toneladas até 1º de setembro". O *X para Y* da tonelagem de milho é sua medida histórica. Você sabe que a chuva é um fator importante na produção de milho, então ela pode ser um preditivo da colheita do milho. Contudo, será esta uma boa medida de direção? Não, porque você não pode influenciar o clima para produzir a quantidade certa de chuva. *A chuva, em si, é preditiva, mas não é influenciável*. A chuva falha no teste porque ambas as características são igualmente importantes.

Agora considere outra ilustração que mencionamos anteriormente: uma MCI de como conseguir perder peso. Obviamente, a medida histórica será seu peso conforme refletido pela balança do banheiro. Se você formatar esta MCI corretamente, pode defini-la como "Diminuir o peso corporal total de 90kg para 80kg até 30 de maio" (*De X para Y até Quando*). Esse é um bom começo, mas quais são as medidas de liderança que serão preditivas de atingir a meta e, igualmente importante, que você pode influenciar? Você provavelmente escolheria dieta e exercícios, e é claro que está certo.

Essas duas medidas satisfazem à primeira característica, a de serem preditivas: se você diminuir as calorias que consome e aumentar as calorias que queima, perderá peso. Tão importante quanto isso, no entanto, é que essas duas medidas principais também podem ser influenciadas diretamente por você. Implemente essas duas medidas de direção no nível especificado, fora de seu redemoinho diário, e você verá sua medida histórica ir se reduzindo quando você subir na balança do banheiro.

MEDIDAS DE DIREÇÃO PODEM SER CONTRAINTUITIVAS

Mas há um problema com medidas de direção. Em quais medidas os líderes normalmente se fixam, nas de direção ou nas históricas? Isso mesmo. Como líder, você provavelmente passou toda a carreira dedicando sua atenção às medidas históricas, embora não possa afetá-las diretamente. E você não está sozinho. Pense em sua última reunião com os outros líderes de sua organização. Sobre o que você estava discutindo, analisando, planejando e agonizando? Medidas históricas e, geralmente, a incapacidade de alterá-las.

Por exemplo, é fácil para os professores medirem os níveis de leitura dos alunos com um teste padronizado. Frequentemente, são obcecados com essas medidas históricas. Contudo, é mais difícil propor medidas de direção que *predizem* como os alunos se sairão no teste. A escola poderia contratar tutores ou reservar mais tempo para a leitura ininterrupta. Seja como for, a escola provavelmente terá um desempenho melhor se rastrear os dados sobre o tempo gasto na leitura ou na tutoria (medidas de direção), em vez de simplesmente esperar e rezar para que os índices de leitura (medidas históricas) aumentem por conta própria.

Vemos essa síndrome todos os dias em nosso trabalho com equipes ao redor do mundo. O líder de vendas se fixa no montante de vendas, o líder da área de serviços se fixa na satisfação do cliente, os pais se fixam nas notas dos filhos e quem faz dieta se fixa na balança. E, em quase todos os casos, a fixação apenas nas medidas históricas não leva aos resultados desejados.

DISCIPLINA 2: ATUE NAS MEDIDAS DE DIREÇÃO

Há duas razões que justificam todos os líderes agirem assim. Primeiro, as medidas históricas são as medidas do sucesso, são os resultados que você precisa alcançar. Em segundo lugar, os dados sobre medidas históricas são quase sempre muito mais fáceis de obter e mais visíveis do que os dados sobre medidas de direção. É fácil pisar na balança e saber quanto você pesa, mas até que ponto é fácil descobrir quantas calorias você comeu hoje ou quantas queimou? Em geral esses dados são de difícil obtenção e podem demandar autêntica disciplina para que a obtenção deles seja *contínua*.

Segue um alerta: neste exato momento você pode ficar tentado a simplificar excessivamente o que estamos dizendo. Pode estar pensando em algo como: *então, tudo o que você está dizendo é que se eu quiser perder peso devo fazer dieta e me exercitar? O que há de revolucionário nisso?* Nesse caso, você não compreendeu a Disciplina 2.

Há uma enorme diferença entre meramente *compreender* a importância da dieta e do exercício e *medir* quantas calorias ingeriu e queimou. Todos sabem que se deve fazer dieta e se exercitar, mas as pessoas que realmente medem quantas calorias ingeriram e queimaram diariamente são as que de fato *perdem* peso!

Em última análise, são os *dados* das medidas de direção que fazem a diferença, que lhe permitem preencher o vão entre o que você sabe que a equipe deve fazer e o que ela está realmente fazendo. Sem as medidas de direção, só lhe resta tentar gerenciar as medidas históricas, uma abordagem que raramente produz resultados significativos.

W. Edwards Deming, o guru da gestão e da qualidade, não poderia ter se expressado melhor quando disse aos executivos que gerenciar uma empresa observando os dados financeiros (medidas históricas) é equivalente a "dirigir um carro olhando pelo espelho retrovisor".[9]

As medidas de direção também eliminam o elemento surpresa que apenas um foco sobre as medidas históricas pode propiciar. Imagine este cenário: você e sua equipe têm trabalhado muito em uma meta para melhorar a satisfação do cliente. Este é seu indicador mais importante e no qual seu bônus se baseia. Os índices de satisfação do cliente mais recentes acabam de ser entregues. Como um dos nossos clientes disse, você está prestes a ter uma dentre duas reações: "Ah, que legal!" ou "Ah, não!". De qualquer modo, não há nada a fazer para alterar os resultados: eles estão no passado. O mesmo cliente também lembrou: "Se a sorte está tendo um papel significativo em sua carreira, então você está se concentrando em medidas históricas."

Concordamos plenamente.

Em vez disso, imagine que está acompanhando as duas medidas de direção mais preditivas na satisfação do cliente, e que nas últimas três semanas sua equipe teve um desempenho muito bom naquelas medidas de direção. Você acha que sua experiência mudará quando os novos resultados de satisfação do cliente chegarem? Com toda certeza. Será como subir na balança sabendo que atingiu as medidas de dieta e de exercício todos os dias. Você já sabe que a medida histórica se modificará.

DEFINIÇÃO DE MEDIDAS DE DIREÇÃO

"Aumentar a produção anual de água de 175 milhões de litros para 185 milhões de litros até 31 de dezembro." Essa foi a MCI da instalação fabril da engarrafadora de água de uma grande empresa de bebidas quando começamos a trabalhar com o executivo sênior encarregado da cadeia de suprimentos para implementar as 4DX. Há vários anos a fábrica lutava para atingir seus níveis de produção de água planejados e os líderes estavam ansiosos para identificar as medidas de direção que elevariam a produção a novos patamares.

Começamos pedindo que discutissem o que achavam que seria uma boa medida de direção para aumentar a produção anual de água.

A resposta foi rápida: "Produção mensal de água."

"Desculpe-nos", dissemos, "mas isso não funcionará".

DISCIPLINA 2: ATUE NAS MEDIDAS DE DIREÇÃO

Eles pareciam confusos. "Por que não?", perguntou o gerente da fábrica. "Se atingirmos nossas metas de produção mensal de água, então atingiremos nossa produção anual, não é mesmo?"

"Você está absolutamente correto ao dizer que a produção mensal de água é preditiva da produção de água anual", replicamos, "mas a produção mensal não é mais *influenciável* por suas equipes do que a produção anual. Tudo que você está fazendo é identificar uma medida histórica diferente que possa avaliar mais frequentemente do que a produção anual. Ainda assim é uma medida histórica".

Esse diálogo é muito comum quando as equipes determinam as medidas de direção pela primeira vez, e infelizmente os líderes da fábrica de envase de água ainda não estavam conseguindo percebê-lo satisfatoriamente.

A fim de ajudá-los, perguntamos qual seria a medida de direção para a produção mensal de água.

Quando responderam "A produção diária de água!", percebemos que não estávamos avançando.

A conversa se tornava mais animada, até que o gerente de produção finalmente solicitou a atenção de todos.

"Já sei", disse ele, verdadeiramente entusiasmado. "Sei quais devem ser nossas medidas de direção!". Foi até a frente da sala e começou a explicar. "É comum os turnos ocorrerem com equipes incompletas e muitas máquinas improdutivas. Esses são os dois pontos principais que nos impedem de produzir mais água."

Agora estávamos chegando a algum lugar.

Todos na sala concordaram com o diagnóstico, mas, embora tivessem captado a ideia, ainda não tinham medidas de direção aproveitáveis e precisavam traduzir equipes completas e manutenção preventiva em medidas reais. Rapidamente, identificaram a primeira medida de direção: aumentar o porcentual de turnos com equipes completas de 80% para 95%. A segunda medida de direção foi definida ainda mais facilmente: aumentar a conformidade com os programas de manutenção preventiva de 72% para 100%.

A aposta estratégica foi que, se a planta garantisse equipes completas e redução nas paradas das máquinas, alcançaria um aumento significativo na produção de água. Nos meses que se seguiram, as equipes dedicaram um imenso esforço àquelas duas medidas de direção, além do redemoinho diário. A produção de água não só aumentou, mas também teve uma taxa de aumento superior à esperada.

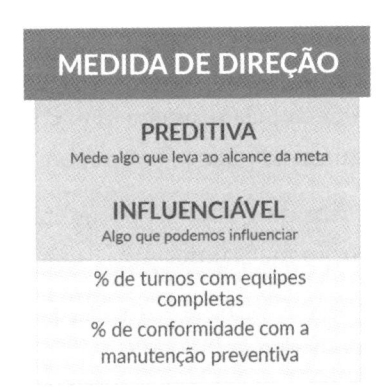

MEDIDA HISTÓRICA	MEDIDA DE DIREÇÃO
AVALIA A META	PREDITIVA
	Mede algo que leva ao alcance da meta
	INFLUENCIÁVEL
	Algo que podemos influenciar
Produção anual de água	% de turnos com equipes completas
	% de conformidade com a manutenção preventiva

Essa é uma boa ilustração do processo de definição das medidas de direção, mas também auxilia a ressaltar um ponto importante. Nosso consultor nesse projeto elogiou os resultados da fábrica, mas fez uma pergunta relevante: "Por que vocês ainda não haviam tomado essas duas atitudes?"

Ele quis evidenciar que as medidas de direção não se originaram na FranklinCovey. Os líderes da fábrica já sabiam da importância de operarem com equipes completas e da conformidade com as normas de manutenção preventiva, mas apesar disso não estavam agindo adequadamente. Por quê?

Assim como acontece com a maioria das equipes, o problema não era *saber*, e sim *não fazer* — uma questão de foco. Dezenas de itens demandavam foco e precisavam ser melhorados, não apenas as questões de pessoal e de manutenção preventiva, e ao tentar melhorar tudo eram arrebatados pelo redemoinho. Passavam o dia todo gastando energia em tantas prioridades

DISCIPLINA 2: ATUE NAS MEDIDAS DE DIREÇÃO

urgentes e tentando fazer com que todos os mostradores se mantivessem em funcionamento que, no fim das contas, nada avançava.

É óbvio que esse não é um problema exclusivo dos líderes dessa fábrica. Se os observássemos por alguns dias, provavelmente notaríamos duas atividades predominantes. A primeira, que consumiria a maior parte do tempo, seria a luta contra o redemoinho, e a segunda, a preocupação com as medidas históricas. O problema com as duas atividades é que elas consomem enorme energia e produzem pouca (se alguma) alavancagem além de sustentar o redemoinho, e o que você mais precisa é justamente de alavancas.

O princípio-chave por trás das medidas de direção é: *alavancagem*. Pense assim: realizar sua MCI é como tentar mover uma rocha enorme: apesar de aplicar muita energia, ela não se desloca. Não se trata de esforço. O problema é que esforço apenas não basta. As medidas de direção atuam como uma alavanca, viabilizando o deslocamento da rocha.

Agora considere as duas características primárias de uma alavanca. Primeiro, ao contrário da rocha, a alavanca é algo que *podemos* mover: é influenciável. Segundo, com a ação da alavanca, a rocha se move: é preditiva.

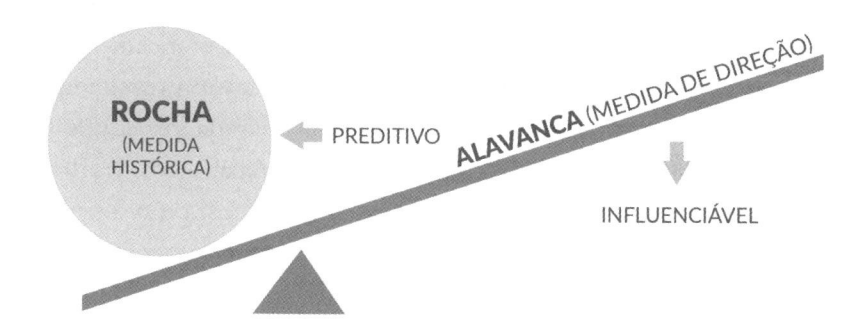

COMO VOCÊ ESCOLHE AS ALAVANCAS CERTAS?

Para alcançar uma meta que nunca alcançou antes, você deve fazer coisas que jamais fez no passado. Olhe ao seu redor. Quem mais atingiu essa meta ou algo semelhante? O que fizeram de diferente? Analise cuidadosamente quaisquer barreiras previsíveis e decida em equipe como superá-las. Use a imaginação. No que você não pensou que poderia fazer toda a diferença?

Em seguida, selecione as atividades que em sua opinião terão o maior impacto no alcance da MCI: as atividades 80/20. Quais os 20% do que você faz que alavancará tanto ou mais da MCI do que os restantes 80%? Encontrar a alavanca correta entre muitas possibilidades talvez seja o desafio mais árduo e mais intrigante para líderes tentando alcançar uma MCI.

ENCONTRANDO SUA ALAVANCA

Alguns anos atrás experienciamos um dos maiores exemplos de alavancagem ao sermos contratados para usar as 4DX na obtenção de um aumento na receita do maior varejista de calçados dos EUA. O objetivo era familiar; a escala, não. Nossa atuação, que envolveu 4.500 lojas — abrangendo todos os limites demográficos e geográficos imagináveis, além de incontáveis indivíduos — representava o maior desafio de todos: adotar uma nova abordagem para um negócio em que muitos passaram suas carreiras inteiras.

Começamos isolando uma MCI Primária específica e mensurável. Como "receita" era algo muito amplo e representava praticamente tudo o que acontecia nas lojas, estreitamos nosso foco para um resultado mais preciso: aumentar a porcentagem de clientes que saem da loja com sapatos novos (conhecida como taxa de conversão). Em média, cerca de 10% dos adultos que entravam na loja compravam sapatos, para si próprios ou para seus filhos. Os líderes da organização concordaram que aumentar a taxa de conversão era a chave para o crescimento.

O desafio seguinte era determinar quais comportamentos de alta alavancagem se tornariam medidas de direção capazes de gerar um aumento significativo. Inicialmente, elaboramos uma lista de dez medidas de direção, e cada loja tinha permissão para escolher duas dessa lista. Sabíamos que, se as lojas pudessem escolher as suas, elas se sentiriam mais envolvidas com o resultado. Também sabíamos que, se várias lojas tentassem abordagens diferentes, a melhor medida de direção surgiria. Mas, quando a mais preditiva das medidas de direção ficou clara, foi uma que nunca teríamos imaginado.

Se você pensar em sua própria experiência com a compra de sapatos, pode esperar que a maior motivação seja a simpatia da equipe, a disponibilidade de estoque em seu tamanho e estilo, ou mesmo um preço de ocasião. Certamente esses são fatores a considerar. Porém, descobriu-se que o comportamento mais preditivo para o aumento das vendas de calçados era *medir os pés das crianças.* Pare um instante para incorporar esse fato. Agora imagine que você é o adulto responsável pela compra de sapatos na aventura da volta às aulas. Você tem vários filhos com diferentes tamanhos de calçados, preferências distintas de estilo e cor, todos precisando de calçados hoje, e sua tolerância para fazer compras é muito limitada. Naquele momento, um vendedor se aproxima de você e se oferece para medir os pés das crianças a fim de garantir um ajuste de qualidade antes de mostrar a cada criança uma seleção compatível com as preferências delas e com seu orçamento. Qual seria sua reação, especialmente em um setor no qual o atendimento ao cliente é frequentemente sacrificado por preços mais baixos e pressa em vender? Nosso cliente descobriu que o simples ato de medir os pés de uma criança poderia se tornar uma *experiência do cliente* que não apenas vendeu mais sapatos, mas também criou fidelidade à loja para o resto da vida.

Uma vez reconhecido o impacto total dessa medida de direção, ela se tornou prática padrão em cada uma das 4.500 lojas. Cada equipe construiu um painel de controle que identificava cada vendedor e o número de pés das crianças medidos a cada dia. No fim da semana, ganhavam pequenos prêmios, como ingressos de cinema e cupons de lanchonete, os que obtinham as maiores pontuações. Em essência, eles criaram um jogo de medição de pés para impulsionar a conversão — um jogo envolvente e *ganhável.*

Quando os resultados finais chegaram, eles não apenas atingiram a MCI, fechando a lacuna de X para Y em 4.500 lojas, mas também triplicaram a porcentagem de aumento percentual que esperavam.

Embora cada uma das 4 Disciplinas fosse necessária para esse resultado, ao lado do talento, do compromisso e do trabalho árduo de um grande grupo de pessoas, ele não teria sido possível sem a alavancagem de uma medida de direção preditiva e influenciável.

O verdadeiro descortino da Disciplina 2 é simplesmente este: seja qual for o resultado que você está buscando, algumas ações ou comportamentos gerarão resultados mais que proporcionais em sua MCI. Trabalhando junto com sua equipe, você pode encontrar e aproveitar essas medidas de direção para produzir resultados extraordinários.

Na Parte 3, você encontra orientações mais específicas sobre como identificar e implementar suas medidas de direção, vindas das lições que nossos clientes aprenderam.

Ao longo dos anos, vimos muitos líderes verificarem que um elemento importante para a execução é colocar energia mais que proporcional nos pontos de alavancagem, concentrando-se em pôr em movimento as medidas de direção. Rochas muito grandes requerem uma alavanca altamente previsível e controlável. Quanto maior for a rocha, mais força você precisará.

ACOMPANHAMENTO DOS DADOS SOBRE MEDIDAS DE DIREÇÃO

A Younger Brothers Construction é uma empresa de construções residenciais no Arizona que tinha um grande problema: uma taxa de acidentes de trabalho crescente. Cada acidente significava não somente que um membro da equipe se feriria, mas também um atraso no término de um projeto de construção com cronograma apertado, maiores taxas de seguro e potencialmente a perda da classificação de segurança. A redução nos acidentes de trabalho se tornara o foco mais importante da empresa, de modo que não foi difícil chegar à Meta Crucialmente Importante: reduzir os acidentes de trabalho de 7% para 1% até 31 de dezembro.

Estabelecida a MCI, determinaram-se as medidas de direção preditivas tanto de um número menor de acidentes como influenciáveis pela equipe.

A primeira ideia considerada foi intensificar o treinamento de segurança, algo bastante influenciável, pois todos poderiam ser obrigados a isso. Os líderes, porém, acabaram rejeitando a ideia, visto que o pessoal já passara por uma quantidade de treinamento tal que possibilitou atingirem os níveis atuais de segurança. Decidiram que horas adicionais de treinamento não seriam suficientemente preditivas da realização da nova meta.

Os líderes da Younger Brothers examinaram com mais cuidado as causas primárias dos acidentes e desenvolveram uma ideia diferente para sua medida de direção: conformidade com as normas de segurança. Decidiram avaliar essa questão por meio de seis normas de segurança: uso de capacetes, luvas, botas e óculos protetores, bem como uso de andaimes e suportes para prevenir que os trabalhadores escorregassem. Estavam certos de que a exigência de alto nível com relação ao cumprimento dessas seis normas seria tanto preditiva como influenciável na redução de acidentes.

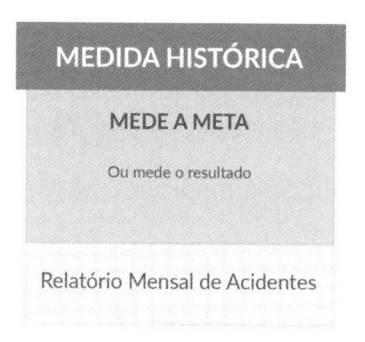

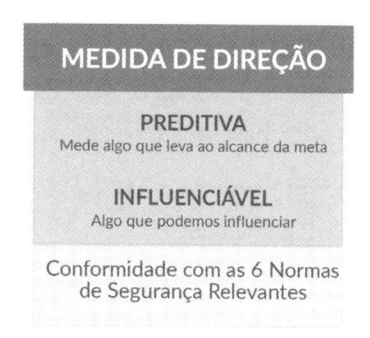

MEDIDA HISTÓRICA	MEDIDA DE DIREÇÃO
MEDE A META	PREDITIVA
Ou mede o resultado	Mede algo que leva ao alcance da meta
	INFLUENCIÁVEL
	Algo que podemos influenciar
Relatório Mensal de Acidentes	Conformidade com as 6 Normas de Segurança Relevantes

Decorrido um ano de foco nas medidas de direção de conformidade com as normas de segurança, a Younger Brothers alcançou o maior recorde de segurança nos trinta anos de história da empresa. Mas não foi fácil.

Um dos aspectos mais desafiadores da medida de direção foi a obtenção dos dados. Os dados referentes à medida histórica de acidentes eram fornecidos automaticamente pelo sistema da empresa toda semana. A medida de direção, em conformidade com as normas de segurança, tinha de ser fisicamente observada.

Isso significava que os supervisores precisavam circular pelas várias equipes e verificar se as pessoas estavam usando os equipamentos de segurança e se andaimes e suportes estavam firmemente instalados. E tinham de fazê-lo apesar de um grande fluxo de tarefas: questões com subcontratados e clientes, entregas atrasadas devido ao clima ou outros fatores. Em meio a esse redemoinho, a verificação de conformidade de segurança talvez não parecesse "crucialmente importante" para eles. Contudo, como a redução dos acidentes era a MCI, e como a conformidade era a alavanca primária para sua realização, fizeram isso acontecer semana após semana.

A lição aqui é que dados de medidas de direção são quase sempre mais difíceis de obter do que dados das medidas históricas, mas há um preço a pagar para rastrear as medidas de direção. Não raro, vemos equipes com dificuldades nisso, reduzindo a zero uma medida de direção de alta alavancagem ao dizer: "Uau, vamos ter de trabalhar muito para conseguir esses dados! Estamos ocupados demais para fazer isso!" Se suas intenções com relação à MCI forem sérias, então precisará criar um modo de acompanhar suas medidas de direção. Sem dados, você não consegue promover o desempenho com base nos indicadores relevantes, e sem estes não há alavancas.

Por fim, quando a MCI é de fato crucialmente importante, você precisa ter essa alavancagem.

MEDIDAS DE DIREÇÃO E DE ENGAJAMENTO

Quando uma equipe conhece suas medidas de direção com clareza, seu ponto de vista a respeito da meta muda.

Observemos o que aconteceu quando Bete Wood, gerente de supermercado, estabeleceu a desafiadora meta de aumentar as vendas a cada ano.

Bete convocou Roberto, gerente da padaria, a fim de obter o apoio dele para melhorar os números de vendas em queda.

Roberto é um gerente cordial, e num dia típico provavelmente teria dito "Claro, Bete, ficarei feliz em ajudar", até mesmo se não tivesse noção do que pudesse fazer para impulsionar as vendas. Contudo, naquele dia, Roberto atingira o limite e não estava disposto a continuar. "Você quer melhoria nas vendas?", disse com sarcasmo, "Force a si mesma, Bete".

Apesar de surpresa com a resposta de Roberto, Bete respondeu: "Entenda, Roberto, não posso fazer isso sozinha. Você está mais próximo dos clientes e dos empregados do que eu."

Agora Roberto estava realmente frustrado. "O que exatamente você gostaria que eu fizesse? Não posso puxar as pessoas pelo pescoço e arrastá-las para dentro da loja. Eu superviosiono a padaria. Se quiser uma rosca doce, falou com a pessoa certa."

Quem não conhece bem Bete e Roberto, poderia pensar que Roberto tem más atitudes continuamente ou que não respeita Bete, ou o que é ainda pior: ele é preguiçoso. Mas nenhuma dessas alternativas é verdadeira. Na realidade, Roberto gosta da Bete e também gostaria de ajudar a loja a melhorar as vendas, mas duas coisas o detêm: em primeiro lugar, ele não sabe como proceder; em segundo, acha que não conseguirá. Nesse momento, o que está se passando de fato na mente de Roberto é: *"Estamos em um mercado antigo, de trinta anos, e um Walmart Supercenter acaba de se mudar para esta rua. Além disso, estamos do lado errado do cruzamento e todo o tráfego é obrigado a dobrar à esquerda para chegar até aqui, mesmo sem avistarem nosso letreiro. Com tudo isso, a Bete quer que eu aumente as vendas da loja?"*

Bob continua: "Se soubesse como melhorar as vendas, você não acha que já estaria fazendo isso? Não estou escondendo nada de você!"

Analisando a perspectiva de Roberto, você pode compreender melhor a reação dele a essa situação frustrante. Roberto é como muitas pessoas que enxergam a rocha muito bem. O problema é que não encontram a alavanca.

Agora, vamos rever o mesmo cenário, mas desta vez com a Bete usando uma medida de direção visando a sua meta. Ela reúne seus gerentes e coloca a questão: "Além de sustentar nossa operação diária, o que suas equipes poderiam fazer exatamente para melhorar o máximo possível as vendas no final do ano?" Na verdade, ela está perguntando a eles qual comportamento ou resultado influenciável é mais preditivo na mudança da medida histórica das vendas, mas está se limitando a um foco bastante restrito.

Eles começam a discutir várias possibilidades, tais como incrementar o atendimento ao cliente, melhorar as condições da loja, distribuir amostras grátis. Após debaterem muitos prós e contras, finalmente acordaram que o melhor que tinham a fazer para melhorar as vendas na loja *deles* seria reduzir o número de itens em falta.

Essa medida de direção de redução de itens do estoque em falta é altamente preditiva de melhores vendas, como se sabe muito bem no setor varejista, e, igualmente importante, é uma medida bastante influenciável. Agora, Roberto enxerga o que pode fazer na padaria para impulsionar as vendas. Redução dos itens fora do estoque é algo sobre o que ele e sua equipe realmente têm influência. Podem fazer inspeções extras para verificar os itens faltantes, organizar o estoque de modo que os produtos de maior saída possam ser repostos mais facilmente ou podem alterar a frequência e o volume dos pedidos de reabastecimento. Em outras palavras, é um jogo que ele e sua equipe podem vencer, e agora ele se sente *engajado*.

Quando uma equipe define suas medidas de direção, está fazendo uma aposta estratégica. De certa forma, está dizendo: "Apostamos que, ao atuar nessas medidas de direção, vamos atingir nossa Meta Crucialmente Importante." A equipe acredita que a alavanca moverá a rocha, e por causa dessa crença se torna engajada.

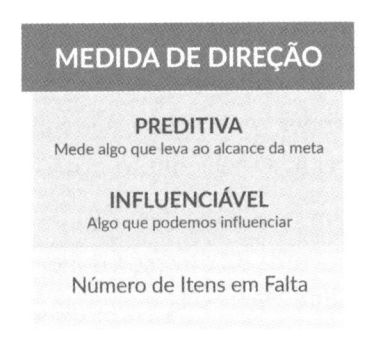

MEDIDA HISTÓRICA	MEDIDA DE DIREÇÃO
MEDE A META	**PREDITIVA**
Ou mede um resultado	Mede algo que leva ao alcance da meta
	INFLUENCIÁVEL
	Algo que podemos influenciar
Relatório de Vendas da Padaria	Número de Itens em Falta

DISCIPLINA 2: ATUE NAS MEDIDAS DE DIREÇÃO

Por fim, queremos compartilhar que, em mais de duas décadas fazendo este trabalho, temos visto, com consistência, que as medidas de direção com maior impacto decorrem de colaboração entre o líder e a equipe da linha de frente. Essa colaboração assumiu diferentes formas, mas em todos os casos o impacto das medidas de direção foi maior quando a influência de cima para baixo do líder fornece orientação e direção, e a influência de baixo para cima da equipe fornece clareza sobre quais ações de fato levam a melhores resultados. E é a clareza na causa (medidas de direção) e no efeito (resultado na MCI) que você está procurando. Quando bem feita, essa colaboração cria uma sinergia que nem o líder nem a equipe, sozinhos, poderiam ter criado.

Há ocasiões em que o líder atua como um catalisador para o envolvimento da equipe, criando uma amostra de medidas de direção que podem ser mais eficazes. Nesses casos, o líder tem o cuidado de dar espaço à equipe para continuar a ter suas próprias ideias. Em outras situações, a equipe pode formar o conjunto inicial de ideias, e o líder pode revisar e responder. Nessa abordagem, o líder pode vetar uma ideia que acredita que não funcionará, mas não pode ditar quais devem ser as medidas finais de direção.

Seja qual for a abordagem que você usar, atente para um dos ensinamentos mais poderosos de Stephen R. Covey: "Sem envolvimento não há compromisso." Caso queira um alto envolvimento de sua equipe, dê-lhe a oportunidade de um envolvimento significativo. Discutiremos isso em detalhes na Parte 3.

As Disciplinas 3 e 4 visam a ajudar a equipe a colocar energia na mudança das medidas de direção. Contudo, o verdadeiro impacto e a beleza das boas medidas de direção na Disciplina 2 são o que de fato conecta sua equipe à realização da MCI, e essencialmente é a linha de frente de uma organização que gera o resultado financeiro que você está buscando.

Chegar às medidas de direção certas é realmente ajudar cada colaborador a se sentir um parceiro estratégico para o negócio e engajá-lo no diálogo sobre o que pode ser feito melhor, ou de forma diferente, para que as MCIs sejam alcançadas.

Um bom exemplo é o departamento de publicidade do *Savannah Morning News*, um respeitado jornal do sul dos Estados Unidos. Quando nos reunimos com eles, tinham como MCI remediar um sério deficit na receita. Haviam caído na armadilha de tentar focar tudo simultaneamente, inclusive o lançamento de novos produtos, suplementos especiais diários e outros acessórios, na expectativa de, aos poucos, melhorar a receita. O foco estava disperso por tantas iniciativas que desviaram a atenção do produto principal. Em consequência, partiram da Disciplina 1, estabelecendo uma Meta Crucialmente Importante para aumentar a receita com publicidade reajustando o foco sobre o produto principal.

Tudo mudou quando começaram a praticar a Disciplina 2 e atuar nas medidas de direção. Todos na equipe foram envolvidos no diálogo. Após ponderarem sobre as possibilidades de aumentar os lucros com publicidade, acordaram três ações-chave: aumentar o número de contatos com novos clientes (anunciantes em potencial que não tinham negócios com o jornal), reativar clientes que não anunciavam no jornal há seis meses ou mais, e incrementar as vendas para os clientes atuais, encontrando modos de agregar valor à mensagem, talvez adicionando cor ao anúncio, dando maior destaque, ou aumentando o formato.

Na prática, o plano foi desmembrado em medidas de direção simples: nas reuniões semanais sobre a MCI, as pessoas se comprometiam em atingir certo número de contatos com novos clientes, em reativar contatos e oferecer vantagens. Na semana seguinte, relatavam os resultados. Os vendedores não estavam apenas gerindo seu próprio negócio com mais eficiência, mas também regularmente comunicando uns aos outros melhores práticas, aperfeiçoamentos nas abordagens e modos de superar barreiras.

A diretora de publicidade disse: "Estou neste negócio há 20 anos, passei toda a minha vida profissional rezando pelas medidas históricas e apagando incêndios." Pela primeira vez, ela se sentia capaz de ajudar seu pessoal a alcançar as metas de um modo tangível. O jornal resolveu o deficit financeiro e ainda ultrapassou as metas daquele ano. Atuar consistentemente nas medidas de direção corretas tornou isso possível. Com base em seu sucesso, a Morris Communications, empresa-mãe do *Savannah Morning News*, partiu para a implementação das 4DX em seus quarenta outros jornais.

Falaremos mais sobre as medidas de direção corretas na Parte 3.

EXEMPLOS VISUAIS DE MEDIDAS HISTÓRICAS E DE DIREÇÃO

Uma das distinções mais importantes das 4DX é a diferença entre as medidas históricas e as de direção. Isso também tem sido um ponto frequente de confusão, especialmente quando é necessário dividir MCIs Primárias em sub-MCIs (Jogos-chave). É fácil pensar em sub-MCIs (e até mesmo MCIs da Equipe) como medidas de direção, porque tudo abaixo "leva" para a MCI Primária.

No entanto, nas 4DX, as medidas de direção também devem ser diretamente influenciadas pela equipe, e sub-MCIs (e MCIs da Equipe) são de nível muito alto para atender a tal requisito. MCIs Primárias, sub-MCIs e MCIs da Equipe representam medidas históricas. As medidas de direção existem no nível da equipe da linha de frente e são definidas com o propósito expresso de conduzir a MCI da Equipe (medida histórica). Elas são escolhidas porque podem ser *diretamente* influenciadas e porque são preditivas do sucesso da MCI da Equipe.

Queremos que você evite olhar para seu conjunto atual de métricas e se perguntar quais delas são históricas e quais são de direção. Uma vez que o propósito da medida de direção é conduzir a MCI da Equipe, você não pode criar uma medida de direção antes de definir primeiro a MCI da Equipe. Sem MCI da Equipe, sem medidas de direção.

Para garantir que isso esteja completamente claro, o diagrama a seguir ilustra a diferença entre sub-MCIs (medidas de históricas) e medidas de direção.

Quando as pessoas são novatas nas 4DX, há uma tendência a confundir sub-MCIs (em cinza) com medidas de direção (em branco) porque alcançar sub-MCIs "leva" a alcançar MCIs Primárias, e alcançar medidas de direção também "leva" a alcançar MCIs da Equipe.

Entretanto, há uma diferença crítica. Medidas de direção podem ser diretamente influenciadas pela equipe, mas as sub-MCIs, não. Isso fica mais fácil de entender ao se olhar um diagrama que ilustra a relação entre sub-MCIs e medidas de direção.

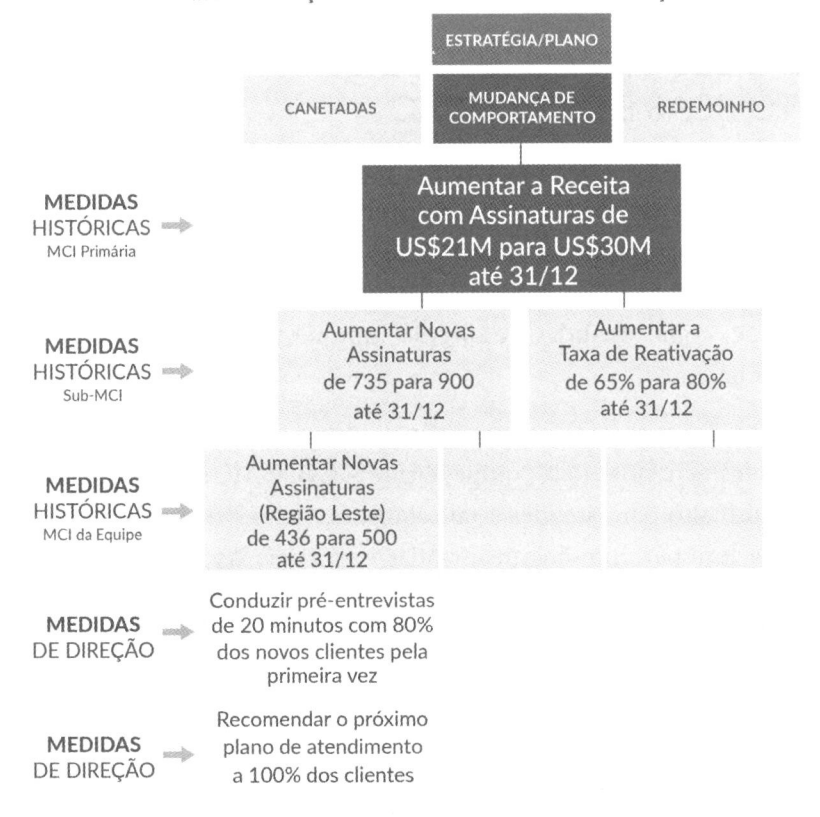

```
                    ESTRATÉGIA/PLANO
                           |
        CANETADAS    MUDANÇA DE    REDEMOINHO
                    COMPORTAMENTO
                           |
                   Aumentar a Receita
MEDIDAS            com Assinaturas de
HISTÓRICAS  →      US$21M para US$30M
MCI Primária            até 31/12

                Aumentar Novas         Aumentar a
MEDIDAS         Assinaturas            Taxa de Reativação
HISTÓRICAS →    de 735 para 900        de 65% para 80%
Sub-MCI         até 31/12              até 31/12

                Aumentar Novas
MEDIDAS         Assinaturas
HISTÓRICAS →    (Região Leste)
MCI da Equipe   de 436 para 500
                até 31/12

                Conduzir pré-entrevistas
MEDIDAS     →   de 20 minutos com 80%
DE DIREÇÃO      dos novos clientes pela
                primeira vez

                Recomendar o próximo
MEDIDAS     →   plano de atendimento
DE DIREÇÃO      a 100% dos clientes
```

Para mais informações sobre medidas de direção no aplicativo das 4DX, acesse www.4DX Book.com/leadmeasures [conteúdo em inglês].

CAPÍTULO 4

Disciplina 3: Mantenha um Placar Envolvente

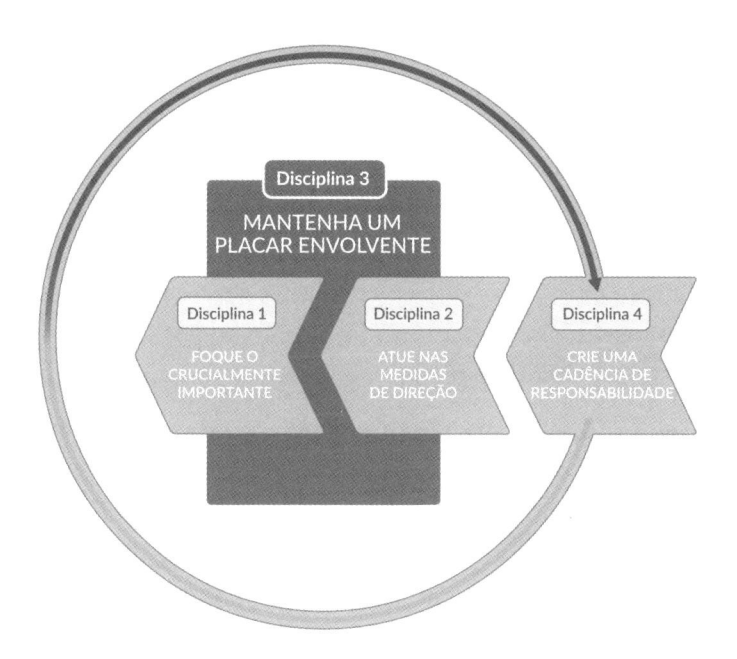

A terceira disciplina tem por objetivo assegurar que cada pessoa conheça o placar em todos os momentos, de modo que saiba se está vencendo ou não.

Esta é a disciplina do engajamento.

Lembre-se de que as pessoas atuam de forma diferente quando *mantêm* um placar. A diferença no desempenho entre uma equipe que compreende suas medidas históricas e de direção apenas *como um conceito*, e uma equipe que sabe seu placar com precisão é notável. Se as medidas históricas e as medidas de direção não forem visualizadas em um placar e atualizadas regularmente, desaparecerão em meio ao redemoinho. Em poucas palavras, as pessoas perdem o engajamento quando desconhecem o placar, e quando constatam, por meio de uma rápida consulta, se estão ou não tendo êxito, se tornam profundamente engajadas.

Na Disciplina 3, a aposta de execução (porque ainda não foi comprovada) é traduzida em um placar visível e envolvente. Esse placar é projetado para impactar o desempenho da equipe de três maneiras específicas:

1. **Primeiro, ele fornece uma representação visual da aposta que a equipe está fazendo.** Permite ver que o plano se concentra em uma aposta de que a execução dessas medidas de direção moverá essa medida histórica (MCI). Uma coisa é falar sobre a correlação entre as medidas de direção e as históricas; outra bem diferente é ver essa correlação em tempo real em um placar visível. O primeiro passo para se envolver é crer que você está jogando um jogo que pode ser vencido, e nada mostra isso de maneira mais poderosa do que o placar.

2. **Segundo, o placar sinaliza para a equipe que a vitória é importante.** Não vamos apenas falar sobre essa meta e depois voltar a administrar o redemoinho. O placar envia uma mensagem clara: "Estamos falando sério sobre isso." É uma sinalização de que não apenas estamos jogando um jogo que pode ser vencido, mas também um jogo de apostas altas: um jogo que realmente importa.

3. **Por fim, ele fornece um contraponto para a urgência do redemoinho.** Embora a MCI possa parecer crítica quando está sendo discutida, depois que a reunião termina quase nunca parece tão urgente quanto o trabalho diário. E a urgência sempre

supera a importância no momento, a menos que haja disciplina. As MCIs estão em verdadeira desvantagem devido a isso, e um placar visual mostrando o progresso em tempo real ajuda a nivelar o campo de jogo.

Há muitos anos, estávamos trabalhando com um grupo de líderes da Northrop Grumman para aplicar as 4DX ao projeto de construção dos barcos da guarda costeira. Nosso projeto começou apenas alguns meses depois do furacão Katrina ter danificado significativamente as instalações da empresa e, como estávamos apresentando a Disciplina 3, nos ofereceram um exemplo que ilustrou perfeitamente a importância de um placar envolvente.

Na noite da sexta-feira anterior, a equipe da escola secundária local participara de um importante jogo de futebol americano. Como era esperado, as arquibancadas estavam cheias e houve a emoção habitual que leva ao chute inicial. Todavia, à medida que o jogo prosseguia, percebia-se que alguma coisa estava faltando. Não havia torcida. Na verdade, ninguém parecia estar prestando atenção ao jogo. O único som das arquibancadas era o monótono burburinho de conversas. O que estava acontecendo?

A ventania derrubara o placar durante o furacão e ele não fora ainda reparado. Os torcedores não podiam ver os números. "Ninguém sabia a quantas andava a pontuação, em que ponto estavam e nem mesmo quanto tempo restava. Uma partida estava acontecendo, mas era como se ninguém soubesse disso."

Esse caso realmente chamou nossa atenção. Se alguma vez a frustração já o fez querer gritar para seu time: "Vamos lá, gente, esse jogo é importante!", é provável que seu time tenha perdido o mesmo elemento crítico que afetou os torcedores naquela partida: um placar claro e envolvente.

Grandes equipes sabem, a todo momento, se estão vencendo ou não. Elas *têm* de saber, do contrário não saberão o que fazer para vencer a partida. Um placar envolvente informa à equipe onde ela se encontra e onde deveria estar, informação essencial para solução de problemas e tomadas de decisão em equipe.

É por isso que uma equipe excepcional não pode funcionar sem um placar que *induza* à ação. Sem ele, a energia se dissipa, a intensidade decai e a equipe retorna ao dia a dia da empresa.

Precisamos ser muito claros neste ponto. A divulgação visual dos dados não é algo novo para você ou para sua equipe. Na verdade, você pode estar se lembrando de que já tem um placar, ou até mesmo muitos placares, todos incluídos em complexas planilhas dentro de seu computador, e os dados continuam sendo recebidos. A maioria desses dados está sob a forma de medidas históricas acompanhadas por tendências históricas, projeções e análises financeiras detalhadas. Os dados são importantes e servem a seu propósito como líder. Suas planilhas são o que chamamos de placar do técnico.

O que buscamos com a Disciplina 3 é algo bastante diferente. Na implementação da Disciplina 3, você e sua equipe precisam construir um placar de jogadores, idealizado unicamente para engajar os jogadores de sua equipe na busca da vitória.

No caso de seu placar incluir dados complicados, que só você, o líder, entende, ele representará o jogo do líder. No entanto, para obter o máximo de engajamento e desempenho, precisará de um placar para os jogadores, de modo que seja um jogo da equipe. Jim Stuart (um dos criadores das 4DX) resumiu bem: "O propósito fundamental de um placar dos jogadores é motivar os jogadores a vencer."

Iniciamos este capítulo com uma declaração muito importante: as pessoas atuam de forma diferente quando *mantêm* um placar. Isso gera um sentimento muito diferente do que quando você marca a pontuação para elas. Quando os próprios componentes da equipe marcam pontos, eles realmente entendem a conexão entre desempenho e alcançar a meta, e isso muda o nível em que jogam.

Quando toda a equipe pode ver o placar, o nível do jogo aumenta, não apenas porque os jogadores podem ver o que está funcionando e quais ajustes são necessários, mas também porque agora querem *vencer.*

DISCIPLINA 3: MANTENHA UM PLACAR ENVOLVENTE

Veja a seguir o contraste entre o placar do técnico e o placar dos jogadores.

RECEITA TOTAL							MARGEM BRUTA							EBITDA						
2/12	Bud	Var	2/8	Var	2007	Var	2/12	Bud	Var	2/8	Var	2007	Var	2/12	Bud	Var	2/8	Var	2007	Var
0	0	0	0	0	0	0	0	0	0	143	(143)	0	0	0	0	0	143	(143)	0	0
(1)	53	(54)	182	(183)	1	(2)	(0)	35	(35)	0	(0)	1	(2)	(86)	(49)	(37)	(84)	(2)	(114)	28
0	0	0	0	0	0	0	0	0	0	0	0	0	0	(61)	(65)	4	(73)	12	(11)	(51)
1.008	1.080	(71)	1.150	(142)	1.146	(137)	699	754	(55)	812	(113)	892	(193)	384	384	1	439	(54)	530	(146)
		-6,6%		-12,3%		-12,0%	69,3%	69,9%	-7,3%	70,6%	-13,9%	77,9%	-21,6%	38,1%	35,5%	0,2%	38,1%	-12,4%	46,3%	-27,5%
699	843	(144)	700	(1)	963	(264)	486	594	(108)	498	(12)	730	(245)	242	297	(56)	218	24	392	(151)
		-17,1%		-0,2%		-27,4%	69,5%	70,4%	-18,2%	71,1%	-2,4%	75,8%	-33,5%	34,6%	35,3%	-18,8%	31,1%	10,8%	40,7%	-38,5%
592	682	(90)	524	68	613	(21)	422	483	(60)	361	62	459	(36)	260	276	(16)	187	73	270	(10)
		-13,1%		13,0%		-3,4%	71,3%	70,8%	-12,5%	68,9%	17,1%	74,8%	-7,9%	43,9%	40,5%	-5,7%	35,8%	38,9%	44,0%	-3,5%
879	937	(58)	840	39	828	51	607	695	(88)	582	25	539	68	354	370	(16)	292	62	235	119

Um placar de técnico é complexo e rico em dados, mas demanda estudo cuidadoso para descobrir se a equipe está vencendo.

MCI
Aumentar a receita com eventos corporativos de $22 para $31 milhões de dólares até 31/12.

Medida de direção
Completar duas visitas de qualidade ao hotel por colaborador, por semana.

COLABORADOR	1	2	3	4	5	6	7	AVG
KIM	1	1	2	2	4	X	X	2
BOB	2	2	3	2	X	X	3	2,4
KAREN	1	3	2	X	X	2	2	2
JEFF	0	0	X	X	1	1	1	,6
EMILY	3	X	X	4	3	2	4	2,8
RICHARD	X	X	2	2	2	4	4	2,8
BETH	X	1	2	5	2	4	X	2,8
TOTAL	7	7	11	15	12	13	14	2,3

Medida de direção
Vender nosso pacote de bar premium em 90% de todos os eventos.

Neste placar dos jogadores, a meta (representada pela linha preta) é aumentar a receita. A linha cinza é o desempenho corrente. A todo momento os membros da equipe podem ver se estão vencendo.

AS 4 DISCIPLINAS DA EXECUÇÃO

I.T.Services ▼

Jeff Downs — XPS 3,39

Devido Nesta Semana — 33,33%

MEDIDAS HISTÓRICAS → Reduzir Tempo de Inatividade 13,3 / 14 / 12

MEDIDAS DE DIREÇÃO → Revisão de Desempenho 33 / 38

MEDIDAS DE DIREÇÃO → Aplicativos na Nuvem 12 / 7

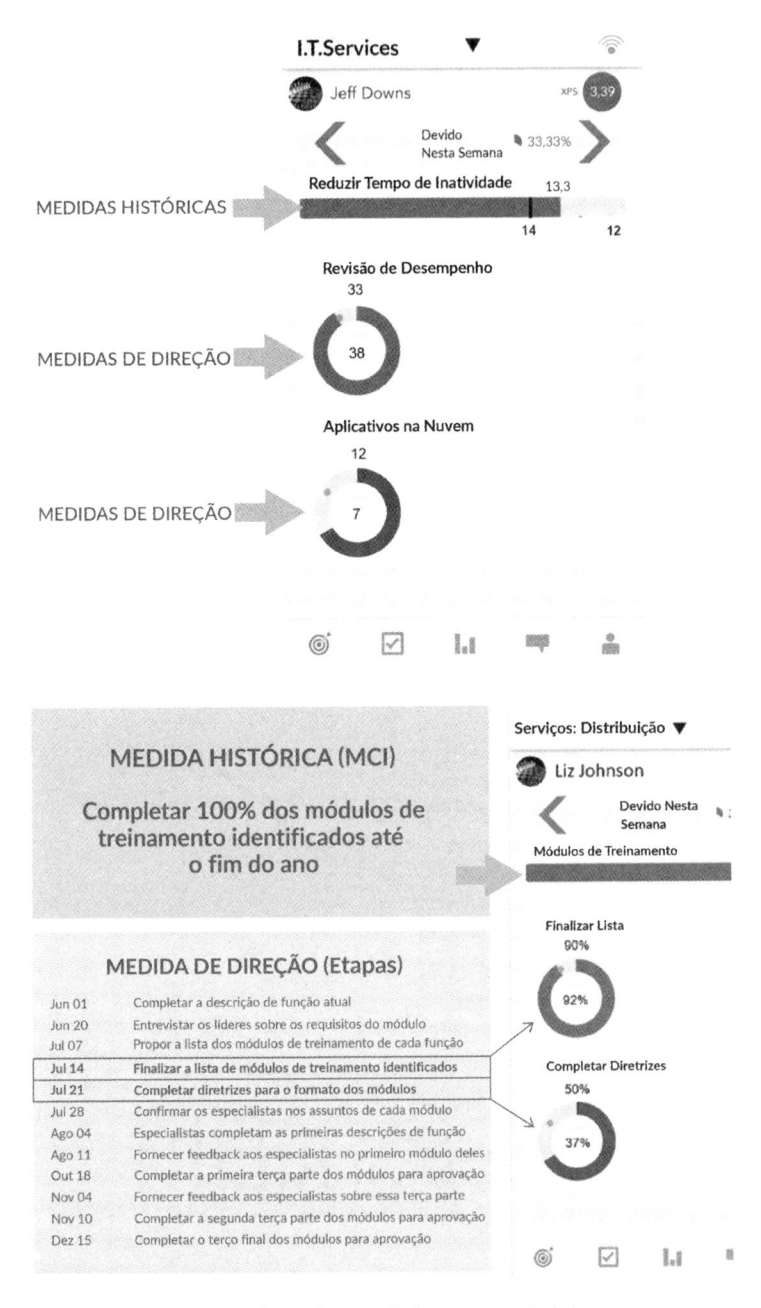

MEDIDA HISTÓRICA (MCI)

Completar 100% dos módulos de treinamento identificados até o fim do ano

MEDIDA DE DIREÇÃO (Etapas)

Jun 01	Completar a descrição de função atual
Jun 20	Entrevistar os líderes sobre os requisitos do módulo
Jul 07	Propor a lista dos módulos de treinamento de cada função
Jul 14	Finalizar a lista de módulos de treinamento identificados
Jul 21	Completar diretrizes para o formato dos módulos
Jul 28	Confirmar os especialistas nos assuntos de cada módulo
Ago 04	Especialistas completam as primeiras descrições de função
Ago 11	Fornecer feedback aos especialistas no primeiro módulo deles
Out 18	Completar a primeira terça parte dos módulos para aprovação
Nov 04	Fornecer feedback aos especialistas sobre essa terça parte
Nov 10	Completar a segunda terça parte dos módulos para aprovação
Dez 15	Completar o terço final dos módulos para aprovação

Serviços: Distribuição ▼

Liz Johnson

Devido Nesta Semana

Módulos de Treinamento

Finalizar Lista 90% / 92%

Completar Diretrizes 50% / 37%

O placar dos jogadores é essencial para motivá-los a vencer.

DISCIPLINA 3: MANTENHA UM PLACAR ENVOLVENTE

Para mais informações sobre placares no aplicativo das 4DX, acesse www.4DX Book.com/scoreboard [conteúdo em inglês].

CARACTERÍSTICAS DE UM PLACAR DE JOGADORES ENVOLVENTE

Sempre fazemos quatro perguntas para determinar se um placar provavelmente será atraente para os jogadores, seja ele físico ou exibido em uma plataforma de tecnologia como o aplicativo 4DX:

1. **É simples?** Pense no placar de um evento esportivo. Normalmente, são exibidas apenas algumas partes distintas de dados. Agora pense em quantos dados o técnico está monitorando na lateral do campo ou quadra: desempenho do jogador, faltas e má conduta, posicionamento do goleiro, chutes a gol, defesas. Uma infinidade de dados. Os treinadores precisam desses dados para gerenciar o jogo, mas o placar mostra apenas os dados necessários para a partida.

2. **Posso vê-lo facilmente?** Ele tem que ser visível para a equipe. O placar de um jogo de futebol é enorme e os números idem, então todos podem saber quem está ganhando. Caso seu placar fique em seu computador ou na parte de trás da porta do escritório, ele está "longe dos olhos, longe do coração" para a equipe. Lembre-se de que você está sempre competindo com o redemoinho, um adversário difícil. Sem um placar visível, a MCI e as medidas de direção podem ser esquecidas em questão de semanas, senão dias, em meio às urgências de suas responsabilidades cotidianas.

    A visibilidade também impulsiona a responsabilização. Os resultados tornam-se pessoalmente importantes para a equipe quando o placar fica em um local onde pode ser visto por todos. Já observamos isso inúmeras vezes. Vimos um sindicato de trabalhadores em uma fábrica gigantesca de engarrafamento de sucos, em Michigan, optar por pular a hora do almoço para aumentar o número de caminhões carregados que eles entregavam. Por quê? Fazendo isso, eles podem passar por outros turnos no placar. Em outro caso, observamos o turno da noite chegar ao trabalho à meia-noite e vimos que a primeira coisa que eles olhavam era o placar para ver como estava sua equipe em comparação com o turno do dia. Caso sua equipe esteja dispersa geograficamente, o placar deve estar visível em seu computador de mesa ou telefone celular.

3. **As medidas históricas *e* as medidas de direção estão visíveis?** O placar deve mostrar tanto as medidas históricas como as medidas de direção, o que realmente dá vida a ele. A medida de direção é o que a equipe pode afetar. A medida histórica é o que desejam realizar. A equipe precisa visualizar ambas, ou rapidamente perderão interesse. Quando veem tanto as medidas históricas como as de direção, assistem à evolução da aposta. Conseguem acompanhar o que estão fazendo (medidas de direção) e o que estão conquistando (medidas históricas). Constatada a evolução das medidas históricas em função dos esforços despendidos nas medidas de direção, o efeito no engajamento é enorme porque eles sabem que estão provocando um impacto direto nos resultados.

4. **Consigo saber instantaneamente se estou vencendo?** Ele tem de mostrar de imediato se você está ganhando ou perdendo. Caso a equipe não consiga determinar com rapidez, ao olhar o placar, se está tendo êxito ou sendo derrotada, então não é uma partida, são apenas dados. Verifique seu próximo relatório, gráfico, registro ou placar antes de descartar este quesito como óbvio. Dê uma olhada nas planilhas que mostram os dados financeiros semanais. Você consegue dizer *instantaneamente* se está ganhando ou perdendo? E as outras pessoas? Denominamos isso de *regra dos cinco segundos*. Se dentro de cinco segundos você não conseguir dizer se está ganhando ou perdendo, não passou no teste.

DISCIPLINA 3: MANTENHA UM PLACAR ENVOLVENTE

A ilustração a seguir surgiu com um de nossos clientes, uma empresa que gerencia eventos, responsável pela reserva em feiras para lojistas. A MCI era fazer reservas para certo número de expositores até uma determinada data.

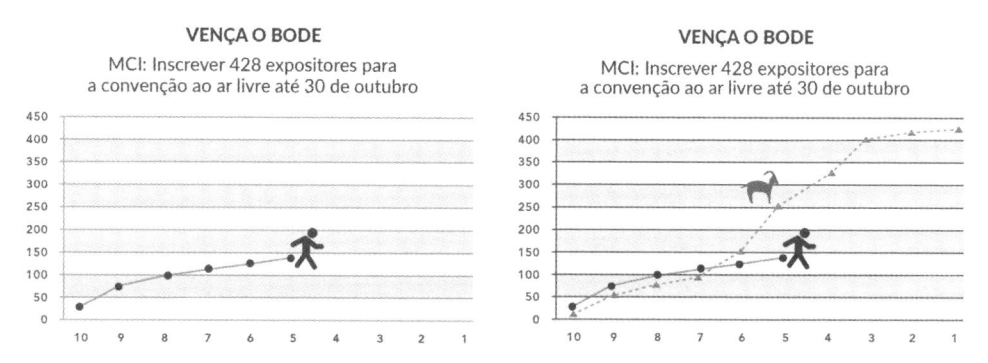

VENÇA O BODE
MCI: Inscrever 428 expositores para a convenção ao ar livre até 30 de outubro

VENÇA O BODE
MCI: Inscrever 428 expositores para a convenção ao ar livre até 30 de outubro

No placar à esquerda, você pode ver o status do progresso da equipe até o momento, mas não tem ideia se ela está ganhando ou perdendo. Ganhar ou perder exige que você saiba duas coisas: onde você está agora e onde *deveria* estar agora.

A diferença no placar da direita é a adição de onde a equipe deveria estar, ilustrada pelo bode. Como muitos dos clientes eram alpinistas, usaram um bode montanhês para representar o desempenho necessário a fim de alcançar o objetivo. Agora você pode ver com clareza que estão perdendo, e vários outros aspectos importantes do desempenho da equipe também ficam imediatamente visíveis: você sabe há quanto tempo estão perdendo (duas semanas), sabe que o desempenho da equipe está começando a diminuir em vez de aumentar, e que a equipe está mais próxima do fim da corrida do que do começo.

Por mais básico que isso possa parecer, durante os nossos programas, quando pedimos aos líderes para relatarem dados dessa natureza naquele exato momento, com frequência ouvimos: "Acho que posso obter a maior parte, mas precisarei de alguns minutos para reunir tudo." Tenha em mente que estamos falando de líderes capacitados. O problema deles não é a falta de dados, mas sim uma quantidade excessiva de dados e pouca noção sobre quais deles são mais importantes.

Imagine se não apenas você, mas cada membro de sua equipe compreendesse o desempenho da equipe claramente. Haveria mudança no modo como se comprometem com o jogo? Após implementar as 4DX em milhares de equipes, podemos assegurar que sim.

Tal como as Disciplinas 1 e 2, a Disciplina 3 não é intuitiva para a maioria dos líderes. É natural você não criar o placar para jogadores. Seu instinto será criar um placar para um técnico: complexo, com grande quantidade de dados, análises e projeções idealizadas para técnicos, e não para jogadores. E você não está sozinho. É raro encontrarmos um placar sequer, na maioria das organizações, que satisfaça os quatro critérios listados aqui.

No fim, não é de fato o placar que é envolvente. Embora as equipes apreciem criar seus próprios placares, o que essencialmente impulsiona o engajamento é o jogo que o placar representa. Nunca se ouvirá um fã de esportes dizer: "Viu o jogo da noite passada? Que placar maravilhoso!" O placar foi completamente necessário, mas foi o jogo o motivo do interesse.

Um dos aspectos mais desestimulantes da vida no redemoinho é que você não sente a possibilidade de vencer. Se a equipe estiver operando exclusivamente no redemoinho, estará dando o melhor de si para manter o trabalho diário e sobreviver. Não estão jogando *para vencer*; mas *para não perder*, e o resultado representará uma grande diferença no desempenho.

Porém, com as 4DX você não apenas cria um jogo para sua equipe, cria um jogo *que é possível ganhar*. E o segredo do êxito é a relação entre as medidas históricas e as medidas de direção que evoluem no placar a cada dia.

Essencialmente, você e sua equipe fazem uma aposta de que podem colocar as medidas de direção em prática e de que elas impulsionarão as medidas históricas. Quando isso começa a funcionar, até mesmo as pessoas que mostraram pouco interesse se tornam engajadas, pois a equipe começa a perceber que está vencendo, em geral logo da primeira vez. Lembre-se

DISCIPLINA 3: MANTENHA UM PLACAR ENVOLVENTE

sempre de que o engajamento não é porque a *organização* está vencendo ou mesmo porque *você*, líder deles, está vencendo: é porque *eles* estão vencendo.

Há alguns anos, fomos convidados para ajudar uma fábrica de baixa produtividade, dirigida por uma indústria global, a atingir os padrões de qualidade do resto da empresa. As instalações eram antigas, havia problemas relacionados à tecnologia obsoleta e ao fato de que as instalações eram localizadas em uma área remota. Para chegarmos lá, tivemos de tomar voos que duravam o dia todo e percorrer, até o final, uma longa rodovia florestal no Canadá.

Em 25 anos, essa fábrica jamais alcançara os números de produção planejados. Além disso, o produto apresentava inúmeros problemas de qualidade, particularmente com relação aos turnos da noite, que empregavam os trabalhadores menos experientes. O índice de qualidade era de setenta e poucos, enquanto o do restante da empresa era de oitenta e tantos.

Só depois que os placares foram implantados é que as coisas começaram a mudar radicalmente. Estavam jogando no escuro, e os novos placares "acenderam a luz". Os dados são como a luz: o melhor agente de crescimento conhecido. Quando os vencedores recebem informações de que estão perdendo, encontram algum modo de vencer. Com as luzes acesas, conseguem ver o que precisam fazer para melhorar.

Um turno começava à meia-noite e seria incitado a ir além do que o turno anterior fizera. O entretenimento naquele lugar remoto resumia-se a duas quadras de hóquei — esporte incorporado à cultura local — e não muito mais. Os trabalhadores sabiam que estariam jogando hóquei e bebendo com os caras do outro turno nos fins de semana e queriam ser o turno com o direito de se vangloriar de pontuações mais altas.

As 4DX alavancaram o desejo natural de competir, e o índice de qualidade subiu rapidamente de 74 para 94, do pior nas empresas do grupo para o melhor e muito acima da média do setor. Findo um ano, essa unidade, que jamais alcançara suas previsões de produção, a excedeu em 4 mil toneladas métricas, somando ao menos US$5 milhões ao resultado financeiro.

O placar dos jogadores é um instrumento poderoso para mudar o comportamento humano em qualquer lugar.

Na Parte 3, daremos orientações exatas sobre como criar e manter um placar envolvente para sua equipe.

AS 4 DISCIPLINAS E O ENGAJAMENTO DA EQUIPE

Gostaríamos de poder dizer que compreendemos a conexão entre a implementação das 4DX e o engajamento da equipe desde o começo, mas não é verdade. Aprendemos pela experiência. À medida que implementávamos as 4DX nas equipes ao redor do mundo, constatamos aumentos significativos no moral e no engajamento, embora suas MCIs não tivessem a ver com o moral e o engajamento. Tal desfecho talvez não seja surpresa para você com base no modo como descrevemos as 4DX até aqui, mas, naquela época, foi uma surpresa para nós.

A FranklinCovey construíra uma reputação mundial de ajudar no aumento da eficácia pessoal dos indivíduos e das equipes e, consequentemente, do moral e do engajamento. As 4DX foram idealizadas para ocupar a extremidade oposta do continuum de ofertas da FranklinCovey, com foco exclusivo sobre os resultados da empresa. Contudo, nas nossas primeiras implementações, o aumento de engajamento que observamos, conforme as equipes começavam a sentir que estavam vencendo, não foi sutil. Foi notório. Na verdade, só não perceberíamos se não quiséssemos.

Nossas implementações envolviam, habitualmente, diversos dias de trabalho intenso com líderes e equipes, e estas tinham sua quota de opositores e rebeldes. Para nossa surpresa, ao retornarmos dois meses mais tarde, descobrimos que tanto os opositores iniciais quanto todos os outros membros da equipe estavam entusiasmados por nos mostrar o que estavam realizando.

Muitos acreditam que engajamento produz resultados, e nós também. Contudo, hoje sabemos, e consistentemente presenciamos ao longo dos anos, que resultados produzem engajamento. Isso é verdadeiro em particular quando a equipe consegue ver o impacto direto que suas ações têm nos resultados. A experiência nos mostra que nada afeta de modo mais conciso o moral e o engajamento do que o sentimento de uma pessoa por estar vencendo. Em muitos casos, ter êxito é um estímulo mais poderoso de engajamento do que dinheiro, pacotes de benefícios, condições de trabalho, se você tem um melhor amigo no trabalho ou até mesmo se você gosta do seu chefe, que são, todos, indicadores típicos de comprometimento. Com certeza, as pessoas trabalham, e deixam de trabalhar, por dinheiro. Todavia, muitas equipes estão repletas de pessoas bem pagas e que se sentem infelizes em suas ocupações.

Em 1968, o autor Frederick Herzberg publicou um artigo na *Harvard Business Review* adequadamente intitulado "One More Time: How Do You Motivate Employees?" ["Mais uma Vez: Como Você Motiva os Empregados?", em tradução livre] no qual enfatiza a poderosa conexão entre resultados e engajamento: "As pessoas ficam mais satisfeitas com seus trabalhos (e, portanto, mais motivadas) quando lhes é propiciada a oportunidade de sentir a realização."

Passados 43 anos, em outro artigo da *Harvard Business Review*, "The Power of Small Wins" ["O Poder das Pequenas Vitórias", em tradução livre] os autores Teresa Amabile e Steven J. Kramer enfatizaram a importância da realização para os membros de uma equipe: "O poder do progresso é fundamental para a natureza humana, mas poucos gestores compreendem isso ou sabem como alavancar o progresso para estimular a motivação."[10]

Aprendemos que placares podem ser uma maneira poderosa de obter comprometimento. Um placar envolvente para jogadores não só orienta para os resultados, mas também usa o poder da visibilidade do progresso para instilar a mentalidade de *vencedor*. Se ainda duvida do impacto da vitória no engajamento da equipe, relembre uma época de sua carreira quando era mais entusiasmado e engajado no que fazia e não podia esperar para se levantar da cama pela manhã, consumido pelo que fazia profissionalmente. Agora faça esta pergunta a si mesmo: "Naquele tempo eu me sentia vencedor?" Se você é como a maioria das pessoas, sua resposta será "sim".

As 4DX lhe possibilitam estabelecer um jogo que pode ser vencido. A Disciplina 1 restringe o foco a uma Meta Crucialmente Importante e define uma linha de chegada nítida. A Disciplina 2 cria as medidas de direção que propiciarão a alavancagem para sua equipe alcançar a meta. É isso que faz o jogo: a equipe aposta nas medidas de direção que definiu, mas, sem a Disciplina 3, sem o placar envolvente para os jogadores, não apenas o jogo seria perdido no redemoinho, como ninguém se importaria.

Uma equipe vencedora não precisa de estímulo artificial para o moral. Todos os exercícios que as empresas fazem para influenciação psicológica e dinamização com o objetivo de elevar o moral não são tão eficazes no engajamento das pessoas quanto a satisfação advinda da realização com excelência de uma meta que seja verdadeiramente importante.

As Disciplinas 1, 2 e 3 são poderosos estímulos para a execução, mas são apenas o começo da história. Elas estabelecem o jogo, mas talvez sua equipe ainda não esteja *no* jogo, como você está prestes a aprender na Disciplina 4.

Antes, porém, para que você tenha a oportunidade não só de entender como é o placar de um jogador, mas de se dar conta do quão poderoso ele pode ser, acesse https://www.4DXBook.com/scoreboard [conteúdo em inglês] para ver um exemplo real de um placar ativado no aplicativo 4DX.

Há nesse aplicativo uma vasta gama de recursos, de vídeos de ensino, de estudos de caso e até uma interface gráfica que torna a configuração 4DX simples e rápida. Mas nenhum deles é mais impactante do que a capacidade do aplicativo 4DX de exibir um placar dos jogadores em tempo real.

Quando escrevemos a primeira edição de *As 4 Disciplinas da Execução*, há quase dez anos, nosso foco era, predominantemente, os placares físicos. Embora os placares físicos ainda sejam uma ferramenta essencial usada por muitas equipes, hoje em dia o local mais visível e facilmente acessível para um placar é em seu tablet ou celular. O aplicativo 4DX tem a capacidade de exibir e atualizar um placar para sua equipe que está constantemente disponível, é simples de usar e atraente para exibir. Em razão disso, usaremos o aplicativo 4DX como fonte primária de ilustrações ao longo deste livro.

CAPÍTULO 5

Disciplina 4: Crie uma Cadência de Responsabilidade

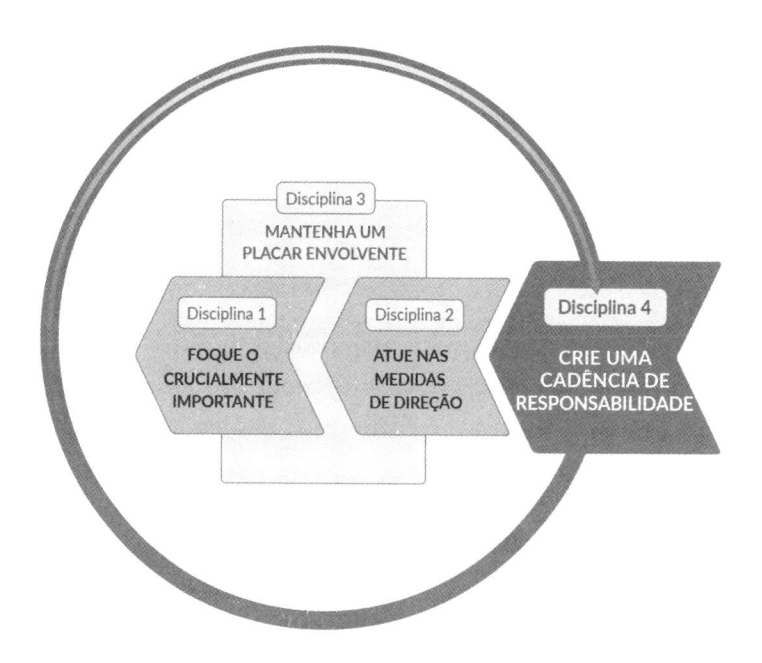

Liderança significa tornar os outros melhores como resultado de sua presença e garantir que o impacto perdure em sua ausência.

— Sheryl Sandberg

A quarta disciplina é baseada no princípio da responsabilidade. Nessa disciplina, você cria uma *cadência* de responsabilidade — um ciclo de registro de desempenho passado, regular e recorrente, assim como estabelece para si mesmo o compromisso de avançar nessa pontuação.

A Disciplina 4 é aquela na qual a execução realmente acontece. Como dissemos, as Disciplinas 1, 2 e 3 estabelecem o jogo, mas, até que a Disciplina 4 seja aplicada, a sua esquipe ainda não está *no* jogo.

Muitos líderes definem *execução* como a capacidade de estabelecer uma meta e alcançá-la. Após anos ensinando esses princípios, podemos afirmar que essa definição é insuficiente. Mas, como expusemos anteriormente, o que é difícil, e raro, é a capacidade de alcançar uma meta crítica enquanto se vive *em meio à fúria de um redemoinho*. E isso é ainda mais difícil quando a realização da meta exige mudanças de comportamentos de muitas pessoas.

Grandes equipes operam em um alto nível de responsabilização. Sem isso, os membros da equipe se dispersam, cada um fazendo o que pensa ser mais importante. Nessas condições, o redemoinho rapidamente arrebata tudo. As Disciplinas 1, 2 e 3 propiciam foco, clareza e engajamento, elementos poderosos e necessários ao sucesso. Já com a Disciplina 4, você e sua equipe asseguram que a meta seja alcançada, não importa o que aconteça ao redor.

Em muitas organizações, responsabilização significa análise de desempenho anual, uma experiência dificilmente engajadora, quer você esteja fazendo ou recebendo a avaliação. Além disso, pode também significar uma chamada de atenção ou dar explicações sobre algo que deixou de realizar.

Por outro lado, em uma organização 4DX, *responsabilização* significa estar verdadeiramente comprometido, não apenas com a realização da MCI, mas também com seus companheiros de equipe. A cada semana, cada membro da equipe assume compromissos pessoais com *toda a equipe* que fará o placar avançar. Após a reunião, eles vão adiante de forma disciplinada.

O Dr. Ted James, vice-presidente do Beth Israel Deaconess Medical Center, e Professor Associado de Desenvolvimento de Liderança na Harvard Medical School, aconselha: "Como líder, você é, em última análise, responsável pelos resultados da equipe. Infelizmente, quando os líderes deixam de abordar questões de desempenho e de comportamento, isso prejudica toda a equipe, levando a uma qualidade inferior e a uma cultura organizacional fraca. Trata-se de um precedente perigoso, pois as pessoas começam a aprender que não há consequências reais para o mau comportamento ou o mau desempenho. Sem responsabilização, o envolvimento diminui e o ressentimento pode aumentar nos membros da equipe afetados negativamente. Líderes perdem sua credibilidade e os de melhor desempenho se vão."

A REUNIÃO DE MCI

Com base na Disciplina 4, a sua equipe deve realizar uma reunião de MCI pelo menos uma vez por semana. Essa reunião, que não dura mais do que 20 a 30 minutos, tem uma pauta definida e acontece de modo rápido, estabelecendo sua cadência semanal de responsabilidade para avançar em direção à MCI.

A Disciplina 4 cria a diferença crítica entre a execução bem-sucedida e a falha. Como um de nossos clientes disse: "Como você executa sua sessão MCI é como você executa."

O foco da Reunião de MCI é simples: responsabilizar-se mutuamente por realizar as ações que irão impulsionar as medidas de direção, resultando na realização da MCI apesar do redemoinho. Fácil de dizer, mas difícil de fazer. Para garantir que esse foco seja alcançado todas as semanas, três regras em reuniões de MCI devem ser absolutamente obedecidas.

Primeiro, a Reunião de MCI deve ser realizada sempre no mesmo dia da semana e no mesmo horário (às vezes até com maior frequência — diariamente, por exemplo — mas *nunca* com intervalo maior que uma semana). Essa consistência é crítica. Sem ela, sua equipe jamais será capaz de sustentar um ritmo de desempenho. Até mesmo a perda de uma única semana causará uma perda de impulso e impactará os resultados. Em outras palavras, a Reunião de MCI é sagrada. Ela ocorre semanalmente, mesmo que o líder não possa comparecer e tenha que delegar.

É de fato surpreendente o que você consegue realizar pela simples disciplina na reunião em torno de uma meta, em uma base semanal. Nada se compara. Francamente, ficamos perplexos com o fato de que essa disciplina não seja praticada com mais frequência. Pedimos a centenas de milhares de empregados de vários setores, ao redor do mundo, que se manifestassem sobre a frase: "Eu me reúno pelo menos uma vez por mês com meu gerente para discutirmos meu progresso em relação às metas." Para nossa surpresa, apenas 34% responderam positivamente, até mesmo quando a avaliação é apenas uma vez ao mês, quanto mais semanalmente, conforme as melhores práticas das equipes de alto desempenho. Não é de se admirar que a intensa prestação de contas esteja ausente em tantas organizações.

"O que há de tão especial em se manter uma Reunião de MCI toda semana?", você talvez se pergunte. Descobrimos que, no caso da maioria das organizações, a semana constitui um microcosmo perfeito. É um período curto o bastante para manter as pessoas focadas e a relevância das questões, mas suficientemente longo para permitir que compromissos assumidos nessas reuniões sejam cumpridos de fato. Em muitos ambientes operacionais, as semanas representam um ritmo natural da vida organizacional. Pensamos em semanas, falamos em semanas. Elas são o elemento básico da condição humana e possibilitam uma perfeita cadência de responsabilidade.

Segundo, o redemoinho nunca é permitido em uma Reunião de MCI. Não importa quão urgente uma questão possa parecer, a discussão na Reunião de MCI se limita exclusivamente a ações e resultados que movam o placar. Se você precisar discutir outros assuntos, realize uma reunião com o pessoal após a Reunião de MCI, mantendo assim a Reunião de MCI isolada. Esse elevado nível de foco torna a Reunião de MCI não apenas rápida, mas extremamente eficaz na produção dos resultados desejados. Ocorre também a reafirmação da importância da MCI para cada membro de equipe. É enviada uma mensagem clara de que, com relação ao alcance da MCI, nenhum êxito no redemoinho poderá compensar uma falha no compromisso assumido na Reunião de MCI da semana anterior. Muitas organizações que são nossas clientes fazem exatamente isto: mantêm uma

DISCIPLINA 4: CRIE UMA CADÊNCIA DE RESPONSABILIDADE

Reunião de MCI com 20 a 30 minutos de duração e logo após uma reunião na qual podem discutir as questões do redemoinho.

Terceiro, mantenha as reuniões de MCI em 20 a 30 minutos. Essa regra exige esforço. Ao iniciá-las, podem levar mais tempo. Todavia, à medida que você foca gradualmente mais o seu tempo e a sua atenção para mover o placar e em nada mais, pouco a pouco as reuniões se tornam mais eficientes e eficazes. Também reconhecemos que, dependendo de sua função em particular ou da natureza da equipe, elas podem ser mais longas. Entretanto, qualquer equipe de qualquer função pode aprender a realizar sessões rápidas, eficientes e centradas na Meta Crucialmente Importante em vez de reuniões demoradas abrangendo toda espécie de assuntos. Geralmente, para manter suas reuniões de MCI rápidas e focadas, você precisará programar outras reuniões para tratar de problemas que vêm à tona durante as reuniões de MCI. Por exemplo, você pode dizer: "Bill, você está colocando um problema importante que precisa ser resolvido esta semana. Vamos marcar outra reunião na quinta-feira para nos aprofundarmos nessa questão e ver se conseguimos resolvê-la." Em seguida, dê continuidade à Reunião de MCI.

As reuniões de MCI podem variar em conteúdo, mas a pauta é sempre a mesma. Segue, como exemplo, uma pauta em três partes de uma Reunião de MCI, junto com o tipo de linguagem que você deve escutar na ocasião:

1. **Prestar contas. Fale sobre os compromissos da semana anterior.**

    "Eu me comprometi a fazer uma ligação para três clientes que nos deram pontos mais baixos. Fiz a ligação e aqui está o que descobri...!"

    "Eu me comprometi a fazer pelo menos três reservas para visitas ao hotel e acabei conseguindo fazer quatro!"

    "Tive uma reunião com nosso VP, mas não consegui a aprovação que queria. O motivo foi que..."

2. **Revisar o placar. Aprenda com sucessos e fracassos.**

```
         ① PRESTAR CONTAS
      Fale sobre os compromissos
          da semana anterior

         ② REVISAR O PLACAR
      Aprenda com sucessos e fracassos

              ③ PLANEJAR
      Limpe o caminho e assuma
          novos compromissos
```

"Nossa medida histórica está verde, mas temos um desafio com relação a uma das medidas de direção que acaba de ficar amarela. O que aconteceu foi..."

"Nossas medidas de direção seguem uma tendência crescente, mas nossa medida histórica ainda não se alterou. Como equipe, concordamos que dobraríamos nossos esforços esta semana para fazer o placar mudar."

"Embora estejamos no caminho para alcançar nossa MCI, esta semana implementamos uma excelente sugestão por parte de um cliente que melhorou nossa medida de direção ainda mais!"

3. **Planejar. Libere o caminho e assuma novos compromissos.**

"Posso tirar esse problema do caminho para você. Conheço alguém que..."

"Vou me assegurar que o problema de estoque que está impactando nossa medida de direção estará resolvido até a próxima semana, independentemente do que eu precisar fazer."

"Terei uma reunião com o Roberto sobre nossos números e voltarei na semana que vem com pelo menos três ideias para nos ajudar a melhorar."

PERMANECER NO FOCO APESAR DO REDEMOINHO

Em uma Reunião de MCI, você e cada membro da equipe são responsáveis por fazer a métrica do placar evoluir. Você realiza isso se comprometendo, a cada semana (na Reunião de MCI), com uma ou duas ações específicas que afetarão diretamente suas medidas de direção, e na semana seguinte cada membro da equipe relatará para os demais os resultados.

Para se preparar para a reunião, cada membro pensará sobre a mesma pergunta: "Que uma a duas ações mais importantes eu posso fazer nesta semana para impactar as medidas de direção?

Precisamos ser cuidadosos neste ponto. Os membros da equipe não estarão se questionando: "Qual a ação mais importante que eu posso tomar esta semana?" Essa pergunta é tão ampla que quase sempre os levará de volta para algum item do redemoinho. Em vez dessa pergunta, deverão formular uma indagação muito mais específica: "Qual ação posso fazer nesta semana para impactar as medidas de direção?"

Conforme exposto, esse foco sobre o impacto provocado nas medidas de direção a cada semana é crítico porque as medidas de direção são o estímulo para alcançar a MCI. Os compromissos representam as coisas que precisam acontecer, além da rotina diária, para que as medidas de direção avancem. É por isso que na Disciplina 2 se enfatiza tanto a necessidade de as medidas de direção serem influenciáveis de modo que a equipe possa realmente fazê-las progredir por meio do desempenho semanal. Em suma, a manutenção dos compromissos semanais impulsiona as medidas de direção, e estas, a realização da MCI.

Para aprender mais sobre Reuniões de MCI no aplicativo 4DX, acesse www.4DX Book.com/wigsessions [conteúdo em inglês].

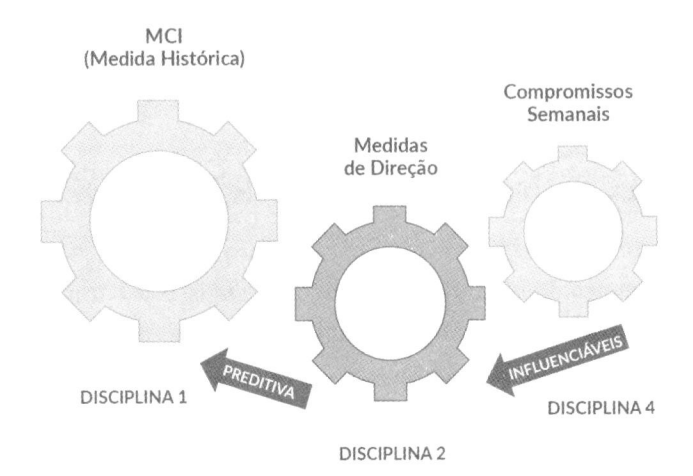

Ao assumir e cumprir seus compromissos semanais, os membros da equipe influenciam a medida de direção, que por sua vez é preditiva do sucesso da medida histórica da MCI.

Tomemos o exemplo de Susana, uma gerente de enfermagem cuja medida de direção é a redução no tempo de administração de analgésicos aos pacientes. Susana observa em seu placar que dois componentes de suas equipes, um do turno do dia do sétimo andar, e outro da unidade de tratamento intensivo do oitavo andar, estão defasados em relação aos demais. Ela sabe que a equipe do sétimo andar tem um novo supervisor que ainda está sendo treinado nos procedimentos do tratamento contra a dor. Ela também sabe que a equipe do oitavo andar está com um número menor de pessoas. Assim sendo, o compromisso de Susana para mover as medidas de direção ao longo da semana poderiam ser uma análise dos procedimentos do tratamento contra a dor junto com a equipe do sétimo andar e o preenchimento da posição em aberto na equipe do oitavo andar

Consideremos agora o exemplo de Antônio, membro da equipe de vendas cuja medida de direção é apresentar duas novas propostas a cada semana. Antônio sabe que sua lista de novos clientes está se esgotando. Assim sendo, para esta semana, seu compromisso poderia ser conseguir novos nomes e informações para contato com novos clientes, assegurando o suficiente para que tenha êxito na mudança de dois deles para o estágio de proposta.

Nesses dois exemplos, tanto os líderes quanto os membros da equipe assumem compromissos semanais. A natureza dos compromissos pode mudar a cada semana porque o negócio, junto com o desempenho da equipe, está sempre mudando; apenas o processo é constante.

Observe que, em geral, esses compromissos semanais não são necessariamente urgentes nem mesmo novos. Com frequência são ações que a equipe deveria praticar naturalmente, mas a realidade é que tais ações são as primeiras a serem devoradas pelo redemoinho. Sem o ritmo constante de responsabilização da Disciplina 4, haverá sempre coisas que os membros da equipe sabem que devem fazer, mas que na verdade nunca fazem com regularidade.

Para aprender mais sobre Reuniões de MCI no aplicativo 4DX, acesse www.4DX Book.com/wigsessions [conteúdo em inglês].

A CRIAÇÃO DA CADÊNCIA

A Micare, que produz o carvão usado como combustível por muitas usinas elétricas no México, é uma das maiores empresas privadas do país. As 4DX permeiam totalmente a Micare.

Toda segunda-feira pela manhã ocorrem reuniões de MCI por videoconferência em cada departamento dessa grande empresa, que estabelece conexão com localidades remotas, de modo que todos estejam na mesma página ao mesmo tempo. Os resultados de cada gerente são visíveis na tela para conhecimento geral.

Os grupos (produção, expedição, recursos humanos, finanças, operações, e assim por diante) têm seus placares constantemente atualizados e dispostos por toda a empresa. Todos os empregados (engenheiros, mineiros e até mesmo os trabalhadores da manutenção) sabem enumerar as MCIs de suas respectivas equipes. Ao fazer uma visita à Micare, nos lembraram desta observação feita por Jack Welch, o lendário líder da GE:

> "As metas não devem soar nobres nem vagas. O alvo não pode estar tão desfocado que não consigam mirá-lo. Sua direção tem de ser tão

vívida que, se aleatoriamente você despertasse um dos seus empregados no meio da noite e perguntasse 'Para onde estamos indo?', ele pudesse responder ainda que no estupor da sonolência."[11]

Esse é o nível de clareza estratégica e comprometimento evidente por toda a Micare.

O que o sistema operacional das 4DX significou para a realização das MCIs da Micare?

Ao longo de um período se sete anos:

- Os acidentes que ocasionaram perda de tempo caíram de aproximadamente 700 por ano para menos de 60.
- A água consumida no processamento de carvão, uma importante preocupação ambiental, sofreu uma queda de cerca de dois terços.
- A reabilitação anual das áreas das minas subiu de 6 hectares para mais de 200 hectares.
- A poluição por material particulado no ar ao redor das minas caiu de 346 unidades por metro cúbico para 84.
- As toneladas de carvão produzidas por trabalhador cresceram de 6 mil para 10 mil por ano.

Em resumo, e de acordo com o CEO da empresa, as 4DX produziram excelentes resultados comerciais para a companhia, viabilizando melhorias importantes na segurança e no meio ambiente. A Micare crê que a atenção concentrada na cadência de responsabilidade tenha sido o fator mais importante para seu sucesso. A Reunião de MCI, um conceito tão simples, ajusta constantemente o foco de toda a organização para o que é mais importante.

Lembre-se de que a Reunião de MCI deve ser rápida. Se cada pessoa abordar os três itens da cadência descritos anteriormente, não será necessário muita conversa. Como um de nossos maiores clientes tem orgulho em dizer: "Quanto mais falarem, menos terão feito."

DISCIPLINA 4: CRIE UMA CADÊNCIA DE RESPONSABILIDADE

A Reunião de MCI também dá à equipe a chance de processar o que aprendeu sobre o que funciona e o que não funciona. Se as medidas de direção não estiverem movimentando as medidas históricas, a equipe coloca o pensamento criativo em debate e sugere novas hipóteses para serem experimentadas. Se as pessoas encontrarem obstáculos para a realização de seus compromissos, os membros da equipe podem se comprometer a limpar o caminho uns para os outros. O que pode ser difícil para um trabalhador da linha de frente alcançar, talvez signifique apenas uma "canetada" para o líder da equipe. Na verdade, como líder, você deve frequentemente perguntar a cada colaborador: "O que posso fazer esta semana para limpar o caminho para você?"

É também importante observar que, a menos que você seja uma pessoa da linha de frente, provavelmente participará de duas reuniões de MCI toda semana: uma conduzida por seu gestor e outra que você conduzirá com a sua equipe.

Por enquanto, vamos aplicar a Disciplina 4 ao exemplo da Younger Brothers Construction sobre a qual discorremos anteriormente. Lembre-se de que a MCI para a Younger Brothers era reduzir os incidentes de segurança de 57 para 12 até 31 de dezembro, e que a medida de direção estava em conformidade com as 6 normas de segurança que, acreditavam, eliminariam a grande maioria dos acidentes.

Imagine que você seja um gerente de projetos na Younger Brothers, responsável por certo número de equipes. Na reunião de MCI com seu gestor, você faria três coisas:

1. *Falaria sobre os compromissos da semana anterior*: "Na semana passada, assumi o compromisso de comprar novas travas para os andaimes de modo que as condições para todas as equipes atendessem ao código (uma das seis normas de segurança) e consegui fazê-lo."

2. *Revisaria o placar*: "Minha medida histórica de acidentes de trabalho está atualmente na média de cinco por mês, ligeiramente

acima de onde deveríamos estar neste trimestre. Minha medida de direção referente à conformidade com as normas de segurança está verde, em 91%, mas as equipes 9, 11 e 13 estão prejudicando a pontuação porque não estão usando consistentemente os óculos de segurança."

3. *Assumiria compromissos para a próxima semana*: "Esta semana terei uma reunião com os supervisores das equipes 9, 11 e 13, analisarei seus dados de segurança e assegurarei que haja uma quantidade de óculos de segurança suficiente para todos."

Cada compromisso deve obedecer a duas normas: primeiro, o compromisso deve representar um item específico realizável. Por exemplo, o compromisso de "focar as" ou "trabalhar com as" equipes 9, 11 e 13 é vago demais. Como esse tipo de compromisso não o torna responsável por um resultado específico, normalmente se perde no redemoinho. Em segundo lugar, o compromisso deve mover a medida de direção. Se o compromisso não estiver orientado diretamente para a medida de direção, não conduzirá a equipe em direção à realização da MCI.

À medida que você começar a compreender a Reunião de MCI, também verá mais claramente a importância das duas características das medidas de direção sobre as quais discorremos na Disciplina 2. Se as medidas de direção forem influenciáveis, poderão ser movidas pelos compromissos semanais. Se forem preditivas, seus movimentos conduzirão à realização da MCI.

A Reunião de MCI é como uma experiência científica em andamento. Os membros da equipe expõem suas melhores ideias sobre como influenciar o placar, se comprometem a experimentar novas ideias, testam hipóteses e retornam com os resultados.

Por exemplo, no Centro de Fibrose Cística do Centro Médico Fairview da Universidade de Minnesota, a equipe médica realiza uma reunião semanal para avaliar a função pulmonar de seus pacientes vulneráveis, a maioria deles bebês e crianças pequenas. A fibrose cística reduz gradualmente a capacidade de o paciente respirar, de modo que a MCI para esse centro de tratamento com padrão internacional de excelência é "função pulmonar

100% para todos os pacientes". Eles não se satisfazem com 80% do normal, nem mesmo com 90%, como medida histórica.

Nessas reuniões semanais, os médicos analisam o que observaram durante aquela semana sobre as melhorias na função pulmonar e comprometem-se a fazer o acompanhamento. Por exemplo, como o peso corporal pode ser uma medida de direção na saúde do pulmão, os médicos monitoram-no cuidadosamente e administram suplementos alimentares, realizam experiências com tendas para nebulização e coletes massageadores para limpar os pulmões. Em seguida, retornam à equipe com os resultados.

A cada semana, aprendem mais e compartilham mais conhecimento.

Poucas pessoas se responsabilizam tão rigorosamente por uma MCI quanto os integrantes da equipe de Fairview, e os resultados evidenciam o valor da cadência de responsabilidade local: há muitos anos não perdem um paciente para a fibrose cística.[12]

A diretora Kim Blackburn, da escola Seven Hills Elementary, no Texas, tem aplicado com paixão as 4 Disciplinas de Execução em sua busca para alcançar metas elevadas. Nesse mister, passou incontáveis horas tentando decifrar o código em torno de sistemas e rotinas que garantem uma consistente implementação escolar das 4DX. Kim será a primeira a lhe dizer que, sem uma forte cadência de responsabilidade para alunos e adultos, não se obtém os resultados desejados. Essa não é apenas a opinião dela; Kim tem dados para provar o poder da Disciplina 4.

Com o tempo, uma forte cadência de responsabilidade com sistemas refinados foi estabelecida em Seven Hills. Kim compartilhou: "As Reuniões de MCI não apenas estão mudando o jogo na sala de aula, mas também em nosso campus! No ano passado, sabíamos que era preciso criar um modelo para que nossas equipes de nível escolar se reunissem semanalmente, e para que suas sessões fossem centradas em torno da MCI da Equipe alinhada à MCI do campus.

"Compromissos semanais são coisas que a equipe deveria fazer naturalmente, mas na realidade essas são ações que o redemoinho devora primeiro. Sem o ritmo constante de Reuniões de MCI, sempre haverá coisas que os membros da equipe sabem que devem fazer, mas nunca com real consistência.

"Na Reunião de MCI o foco é simples: responsabilizar uns aos outros por tomar as atitudes necessárias para mover as medidas de direção, resultando na realização da MCI, apesar do redemoinho. Ter essa estrutura em vigor evita que o urgente, ou o redemoinho, entre em cena. A estrutura que criamos nos ajuda a manter principal o que é o principal! O que acontece nas Reuniões da MCI da Equipe é que cada membro percebe a importância de seu compromisso com o sucesso da EQUIPE! E, em última análise, da escola. A questão se torna *pessoal*. As pessoas começam a se perguntar: 'O que posso fazer esta semana para mover as medidas de direção?' Reuniões de MCI produzem resultados confiáveis recorrentemente, mas o mais importante: uma boa Reunião de MCI leva a equipe a desempenhar em alto nível."

ASSEGURAR QUE OS PARTICIPANTES ASSUMAM COMPROMISSOS

Ainda que o líder da Reunião de MCI seja responsável por assegurar a qualidade dos compromissos, o ponto crítico é que tais compromissos partam dos participantes. Nunca será demais enfatizar isso. Se você disser para sua equipe o que é preciso fazer, ela aprenderá pouco, mas, quando a equipe é capaz de consistentemente dizer a você o que é necessário para alcançar a MCI, ela terá aprendido muito sobre execução, e você também.

Deixar que os membros da equipe gerem seus próprios compromissos pode parecer contraintuitivo, em especial quando você consegue ver tão claramente o que deve ser feito e quando a própria equipe pode até mesmo esperar ou querer que você apenas diga o que fazer. Contudo, o que você quer, basicamente, é que sua equipe assuma individualmente a responsabilidade pelos compromissos acordados. Como líder, você ainda poderá atuar como coach das pessoas que estão se esforçando para assumir compromissos de alto impacto, mas você deseja se assegurar de que, no fim, as ideias sejam delas e não suas.

DISCIPLINA 4: CRIE UMA CADÊNCIA DE RESPONSABILIDADE

Para aprender mais sobre compromissos no aplicativo 4DX, acesse www.4DX Book.com/commitments [conteúdo em inglês].

O PRETO E O CINZA

Por fim, a Reunião de MCI poupa suas Metas Crucialmente Importantes de serem absorvidas pelo redemoinho. Eis a seguir o calendário de uma semana típica. Os blocos pretos representam seus compromissos da Reunião de MCI, e os blocos cinza, seu redemoinho. Este diagrama simples é ideal para mostrar como se apresenta o equilíbrio entre o tempo e a energia investidos na execução.

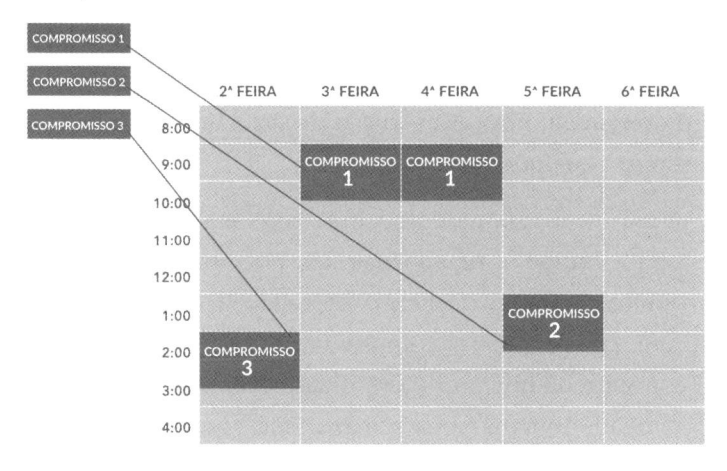

Compromissos Semanais

Os blocos cinza representam seu redemoinho diário. Os blocos pretos representam seus compromissos semanais para mover o placar da MCI e, se forem incluídos sistematicamente em sua agenda semanal, é menos provável que o redemoinho desloque o foco de sua MCI.

Quando apresentamos a Disciplina 4 em nosso processo, alguns líderes equivocadamente representam uma semana que em sua maior parte é preta, significando que os compromissos são o foco predominante para a semana. É muito raro isso representar a realidade. Grande parte de nossa energia ainda será gasta administrando nossas prioridades do dia a dia, como deve ser. Contudo, o valor crítico das 4 Disciplinas é garantir que o preto, seu investimento acima e além do cotidiano, fique consistentemente focalizado em sua MCI.

105

O que aconteceria se você removesse um daqueles blocos pretos de sua semana? Ele permaneceria vazio?

Pense quando foi a última vez que você ficou aliviado por saber que uma reunião fora cancelada, liberando uma hora em sua programação. Quanto tempo durou para que outras três reuniões e cinco solicitações urgentes estivessem competindo por aquele horário livre? Em termos do diagrama, quanto tempo levaria antes que o redemoinho devorasse aquele horário em aberto, tornando-o cinza?

Quando fazemos essa pergunta em nossas sessões, todo líder sabe a resposta: "Imediatamente!" O cinza não quer o preto em sua semana. Em outras palavras, o redemoinho consumirá cada momento e toda energia que puder. A Lei de Parkinson afirma: "O trabalho se expande de modo a preencher o tempo disponível para sua conclusão." E em nenhum caso tal princípio de expansão e consumo do tempo e energia é mais verdadeiro do que no caso do redemoinho. A execução de sua MCI tem a ver com forçar o preto no cinza a qualquer preço.

Agora, pense no diagrama como uma representação da energia combinada de toda a equipe, e não apenas sua, por uma semana. Nesse novo contexto, o preto simboliza a energia de cada membro de sua equipe na medida em que cumprem seus compromissos toda semana. Esse é o tipo de energia concentrada que produz resultados. Se você mantém a cadência de responsabilidade semana após semana, sua equipe libera essa energia direcionando-a às medidas de direção que têm efeito direto sobre a MCI.

Essa disciplina semanal também tem efeito real sobre o estado de espírito. Pense sobre a última vez que você teve uma semana toda cinza, uma semana de longas horas consumidas por infindáveis crises do redemoinho. A pior parte foi o sentimento doentio na boca do estômago de que, apesar de ter se matado durante toda a semana, praticamente não realizou nada.

Caso suas semanas todas na cor cinza se tornem uma experiência regular, você sentirá sua vida como líder se exaurindo. Pior ainda, notará o mesmo sentimento refletido no engajamento e no desempenho da sua equipe.

Reuniões de MCI são o antídoto para as semanas todas na cor cinza. Quando a disciplina de realizá-las for mantida, quando você e sua equipe forçarem a presença do preto no cinza a cada semana, não apenas ficará claro o progresso consistente em direção às metas como também você começará a sentir que, em vez do redemoinho, você é quem está no comando.

REUNIÕES DE MCI E ENGAJAMENTO

Mark McChesney, o irmão mais velho de um dos nossos autores, só queria fazer uma coisa quando crescesse: projetar carros. Mark trabalhou duro para realizar seu sonho e por fim foi contratado como projetista de uma das três maiores montadoras de automóveis dos Estados Unidos. Quase todos os projetistas da equipe de Mark tinham o mesmo sonho, isso é, passar os dias fazendo aquilo de que mais gostavam neste mundo: projetar carros.

Você poderia pensar que o nível de engajamento deles ultrapassaria os limites do gráfico. Mas eis a parte interessante dessa história: aquele departamento de projeto tem os menores índices de engajamento quando comparados com qualquer outra equipe naquela enorme organização. Isso mesmo: as pessoas que estão fazendo exatamente aquilo que sempre quiseram fazer têm a menor pontuação. Como pode ser possível que pessoas que fizeram carreira se dedicando ao que mais gostam, tenham baixo engajamento?

No livro *The Three Signs of a Miserable Job*, ["Os Três Sinais de um Emprego Miserável", em tradução livre] Patrick Lencioni descreve brilhantemente três razões pelas quais os indivíduos deixam de se sentir engajados no trabalho.

1. **Anonimato:** quando sentem que seus líderes não sabem ou não se importam com o que fazem.
2. **Irrelevância:** quando não compreendem como seu trabalho pode fazer a diferença.
3. **Impossibilidade de avaliação:** quando não podem medir ou avaliar por si mesmos a contribuição que estão dando.[13]

Os três sinais de Lencioni estão presentes no departamento de projetos da indústria automobilística. Primeiro, o trabalho original do projetista é tão alterado até se tornar realmente um produto, que o criador em geral é esquecido (anonimato). Segundo, o produto é liberado muitos anos depois de os projetistas terem trabalhado nele, de modo que talvez não possam ver sua contribuição no produto final (irrelevância). Terceiro, as avaliações de desempenho são extremamente subjetivas (impossibilidade de avaliação).

Os três sinais de Lencioni não apenas explicam o que está acontecendo no departamento de projetos e em muitos outros empregos, mas também descrevem com perfeição a vida no redemoinho, o que denominamos "uma semana toda cinza". A boa notícia é que a Disciplina 4, se implementada corretamente, é a cura para todas as três razões anteriores.

Em uma equipe que mantém a cadência das reuniões de MCI, os membros não são indivíduos anônimos. Ao contrário, estão em foco pelo menos uma vez por semana, e também não são irrelevantes, porque podem ver exatamente como seus compromissos estão movendo as medidas de direção que conduzem a uma Meta Crucialmente Importante. Existe um placar nítido e público que é atualizado a cada semana e que reflete seus desempenhos.

O impacto total da reunião de MCI não será sentido de imediato. Em geral, três a quatro semanas decorrem antes que a equipe possa estabelecer um ritmo eficaz no qual aprenda a se manter focada na MCI e a evitar discussões sobre o redemoinho. Todavia, logo a reunião se torna mais produtiva, e após mais algumas semanas algo importante começa a acontecer. As medidas de direção começam, de fato, a mover as medidas históricas e a equipe começa a sentir que está *vencendo*.

UM TIPO DIFERENTE DE RESPONSABILIZAÇÃO

O aplicativo 4DX é uma ferramenta essencial de apoio à liderança em Reuniões de MCI, tendo obtido milhões de compromissos em todo o mundo e, mais importante, *se eles foram mantidos*. Mais de 75% desses compromissos foram mantidos apesar do redemoinho. Esses dados oriundos do mundo real mostram que Reuniões de MCI criam responsabilização e acompanhamento genuínos.

Contudo, é o *tipo* específico de responsabilização criada na reunião de MCI que queremos que você entenda em profundidade.

Frequentemente, a palavra *responsabilização* tem forte conotação negativa. Caso seu gestor diga: "Venha falar comigo daqui a uma hora. Precisamos ter uma sessão de responsabilização", pode ter certeza que não é boa coisa.

Contudo, a responsabilização criada em uma Reunião de MCI é muito diferente. Não é organizacional, é *pessoal*. Em vez de responsabilização por um resultado amplo, que você não pode influenciar, é a responsabilização que você mesmo assumiu e está dentro do que você é capaz de fazer para cumprir. Além disso, você relatará seus resultados um a um, não apenas para seu gestor, mas para os outros membros da equipe. Basicamente, a pergunta que você responderá em uma Reunião de MCI é: "Fizemos o que nos comprometemos *mutuamente* a fazer?" Quando a resposta for "sim", os membros de uma equipe, vendo seus pares cumprindo consistentemente os compromissos assumidos, desenvolvem respeito recíproco, aprendem que as pessoas com quem trabalham são confiáveis na continuidade do processo. E, quando isso acontece, o desempenho aumenta fabulosamente.

Um exemplo é a Nomaco, empresa líder na tecnologia de extrusão de espuma de polietileno. Em resumo, fabricam itens interessantes com espuma colorida, desde isolamentos de alta tecnologia até brinquedos para piscina.

Uma das três unidades fabris da Nomaco, a de Tarboro, na Carolina do Norte, tinha um *bom* conceito. Batia o orçamento sob todos os ângulos — custo, lucratividade e segurança — mas não se considerava uma fábrica *excelente*; embora estivesse melhorando, não tinha um desempenho inovador.

A estrutura organizacional da unidade era tradicional e, apesar de um ambiente aberto e amistoso, as pessoas ainda dependiam do gerente da fábrica para supervisionar, monitorar, tomar decisões e, essencialmente, garantir que todos estavam fazendo o que era esperado. Essa era uma responsabilidade que beirava o impossível para uma só pessoa e que, ademais, limitava a capacidade dela de alcançar um novo patamar de desempenho.

As 4DX propiciaram a inovação que procuravam. Nos 18 meses após a adoção das 4DX, a fábrica de Tarboro:

- Cortou mais de US$1 milhão nos custos da linha de produção.
- Manteve-se mais de 30% abaixo do orçamento para o ano fiscal.
- Foi relatado apenas um acidente de trabalho mais relevante.
- O orçamento projetado para o ano fiscal só foi alcançado no primeiro trimestre do ano seguinte.

O gerente da fábrica concluiu com relação às 4DX: "É uma ferramenta robusta, que assegura sucesso em qualquer tipo de iniciativa que uma organização decida implementar. Seja produção otimizada, Seis Sigma, ou equipes de trabalho autolideradas... as 4DX produzirão os resultados desejados."

A chave para a mudança foram as Reuniões de MCI.

Em Tarboro, cada equipe tinha Reuniões de MCI semanalmente. Todos os empregados relatavam como estavam fazendo uma diferença significativa, melhorando as medidas e alcançando a MCI. A cada semana, surgiam novas ideias para manter o placar verde. As Reuniões de MCI os mantinham focados na realização das Metas Crucialmente Importantes, porém, mais do que isso, as reuniões permitiam que raciocinassem e tomassem decisões em conjunto, ajudassem uns aos outros e celebrassem suas vitórias.

Isso gerou na unidade de Tarboro uma cultura na qual empregados altamente engajados se responsabilizam individual e *mutuamente* pelos resultados.

Julian Young, presidente da Nomaco durante a implementação das 4DX, resumiu assim o impacto das Reuniões de MCI: "Reuniões de MCI têm muito mais energia do que as tradicionais, nos antigos moldes das reuniões de produção. Melhoraram a produtividade substancialmente em cada uma de nossas unidades e tornaram a responsabilização incrivelmente simples."

DISCIPLINA 4: CRIE UMA CADÊNCIA DE RESPONSABILIDADE

GARANTINDO QUE SUA EQUIPE ESTÁ NO JOGO

Ao longo dos anos, observamos milhares de Reuniões de MCI como as da fábrica de Tarboro, e essa experiência evidenciou um aspecto: a responsabilização perante os pares criada na Reunião de MCI é um motivador de desempenho ainda maior, para a maioria das pessoas, do que a responsabilização perante o gestor. No fim, elas trabalharão arduamente para não desapontar o gestor, mas farão quase de tudo para não desapontar seus pares.

Entretanto, para atingir esse nível, você ainda precisa entender algo mais. Dissemos que as primeiras três disciplinas estabelecem o jogo e que até que a Disciplina 4 seja aplicada sua equipe não está no jogo. Mas agora queremos dizer isso com ainda mais clareza: o nível de importância que você atribui à Reunião de MCI determinará diretamente os resultados produzidos por sua equipe. Com base na sua consistência, no seu foco e no seu próprio modo de assumir compromissos e fazer o acompanhamento, você estabelecerá a Reunião de MCI como um jogo de altas ou de baixas apostas nas mentes de sua equipe.

Pense nisso quando aplicado a uma partida jogada na pré-temporada em relação a um torneio oficial. Na pré-temporada, você gostaria de vencer, mas perder nas partidas eliminatórias significa voltar para casa. Qual delas mobiliza o mais alto nível de jogo? Falando francamente, se a partida não for de vital importância, por que a equipe vai se preocupar? É por isso que a responsabilização real inspira a equipe a se engajar no mais alto nível de jogo, e esse nível é estabelecido mais diretamente na Reunião de MCI.

CRIANDO UMA CULTURA INOVADORA

Algumas pessoas não gostam do fato de que as Reuniões de MCI sejam estruturadas da forma descrita anteriormente. Na verdade, quando realizadas de modo adequado, Reuniões de MCI são também altamente criativas. Em conjunto, estrutura e criatividade produzem engajamento, como o eminente psicanalista Dr. Edward Hallowell descobriu. Ele diz que as situações mais motivantes são aquelas "altamente estruturadas e repletas de novidades e estímulos".[14]

A cadência de responsabilidade pode *liberar* a criatividade da equipe. Quando você pensa em uma equipe que tem uma cultura de disciplina e execução, não espera ouvir que ela seja também criativa e inovadora. Contudo, temos encontrado regularmente todas essas características em equipes que aplicam bem as 4DX.

A Reunião de MCI estimula a experimentação de novas ideias, engaja todos na solução de problemas e promove aprendizado compartilhado. É um fórum para insights inovadores para o progresso das medidas de direção. E, como há muito em jogo, extrai os melhores pensamentos de cada membro da equipe.

O Towne Park é um grande exemplo. Sempre extremamente bem dirigido, trata-se do maior provedor de estacionamento com manobristas para hotéis e hospitais de alto padrão. Quando Gaylord Entertainment (um dos maiores clientes do Towne Park) obteve grande sucesso ao adotar as 4DX, os líderes do Towne Park também se mostraram interessados.

O Towne Park já estava avaliando praticamente todos os aspectos de seu negócio: os atendentes abriam a porta para você e seus convidados na chegada? Diziam a saudação adequada? Ofereciam água? Seus executivos poderiam dizer tudo isso, pois estavam literalmente avaliando tudo que achavam ser importante para os *clientes*.

Mesmo assim, decidiram aplicar as 4DX à Meta Crucialmente Importante da empresa — aumentar a satisfação do cliente — para ver se poderiam melhorar ainda mais. Enquanto desenvolviam as medidas de direção na Disciplina 2, notaram algo que não estavam avaliando e que poderia realmente ser o ponto de maior aumento da satisfação do cliente: o tempo que o cliente espera para ter seu carro de volta.

Então escolheram reduzir o tempo de devolução como a medida de direção mais preditiva para melhoria adicional da satisfação do cliente. Embora já soubessem que se tratava de um importante aspecto do negócio, jamais fizeram uma avaliação por não ser um resultado fácil de ser obtido, nem mesmo para uma empresa que acredita na avaliação. Eles sabiam que para coletar os dados de devolução teriam de registrar o horário em que o cliente solicitou o carro e quando o manobrista o devolveu. O intervalo entre os dois momentos, o *tempo de devolução*, necessitaria ser consistentemente registrado em todas as equipes e todas as localidades.

Você pode imaginar o quão difícil seria reunir esses dados no redemoinho de entrada e saída de carros. Por isso, alguns líderes argumentaram que não poderia ser feito. Mas, como estavam comprometidos com a MCI de incomparável satisfação do cliente, e como acreditavam que o tempo de devolução do carro era o mais preditivo e influenciável para alcançá-lo, assumiram o compromisso de rastreá-lo. Como em toda equipe de grande liderança, uma vez tomada a decisão, encontraram um jeito de realizá-la.

Inicialmente, questionaram se o tempo de devolução era de fato influenciável devido aos fatores externos que causam impacto na atividade, como a localização da área de estacionamento e a distância até o carro. Apesar dessas preocupações, conseguiram reduzi-lo de modo bem significativo.

Como? As equipes descobriram porque estavam altamente engajadas no jogo. Uma vez que a medida de direção melhorava o placar, os manobristas encontraram novos meios de vencer. Por exemplo, começaram a avisar aos visitantes que chegavam para ligar antes de fazer o check-out e, assim, o carro estaria disponível ao chegarem. Toda vez que os clientes ligavam antecipadamente, o manobrista sabia que o tempo de recuperação seria zero.

Os manobristas também começaram a perguntar em qual dia os visitantes planejavam fazer o check-out. Se era superior a uma semana, estacionavam o carro no fundo do estacionamento. À medida que o dia da devolução se aproximava, passavam o carro para a frente, de modo que o tempo de devolução fosse reduzido.

Essas e tantas outras inovações não apenas melhoraram a medida de direção de tempo de devolução, mas imediatamente aumentaram a medida histórica de satisfação do cliente. O Towne Parke estava vencendo, mas sem o engajamento da equipe no jogo essas ideias talvez nunca teriam vindo à tona e, muito menos, teriam sido implementadas.

Contudo, uma equipe do Towne Park em Miami, Flórida, enfrentou um obstáculo que parecia insuperável: uma parede de concreto com cerca um metro de altura se estendia bem no meio da garagem do estacionamento, obrigando os manobristas a contorná-la para retirar cada automóvel.

Após diversos meses de tentativas para resolver o problema, uma solução *literal* aconteceu durante a Reunião de MCI. James McNeil, um dos subgerentes de conta, assumiu com sua equipe o compromisso de remover a parede. Obtida a autorização do engenheiro do hotel, que confirmou que a parede não era estrutural, McNeil providenciou uma serra para concreto e recrutou diversos outros supervisores para ajudar na manhã do sábado seguinte a cortar e remover diversas toneladas de concreto. No fim do dia, a parede não mais existia. Se você é um líder, deve ficar fascinado com esta história. Caso um executivo do Towne Park tivesse ordenado à equipe para fazer alguma coisa fora das responsabilidades normais, como remover uma parede de concreto, qual teria sido, em sua opinião, a reação da equipe? Na melhor das hipóteses, resistência, e na pior, revolta, até mesmo no caso de uma boa equipe. Nas palavras de um executivo do Towne Park ao comentar essa história: "Se a ideia fosse nossa, eles não o teriam feito nem sob a mira de uma arma."

Todavia, como a medida de direção se tornara um jogo de grandes apostas do tipo que os jogadores não querem perder, o efeito foi oposto. A ideia era retirar a parede e o desejo de vencer era tão alto que não haveria como tentar impedi-los. A necessidade é, realmente, a mãe da invenção. Tendo a diminuição do tempo de devolução se tornado um jogo, a criatividade e a invenção se seguiram.

O mais importante para entender é que esse nível de engajamento raramente advém de uma abordagem de comando e controle, ou seja, que dependa exclusivamente da autoridade formal do líder. Na melhor das hipóteses, a autoridade isolada produz apenas conformidade por parte da equipe.

Em contraste, as 4DX produzem resultados não a partir do exercício da autoridade, mas do desejo fundamental de cada componente da equipe se sentir significativo, fazer um trabalho que seja realmente importante, e essencialmente vencer. Esse tipo de engajamento produz o verdadeiro comprometimento, o tipo de compromisso que levou a equipe do Towne Park a derrubar uma parede, e é somente esse tipo de comprometimento que produz resultados extraordinários.

Na Parte 3, forneceremos orientações precisas sobre como alcançar esse tipo de comprometimento por meio da cadência de responsabilidade.

O PODER DAS 4DX

Agora que examinamos cada uma das 4 Disciplinas da Execução, esperamos que você entenda o poder que elas têm para transformar a cultura e os resultados da sua empresa. Quando apresentamos aos líderes as 4DX, eles frequentemente acreditam que já estão fazendo a maior parte do que ensinamos. Afinal de contas, metas, medidas, placares e reuniões são tópicos familiares. Contudo, uma vez implementadas as 4DX, esses mesmos líderes relatam uma enorme mudança de paradigma em suas equipes, que produz resultados previsíveis, geralmente pela primeira vez. Se você comparar as 4DX com as práticas costumeiras de planejamento anual, poderá ver o quão diferente é este paradigma do pensamento típico sobre metas.

O processo anual de estabelecimento de metas começa com a criação de um plano mestre para o ano, focado em um grande número de metas. Em seguida, cada meta é subdividida em muitos projetos, objetivos intermediários, tarefas e subtarefas que precisam ser realizadas ao longo dos meses seguintes para que o plano tenha êxito. Quanto mais profundo o processo de planejamento, mais complexo o plano se torna.

Apesar da crescente complexidade, os líderes podem sentir os sintomas do que chamamos de "planejar alto". Trata-se daquela esperança que surge ao dizerem: "Bem que isto poderia funcionar realmente!"

Finalmente, eles criam um conjunto de slides em PowerPoint para explicar o plano, e a seguir fazem uma convincente apresentação formal. Isso lhe soa familiar? Em caso afirmativo, só resta uma etapa após a apresentação do plano: assistir a sua gradativa queda na obscuridade à medida que as necessidades do negócio, em constante mudança, que todavia não foram consideradas, vão tornando o plano cada vez menos relevante.

Agora, em contraste, pense de novo na experiência da Younger Brothers Construction e sua MCI para reduzir acidentes. Não importa quão detalhado ou estrategicamente brilhante tenha sido o plano anual, não se poderia prever, em nenhuma hipótese, que na 32ª semana um líder precisaria se reunir com as equipes 9, 11 e 13 para se concentrar em óculos de segurança. Ou seja, a única informação necessária para atingirem os resultados de nível mais alto naquela semana não estaria no plano, e nunca estará.

Não obstante, na Disciplina 4, a equipe faz planejamentos semanais em função de suas medidas de direção criando, essencialmente, um plano just-in-time com base em compromissos que não poderiam ter imaginado no começo do mês, quanto mais no início do ano. A energia semanal constante aplicada às medidas de direção cria uma forma única de responsabilidade que conecta a equipe diretamente à meta, recorrentemente.

Se a Younger Brothers tivesse atacado sua MCI em desconformidade com a medida de direção de segurança, ainda assim teria sido capaz de assumir compromissos semanais, mas em função de um alvo menos específico. Você consegue imaginar cada membro da equipe assumindo o compromisso de reduzir acidentes nessa semana? Pareceria tão amplo quanto inexequível; algo como tentar ferver o oceano.

Pior ainda, ponha-se no lugar dos líderes. Dá para perceber a frustração deles dizendo: "São todos adultos, trabalham há anos na construção civil. Se não se importam com a própria segurança, o que esperam que eu faça?"

Uma vez que as pessoas desistem de uma meta que parece inatingível, independentemente do quão estratégica ela seja, só há uma direção para a qual se pode correr: voltar para o redemoinho. Afinal, é o que conhecem e onde se sentem seguros. Quando isso acontece, sua equipe está jogando para não perder em vez de jogando para vencer, o que é bem diferente. Em suma, as 4DX fazem a organização jogar para vencer!

Pense nas 4DX como o sistema operacional de um computador. Você precisa de um potente sistema operacional para executar todos os programas que decidir instalar. Se o sistema operacional não se equipara à tarefa, não importa quão magnificamente projetado tenha sido o programa, não funcionará com consistência.

Do mesmo modo, sem um sistema operacional para executar suas metas, sua estratégia, independentemente da bela forma com que tenha sido projetada, não funcionará de modo harmônico. Mesmo se atingir os resultados, você não conseguirá sustentá-los ou ultrapassá-los com o passar dos anos. As 4DX asseguram execução precisa e consistente de qualquer objetivo que você escolha implementar com sua equipe ou em sua organização, e cria a base para um sucesso maior no futuro.

As 4DX funcionam tão poderosamente porque se baseiam em princípios atemporais. Além disso, está comprovado que funciona com praticamente qualquer organização em qualquer ambiente. Não inventamos os princípios das 4DX; nós simplesmente os descobrimos e codificamos. Outros usaram os mesmos princípios para mudar efetivamente o comportamento humano a serviço de uma meta.

O SISTEMA OPERACIONAL 4DX EM SEU BOLSO

Hoje, cada líder e membro da equipe pode ver todo o sistema operacional 4DX a qualquer momento por meio do aplicativo 4DX. Essa tecnologia poderosa não apenas mostra o progresso na MCI, o desempenho das medidas de direção e a responsabilização demonstrada no seguimento dos compromissos, mas também permite que essas métricas sejam atualizadas em tempo real.

Acesse www.4DXBook.com/operatingsystem [conteúdo em inglês] para ver um exemplo real de um sistema 4DX completo, incluindo a capacidade de atualizar os resultados diretamente de seu celular.

COMO LER AS SEÇÕES RESTANTES DESTE LIVRO

Como você aprendeu na Parte 1, as 4DX são um sistema operacional para atingir as metas que você precisa alcançar. Lembre-se de que as 4DX não são um conjunto de sugestões ou ideias filosóficas que devem ser meramente consideradas. Em vez disso, as 4DX são um conjunto de *disciplinas* que exigirá seus melhores esforços, mas cuja recompensa será uma equipe que desempenha de forma consistente e com excelência. É por isso que este livro contém orientações detalhadas não somente sobre o que fazer, mas também *como fazer*.

Para garantir que sua leitura deste livro seja a mais clara e eficaz possível, gostaríamos de oferecer algumas orientações sobre as seções restantes.

Parte 2: É escrita para líderes de líderes. Aborda explicitamente as oportunidades e os desafios daqueles que orientam os líderes das equipes da linha de frente à medida que implementam as 4DX. Se essa é sua função, a Parte 2 é crítica, porque detalha as práticas reais e o posicionamento mental necessários para o sucesso. É altamente recomendável que você leia (e absorva) a Parte 2 a seguir. Mais tarde, caso queira saber mais, acreditamos que você irá considerar a Parte 3 valiosa, porque ela lhe permitirá entender o processo exato que seus líderes de equipes da linha de frente estarão usando.

Parte 3: É escrita para líderes de equipes da linha de frente. Nessa seção, você encontrará um roteiro detalhado do caminho para implementar as 4DX. Se você é o líder de uma equipe da linha de frente, pense nessa seção como um guia de campo com todas as informações necessárias para garantir seu êxito. Você apreciará o valor dela assim que começar. Mais tarde, caso queira saber mais, acreditamos que você irá considerar a Parte 2 valiosa, porque ela lhe permitirá entender o processo exato que seus líderes de líderes usarão.

PARTE 2

Implementando as 4DX como um Líder de Líderes

CAPÍTULO 6

Escolhendo Onde Focar

No início de nosso desenvolvimento das 4DX, entrevistamos Tim Tassopoulos, que agora é presidente e COO da Chick-fil-A (uma das redes de restaurantes com melhor classificação nos Estados Unidos). Nessa entrevista, Tim nos ofereceu uma visão que se manteve em nossas mentes ao longo dos anos. Ele disse: "A primeira coisa que quero saber quando estou falando com um líder é: onde esse líder escolheu aplicar uma *energia desproporcional*?" Tim sabe que, se os líderes dividem a energia de suas organizações igualmente entre objetivos e prioridades, provavelmente não estão saindo do lugar.

Com o passar dos anos, fizemos com que ficasse inteiramente claro que o propósito das 4DX é *direcionar a energia focando-a em um avanço crítico*. Neste capítulo, mergulharemos mais fundo na questão mais desafiadora para o líder dos líderes nas 4DX: o que devemos escolher como nossa MCI Primária para a organização? Ou, como Tim poderia dizer: "Onde vamos aplicar uma energia desproporcional?"

Ao começar este processo, tenha em mente que a MCI Primária não é uma meta que você poderia alcançar simplesmente dando canetadas, sem precisar das 4DX. Também não é uma meta alcançável por meio das atividades existentes (suporte de vida) do redemoinho.

Sua MCI Primária se constitui em um resultado revolucionário que exigirá engajamento humano e uma mudança comportamental significativa.

Tenha em mente, também, que a energia necessária para alcançar a MCI Primária está, em última instância, vindo das equipes da linha de frente da empresa. Como dissemos no Capítulo 2, pode ser útil olhar para a energia dessas equipes como uma forma de moeda corrente. Quando você escolhe uma MCI Primária, está determinando como vai gastar essa moeda.

Determinar sua MCI Primária não é apenas um desafio para você, como um líder de líderes, mas também uma tarefa que você provavelmente não completará sozinho. Em nossa experiência, os líderes raramente fazem essa escolha sem um debate rigoroso e a colaboração de toda uma equipe de liderança, com o líder mais sênior frequentemente no papel de facilitador e, se necessário, tomando as decisões finais.

O MAPA ESTRATÉGICO

```
        MISSÃO
       (PROPÓSITO)
            ↓
          VISÃO
            ↓
        ESTRATÉGIA
       ↙     ↓     ↘
```

CANETADAS
Requer recursos ou autoridade
- Investimento de Capital
- Ampliação do Pessoal
- Mudança de Processos
- Aquisições Estratégicas
- Compra de Mídia

MUDANÇA DE COMPORTAMENTO
MCI
Metas
Crucialmente
Importantes

REDEMOINHO
Atividades Requeridas para Manter a Operação
- Urgências
- Atua sobre Você
- Suporte de Vida

Uma boa maneira de iniciar essa conversa como uma equipe de liderança é começar preenchendo as seções esquerda e direita do Mapa de Estratégia com os aspectos do plano atual ("canetadas"), bem como as principais métricas do redemoinho (veja uma explicação em vídeo sobre isso [conteúdo em inglês] em https://youtu.be/vOYj_-pYpPc)%22). Este exercício deve ser relativamente direto, uma vez que suas métricas operacionais mais críticas são provavelmente bem conhecidas e quaisquer decisões significativas das canetadas pelo menos foram apresentadas para discussão.

Tão logo a equipe de liderança tenha visto as seções de canetadas e redemoinho preenchidas, terá uma perspectiva mais clara para identificar os candidatos a MCIs Primárias (resultados de descoberta) que podem ser colocados na seção do meio do diagrama. Agora sua equipe de liderança pode se concentrar em onde sua energia desproporcional deve ser aplicada para obter uma mudança de comportamento.

Com essa percepção mais clara, os elementos de sua estratégia inicialmente colocados na seção canetadas (lado esquerdo) ou na seção do redemoinho (lado direito) muitas vezes terminarão sendo reposicionados no centro como candidatos à MCI Primária. A equipe de liderança também deve lembrar que a MCI Primária escolhida hoje, seja ela qual for, um dia voltará ao redemoinho como um elemento normal da operação de rotina, uma vez que a equipe terá formado novos hábitos de atuação.

IDENTIFICANDO SEU RESULTADO DE MUDANÇA DE COMPORTAMENTO

Para completar a seção intermediária do Mapa de Estratégia (mudança de comportamento), você deve começar fazendo um brainstorming de uma lista de candidatos a MCIs Primários.

A primeira pergunta a fazer no brainstorming é: "Caso todas as outras áreas de nossa operação permaneçam em seu nível atual de desempenho, em qual *área* gostaríamos mais de obter resultados significativos?" Essa pergunta naturalmente fixa a mente no resultado que pode representar uma mudança de comportamento ao manter constantes todas as outras áreas. Nossa experiência tem mostrado que, se você puder escolher apenas uma área, é mais provável que ela seja aquela na qual uma mudança comportamental é mais necessária. Embora essa questão, por si, não leve à sua escolha final (há outras questões analíticas, veja a seguir), ela gera uma lista de bons candidatos.

Ao obter uma lista de candidatos a MCIs, você deve discutir como cada um deles seria mapeado no gráfico abaixo. Este exercício é muito esclarecedor por forçar a equipe a avaliar cada candidato a MCI nos eixos de "Impacto da Falha" e de "Risco de Falhar" (Sem Mudanças Significativas)".

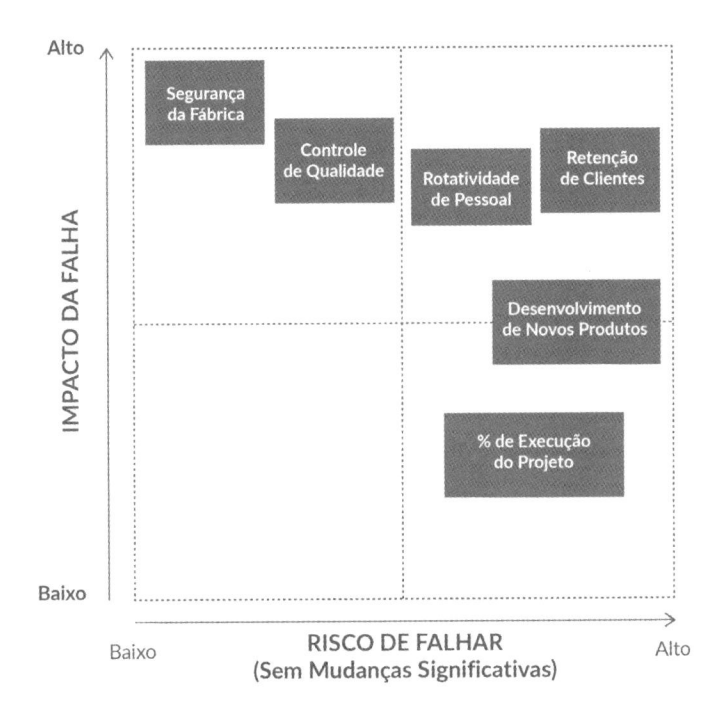

[Gráfico: Impacto da Falha (eixo Y, Baixo a Alto) × Risco de Falhar - Sem Mudanças Significativas (eixo X, Baixo a Alto), com os itens: Segurança da Fábrica, Controle de Qualidade, Rotatividade de Pessoal, Retenção de Clientes, Desenvolvimento de Novos Produtos, % de Execução do Projeto]

IMPACTO DA FALHA

Como a missão crítica é a candidata a MCI?

Apesar de parecer direta, essa pergunta pode exigir uma reflexão profunda. Em vez de simplesmente se concentrar em um único objetivo de curto prazo, avaliá-lo leva a equipe a mais perguntas e a pensar sobre o impacto de longo prazo antes de tomar uma decisão final. Por exemplo:

- Esse objetivo é tão essencial para nossa estratégia geral que, sem ele, a estratégia pode não ter êxito?
- Este objetivo tem um impacto marginal no curto prazo, mas é absolutamente essencial para o futuro?
- Esse objetivo nos faz avançar pouco neste ano, mas fortalece os laços de fidelidade dos clientes ou garante nossa participação de mercado frente aos concorrentes em caso de desaceleração da economia?

Até agora, falamos da MCI como promovendo uma mudança de comportamento que resulte *no sucesso da estratégia*. Mas e se não houver uma estratégia real? Ou se a organização se tornou financeiramente bem-sucedida, porém desconectada de sua missão e visão? Às vezes, uma MCI é escolhida por um grupo de líderes objetivando trazer a organização de volta à missão, ou mesmo ampliá-la — nas circunstâncias certas. A maior das falhas é falhar na missão.

Quando trabalhávamos junto a uma grande rede de brechós, seu presidente fazia algumas perguntas a si mesmo. Seu antecessor havia deixado a empresa em sólida posição financeira e operacional, atualizado o marketing e a publicidade, a aparência das lojas e os procedimentos contábeis. Ao entrarmos na discussão sobre MCI, alguns dos relatórios acharam que esse caminho devia ser mantido. Outros queriam dar mais ênfase à contratação de trabalhadores com deficiência. Outros ainda argumentaram que sua maior peruca deveria ser o crescimento. A gama de opções era desconcertante.

Para ajudar a equipe a encontrar um denominador comum, o novo líder pediu a todos que refletissem sobre a missão da organização: "Promover a autoconfiança entre os trabalhadores com deficiência." Com a sólida posição financeira e operacional da empresa, estaria a área, onde agora pretendiam os maiores resultados, mais diretamente relacionada com a missão?

Uma MCI surgiu aos poucos dessa experiência, focada em ajudar trabalhadores com deficiência a encontrar empregos fora da organização que pudessem sustentá-los. Embora não tivesse condições de contratar todas as pessoas com deficiência em sua região, a empresa tinha a capacidade operacional de treiná-las no negócio de varejo e ajudá-las a encontrar empregos melhores para que pudessem superar a dependência. A nova MCI de aumentar o número de trabalhadores com deficiência colocados em empregos sustentáveis transformou a organização. Também ajudou os trabalhadores a se tornarem autossuficientes e a encontrar um renovado sentido de autoestima, mantendo, ao mesmo tempo, os resultados financeiros e operacionais cotidianos que tornaram viável a missão da rede. Uma definição clara de *missão crítica*.

EM RISCO DE FALHAR (SEM MUDANÇAS SIGNIFICATIVAS)

Em seguida, a equipe de liderança deve considerar quanto "em risco de falhar (sem mudanças significativas)" está a candidata a MCI. Em outras palavras, qual é a probabilidade de falhar na consecução desse objetivo, sem envolvimento e foco significativamente aprimorados?

Este segundo eixo para cada candidato a MCI é fácil de deixar para lá, geralmente porque as equipes de liderança relutam em discutir a possibilidade de qualquer tipo de falha. É muito mais fácil manter o debate centrado no confortável assunto da *importância*, em vez do desconfortável assunto do *risco*. No entanto, a decisão de definir e realizar uma MCI envolve gastar energia não dedicada ao redemoinho — uma moeda limitada e extremamente valiosa. Desperdice-a e provavelmente abrirá mão de tempo e energia que nunca poderão ser recuperados.

Lembre-se, também, que "em risco de falhar (sem mudanças significativas)" nem sempre significa em risco de perder uma meta, como um montante de vendas projetado. Também pode significar deixar de explorar uma oportunidade, como colocar um novo produto no mercado antes de seus concorrentes diretos ou captar uma inesperada tendência de aumento nos hábitos de compra de seus clientes.

Gastar tempo avaliando "em risco de falhar (sem mudanças significativas)" também ajuda a equipe a entender por que não é qualquer coisa obtida satisfatoriamente a partir de uma canetada, ou de lidar com as práticas normais (redemoinho) da operação, que deve se tornar uma MCI.

Não estamos sugerindo que a MCI Primária deva sempre ser escolhida entre as candidatas no "alto e à direita" nos dois eixos. Sabemos que sua escolha final virá da avaliação cuidadosa de muitos fatores, sobrepostos pelas necessidades e recursos do negócio. Mas frequentemente descobrimos que o exercício de mapear suas MCIs candidatas nesses eixos fornece uma visão valiosa que pode levar a uma melhor decisão final.

ESTRUTURANDO AS MCI PARA O MÁXIMO RESULTADO

No Capítulo 2, mostramos uma visão de alto nível das três maneiras pelas quais as organizações podem estruturar MCIs para criar o foco e o alinhamento necessários a fim de chegar à MCI Primária. Nas seções a seguir, queremos nos aprofundar para ilustrar não apenas a estrutura da MCI, mas também a lógica usada pela equipe de liderança para escolhê-la.

Abordagem A: Uma Única MCI Primária

Na Covenant Transport, uma empresa transportadora com sede nos EUA, a equipe de liderança escolheu uma única MCI para toda a organização: reduzir a rotatividade de motoristas de 106% para 86% ao ano até 31 de dezembro.

Um dos principais motivos pelos quais essa MCI foi escolhida em vez de outros objetivos, como "entrega no prazo", "número total de remessas" ou "segurança de tráfego aprimorada", foi que a redução da rotatividade dos motoristas impactaria muitas das outras métricas relevantes, agindo efetivamente como efeito multiplicador dos resultados. Uma segunda consideração foi que cada equipe da Covenant poderia contribuir para essa MCI de uma forma significativa. Eles *superaram* sua meta ao atingir 82%

de rotatividade (o menor da história da empresa). E também alcançaram os melhores resultados financeiros em doze anos, já que a rotatividade dos motoristas também impulsionou suas outras métricas principais.

```
                    SUA ESTRATÉGIA, PLANOS
                         E PRIORIDADES
              ┌──────────────┼──────────────┐
              ▼              ▼              ▼
          CANETADAS      MUDANÇA DE      REDEMOINHO
                        COMPORTAMENTO
                             │
                      MCI PRIMÁRIA ÚNICA
                   ┌─────────┼─────────┐
                SUB-MCI    SUB-MCI   SUB-MCI
                (ou Jogo)  (ou Jogo) (ou Jogo)
                ┌───┴───┐     │     ┌───┴───┐
              MCI     MCI   MCI    MCI    MCI
           da Equipe da Equipe da Equipe da Equipe da Equipe
```

Abordagem B: Mais de Uma Única MCI Primária

Uma gigante farmacêutica tinha doze imperativos estratégicos. Como era previsível, sua liderança espalhou-se em várias direções. Após muita discussão, a equipe de liderança sênior escolheu uma estrutura de duas MCIs Primárias que permitiu à empresa se concentrar em dois segmentos muito diferentes.

Sua necessidade estratégica mais ampla era aumentar a participação no mercado. Para isso, era necessário que os diferentes segmentos da empresa trabalhassem simultaneamente em resultados diferentes, daí a necessidade de duas MCIs Primárias. Cabe notar que cada segmento da empresa ainda tinha apenas um foco: a MCI Primária atribuída a eles. Em decorrência, da perspectiva das equipes era como se tivessem apenas uma MCI Primária.

```
                    SUA ESTRATÉGIA, PLANOS
                        E PRIORIDADES
           ┌──────────────────┼──────────────────┐
           ▼                  ▼                  ▼
       CANETADAS         MUDANÇA DE         REDEMOINHO
                        COMPORTAMENTO
                    ┌────────┴────────┐
                MCI Primária       MCI Primária
                 (Transformar)       (Executar)
              ┌───┬───┬───┐         ┌────┴────┐
           MCI  MCI  MCI  MCI      MCI       MCI
           da   da   da   da       Jogo      Jogo
          Equipe Equipe Equipe Equipe   ┌──┴──┐  ┌──┴──┐
                                       MCI MCI  MCI MCI
                                       da  da   da  da
                                      Equipe Equipe Equipe Equipe
```

Uma das MCIs Primárias foi um projeto abrangente de melhoria de processo visando a diminuir o tempo necessário para identificar um composto promissor e, em seguida, desenvolver, testar, aprovar e passar a ofertar um novo medicamento. Eles chamaram essa MCI Primária de "molécula para o mercado". Às vezes, rotulamos esse tipo de MCI Primária de "MCI de Transformação" porque exige da empresa algo completamente novo.

A segunda MCI Primária era para "aumentar o acesso às drogas deles", que tinha dois Jogos-chave próprios. O primeiro jogo foi uma iniciativa massiva para educar seus prescritores (médicos que prescrevem o medicamento) sobre quando e como usar o medicamento de forma eficaz e segura. A segunda era agilizar o acesso do paciente aos remédios. Isso envolveu lidar extensivamente com pessoas e sistemas necessários para processar pagamentos por meio de sistemas de seguro e saúde em todo o mundo.

Não raro rotulamos esse tipo de MCI Primária de "MCI de Desempenho", pois o esforço é direcionado para um melhor desempenho nas métricas existentes.

As MCIs de Transformação e Desempenho e outras variações dessa estrutura são comuns, particularmente em estratégias de grande escala, nas quais os resultados são alcançáveis apenas por intermédio de um investimento sustentável significativo. O diagrama abaixo reflete uma visão de alto nível dessa estrutura.

Abordagem C: Várias MCIs da Equipe sem Nenhuma MCI Primária

A TELUS International oferece experiência do cliente integrada e soluções de serviços digitais para algumas das marcas mais inovadoras do mundo. Sua abordagem geral incluiu *quatro estratégias específicas* vitais para seu sucesso:

- Estabelecer a liderança em indústrias em crescimento.
- Oferecer excelência em vendas.
- Preparar a organização para o crescimento.
- Promover a excelência operacional.

A implementação das 4DX na empresa não era a tradicional porque não incluía uma única MCI Primária. Em vez disso, cada equipe tinha permissão para criar sua própria MCI da Equipe desde que se alinhasse a uma das quatro estratégias. Em essência, as quatro estratégias cumpriram o papel da MCI Primária.

O CEO disse: "Quero que esses quatro objetivos estratégicos orientem e direcionem as equipes na linha de frente ao escolherem sua MCI da Equipe. A escolha é delas desde que se alinhe a uma de nossas quatro estratégias." Portanto, cada equipe tinha agora uma responsabilidade essencial: precisava escolher uma MCI da Equipe que não só se alinhasse a uma das quatro estratégias, mas também representasse sua *maior contribuição possível* para

ESCOLHENDO ONDE FOCAR

o sucesso da empresa. Com mais de quatrocentas equipes envolvidas, conduzir essa seleção de baixo para cima deu a eles duas vantagens distintas:

- Garantiu que a escolha de uma MCI da Equipe fosse feita perto da linha de frente.
- Gerou um forte senso de propriedade ao permitir que as equipes fizessem a escolha.

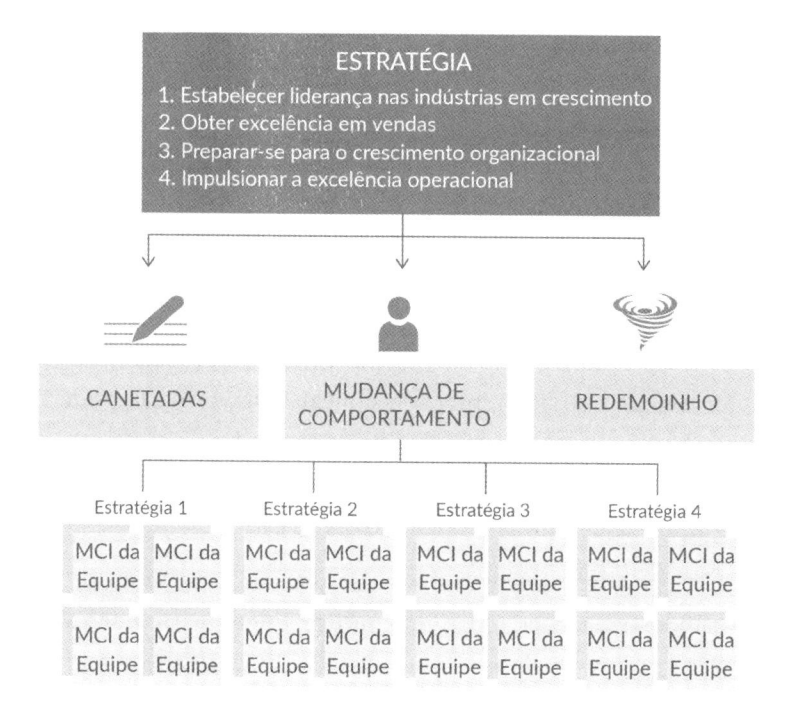

```
ESTRATÉGIA
1. Estabelecer liderança nas indústrias em crescimento
2. Obter excelência em vendas
3. Preparar-se para o crescimento organizacional
4. Impulsionar a excelência operacional
```

CANETADAS | MUDANÇA DE COMPORTAMENTO | REDEMOINHO

Estratégia 1 — MCI da Equipe, MCI da Equipe, MCI da Equipe, MCI da Equipe
Estratégia 2 — MCI da Equipe, MCI da Equipe, MCI da Equipe, MCI da Equipe
Estratégia 3 — MCI da Equipe, MCI da Equipe, MCI da Equipe, MCI da Equipe
Estratégia 4 — MCI da Equipe, MCI da Equipe, MCI da Equipe, MCI da Equipe

Um exemplo é encontrado na equipe de apoio ao atendimento ao cliente, que optou por se concentrar na estratégia de "oferecer excelência em vendas". Eles definiram uma MCI da Equipe para aumentar a quantidade e a qualidade de suas chamadas externas, o que acabou possibilitando à empresa ganhar uma nova conta importante. Outra equipe optou por focar "promover a excelência operacional" e criou uma MCI da Equipe para diminuir o trabalho pós-atendimento (trabalho adicional necessário após uma ligação) em 50%.

Esses dois exemplos ilustram a precisão das MCIs da Equipe — um fator decorrente da permissão de escolha — bem como o envolvimento necessário para conduzir esses novos comportamentos em hábitos de desempenho permanentes.

QUATRO ARMADILHAS PARA EVITAR QUANDO CRIAR UMA MCI

Queremos concluir este capítulo delineando quatro armadilhas a serem evitadas na criação de suas MCIs. Acreditamos firmemente que saber o que não fazer pode ser a recomendação mais valiosa, especialmente quando cada "armadilha" representa uma lição-chave (e duramente aprendida) de mais de duas décadas nesse processo.

1. **Criar MCIs Primárias em Excesso.** A tentação de criar muitas MCIs é talvez a mais sedutora de todas. E também a mais destrutiva. Quando um líder compreende o potencial das 4DX pela primeira vez, fica tentado a aplicar essas práticas poderosas *em cada métrica*. As ligações mais perturbadoras que recebemos são aquelas em que um líder, todo animado, relatará com grande orgulho: "Decidimos fazer *de tudo* uma MCI."

   Cair em tal armadilha pode parecer uma violação óbvia do princípio do foco, mas isso nunca impediu os líderes de fazê-lo. Lembre-se de que a lei dos rendimentos decrescentes é tão real no desempenho humano quanto na ciência. E também implacável e dolorosa. Crie muitas MCIs e você irá minar o poder das 4DX. Em todos os anos em que estivemos envolvidos neste trabalho, nos foge à mente um cliente dizendo em retrospecto: "Gostaríamos de ter tido mais MCIs." Mas ouvimos regularmente: "Gostaríamos de ter mais foco."

2. **Escolher uma MCI Primária muito ampla.** Esta é uma armadilha menos óbvia do que a anterior, mas quase tão comum quanto. Percebemos que, ao escolher o termo "crucialmente importante",

inconscientemente desempenhamos um papel na criação dessa armadilha (ainda que não fosse essa a nossa intenção), influenciando os líderes a criar MCIs que englobam praticamente tudo que a empresa faz. Parte do desafio é que, quando os líderes ouvem as palavras "crucialmente importante", é natural que pensem "no mais importante". E, quando pensam no que é mais importante, pensam *grande*. Isso os leva a criar MCIs Primárias como "lucro total", "vendas totais" ou "participação de mercado geral". Como foi mencionado no Capítulo 2, esses "superobjetivos" não são boas MCIs, principalmente porque abrangem todo o trabalho que está sendo feito, incluindo todas as iniciativas por canetadas e todas as atividades do redemoinho. Embora isso possa parecer foco, na verdade não é: trata-se de uma realidade dolorosa que se tornará visível assim que você começar a tentar identificar medidas de liderança na Disciplina 2.

Um desafio final com MCIs Primárias que são muito amplas é que eles geralmente são afetados por forças externas que têm pouco ou nada a ver com seu desempenho. Por exemplo, se uma organização escolheu "participação de mercado geral" como a MCI Primária, ela deve atender a dois objetivos separados para alcançar a meta. Em primeiro lugar, ela deve aumentar sua própria participação no mercado, conquistando negócios de seus concorrentes. E, em segundo lugar, deve ganhar uma fatia maior do que aquela que seus concorrentes estão ganhando no mesmo período. Isso não ocorrendo, a organização poderia atingir seu maior crescimento e ainda perder para um concorrente que cresceu um pouco mais. Adicione publicidade, tendências de mercado, preços, volatilidade econômica e inovação tecnológica e você terá uma MCI Primária que é muito mais do que *desempenho real*. E é também muito difícil de acertar. Às vezes, descrevemos isso como "tentar acertar uma bala com uma bala". Não é impossível, mas é incrivelmente improvável.

3. **Criar uma MCI inspiradora, mas não mensurável.** Às vezes, há uma tendência de criar uma MCI Primária que é tão inspiradora que realmente *não pode* ser medida. Essa é uma armadilha fácil de cair porque a MCI *parece* importante, até mesmo nobre. A MCI é inspiradora quando você o diz, mas não quando tenta alcançá-la. O autor best-seller Tim Ferriss disse certa vez: "A vida pune o desejo vago, mas recompensa o pedido específico." Ele não poderia ter descrito essa armadilha mais perfeitamente.

   MCIs como "Transformar-se no fornecedor preferencial em nosso mercado", "Liderar a indústria em inovação" e "Ganhar a fidelidade do cliente de primeira categoria" são exemplos reais de cair nessa armadilha.

   Mesmo quando os líderes estão cientes de que a MCI Primária não atende ao requisito *De X para Y até Quando*, ainda é difícil dissuadi-los. Há várias razões para isso.

   Em primeiro lugar, os líderes podem escolher deixar a MCI Primária vaga porque, de fato, querem que haja *um esforço em direção ao resultado,* ainda que não possa ser medido. Deparamo-nos muito com isso, e os líderes são os únicos que pensam assim, nunca as equipes. O raciocínio é que, uma vez que não existe uma métrica única para medir o sucesso, ficaremos felizes que a MCI tenha todos se movendo na mesma direção. Cabe um aviso: esse é um caminho para o fracasso.

   Alvos claros e mensuráveis são a linguagem da execução. Estabeleça uma MCI Primária vaga e você aprenderá bem rápido como é impossível executar um conceito, mesmo um conceito que lhe é caro. Lembre-se de que conceitos estimulam a imaginação, mas alvos impulsionam o desempenho.

   Pense na viagem à lua que discutimos no Capítulo 2. Havia dezenas de objetivos por trás da vaga meta de "Liderar o mundo na exploração espacial", mas, quando o presidente Kennedy definiu como meta "Colocar um homem na lua até o fim da década..." — como se dissesse "O jogo começou!" —, ele mudou a mentalidade de cada engenheiro da NASA. Um belo exemplo de pensamento 4DX. O alvo escolhido não abrangia tudo o que a NASA tentava fazer no programa espacial, e *nem precisava*. Foi o único resultado revolucionário que fez toda a diferença: o que chamamos de MCI Primária.

Então, no lugar de deixar sua MCI Primária vaga porque não pode ser capturada em uma única métrica, restrinja seu foco para encontrar a meta mensurável que, quando alcançada, fará toda a diferença na estratégia que você está implementando.

Uma segunda razão pela qual os líderes escolherão uma MCI Primária muito ampla é porque desejam que todos sintam que fazem parte da dela. Há valor nessa forma de pensar e a inclusão por certo é importante, mas não se vier ao preço da *clareza*.

Criar uma MCI Primária muito ampla, simplesmente para que todos se sintam incluídos, significa prejudicar o impacto real da Disciplina 1: *foco*. Afinal, muitas equipes não poderão contribuir diretamente para a MCI Primária, independentemente de sua escolha. Isso, porém, não significa que eles não estejam incluídos. As equipes que não contribuem diretamente ainda podem fazê-lo indiretamente apoiando outras equipes e até gerenciando o redemoinho cotidiano. Elas simplesmente não precisam das 4DX para fazer isso. Lembre-se bem disto: *todas as equipes são necessárias para apoiar a estratégia, mas equipes específicas (e as 4DX) são necessárias para alcançar a MCI Primária*.

4. **Criar MCIs não alinhadas à missão e à visão da organização.** Se você é como a maioria das organizações, tem uma missão definida (ou declaração de propósito) que esclarece *por que* você existe. Definida a missão, muitos líderes articulam *qual* será o sucesso em algum momento, em geral cinco ou mais anos no futuro. Essa

é a visão. Tanto a missão quanto a visão são *inspiradoras,* o que significa que são declarações ou ideias sobre o que se deseja para a organização. Você, então, cria naturalmente uma estratégia para delinear *como* essa visão se tornará uma realidade.

À medida que os líderes se enfronham nos elementos mais específicos da execução da estratégia, fica fácil esquecer que suas metas existem principalmente para cumprir a missão da organização e realizar sua visão compartilhada. Esquecer isso é mudar uma organização da maneira mais visceral. Sua organização pode, facilmente, se tornar aquela que atinge seus objetivos, mas que, no processo, perde sua alma.

É por isso que nosso diagrama definitivo para ilustrar as 4DX, o *Mapa de Estratégia,* sempre coloca a MCI Primária (e todas das 4DX) como subordinada à missão e à visão da organização.

```
                    MISSÃO
                  (PROPÓSITO)
                       ↓
                     VISÃO
                       ↓
                   ESTRATÉGIA
           ↓           ↓           ↓
       CANETADAS   MUDANÇA DE   REDEMOINHO
    Requer Recursos COMPORTAMENTO Atividades Requeridas
     ou Autoridade      MCI      para Manter a Operação
```

- Investimento de Capital   Metas   • Urgências
- Ampliação do Pessoal   Crucialmente   • Atua sobre Você
- Mudança de Processos   Importantes   • Suporte de Vida
- Aquisições Estratégicas
- Compra de Mídia
- Mudança no Mix de Produtos

CAPÍTULO 7

Traduzindo o Foco Organizacional em Metas Executáveis

Para o líder de líderes, definir a MCI Primária da organização é o primeiro passo para criar o foco. Mas é apenas ao traduzir a MCI Primária em MCIs de Equipe da linha de frente que você faz a organização se concentrar. Atingir esse nível de tradução não é fácil nem comum. Pode, no entanto, gerar uma força incrível para realizar uma mudança de comportamento.

Conforme você trabalha neste processo, tenha isto sempre em mente: "A execução não gosta de complexidade!" Na verdade, os dois melhores amigos da execução são a *simplicidade* e a *transparência*. Traduzir a MCI Primária em alvos determinados com precisão para cada equipe cria simplicidade e transparência acima de tudo o que vimos.

No Capítulo 2, apresentamos quatro regras para um líder de líderes ao aplicar a Disciplina 1:

Regra 1. Ninguém se concentra em mais de uma MCI por vez.

Regra 2. Os jogos que você escolher devem vencer o campeonato.

Regra 3. Líderes de líderes podem vetar, mas não impor.

Regra 4. Todas as MCIs devem ter uma linha de chegada no formato *De X para Y até Quando*.

Embora essas regras possam parecer bem diretas, até mesmo simples, segui-las requer enorme comprometimento e disciplina. Criar foco parece, mas nunca é simples; só parece simples quando é realizado.

Neste capítulo, mostraremos exemplos para ajudá-lo a se sentir confortável com a aplicação dessas quatro regras. Começamos com um grande hotel no qual as equipes desempenham *diferentes* funções; em seguida, um grande varejista em que as equipes da loja desempenham *a mesma* função; e, por fim, uma pequena empresa de contabilidade composta por apenas algumas equipes que desempenham funções diferentes (algo comum em pequenas organizações).

HOTEL OPRYLAND

Quando nos reunimos pela primeira vez com os líderes do Opryland Hotel em Nashville, estado do Tennessee, o maior hotel para convenções dos Estados Unidos fora de Las Vegas, havia dezenas de prioridades urgentes, dentre elas:

- Apresentar novos programas de marketing e de publicidade.
- Planejar uma expansão de 37 mil metros quadrados em sua propriedade com 2 mil quartos.
- Lançar diversas iniciativas concebidas para melhorar a taxa de ocupação.
- Controlar despesas para melhorar o resultado financeiro.
- Engajar-se em múltiplos programas novos para melhoria da satisfação de seus hóspedes.
- Renovar seus serviços para convenções.
- Identificar modos de ajudar seus hóspedes a circularem mais facilmente pelos 227 mil metros quadrados da propriedade.

À medida que a equipe executiva do Opryland começou o processo das 4DX, a primeira e vital etapa foi concentrar todo o hotel no que era crucial-

TRADUZINDO O FOCO ORGANIZACIONAL EM METAS EXECUTÁVEIS

mente importante. Isso nunca acontece automaticamente, muito menos em grandes organizações. Um trabalho tem de ser feito, e esse trabalho começa com a resposta à pergunta: "Se todas as outras áreas de nossa operação permanecessem no atual nível de desempenho, qual delas gostaríamos mais de melhorar?"

À proporção que cada membro da equipe executiva expressava suas ideias sobre a área que mais queriam melhorar, a satisfação dos hóspedes subiu para o topo da lista como a mais impactante. A principal razão disso é que a satisfação do hóspede literalmente repercutia em todos os outros aspectos do negócio, desde a receita até a participação no mercado. Além disso, os líderes corporativos também avaliaram que era uma MCI Primária para a qual todos os funcionários poderiam dar sua contribuição.

Quando o foco se tornou mais nítido, Arthur Keith, o gerente geral, recomendou melhoria na satisfação dos hóspedes como a MCI Primária para o hotel. Seu papel nesse ponto do processo foi importante e oportuno. Os líderes devem estar abertos para escutar e explorar alternativas, mas também precisam entrar *no momento certo* para ajudar a equipe a chegar a uma decisão. O líder deve estar pronto para jogar em ambas as posições, primariamente participando da discussão, mas também pronto para defender um ponto de vista.

Parte da liderança é saber quando seguir em frente com uma decisão inerente à sua autoridade, porque você está realmente convencido de que é a coisa certa, mesmo que as outras pessoas não entendam assim.

— Dr. Ingrid Mattson

Ao selecionar uma MCI de alto nível para toda uma organização, parece sempre que estamos comprando um novo par de sapatos. Você precisa andar com eles por instantes antes de decidir se estão bons. Não force a equipe a decidir muito rápido sobre uma MCI Primária. Em vez disso, selecione a MCI que pareça correta e deixe os líderes experimentarem um pouco enquanto desenvolvem MCIs de apoio que assegurarão a sua realização. Eles terão sempre a oportunidade de selecionar uma MCI diferente para aplicação em toda a empresa se aquela não se mostrar adequada.

Outro aspecto da aplicação da Disciplina 1 para Opryland foi identificar os objetivos nos quais as 4DX não eram necessárias: objetivos que poderiam ser objeto de uma canetada ou controlados no redemoinho. Por exemplo, havia um projeto para inaugurar uma nova ala do hotel que acrescentaria 200 novos quartos. Dentro do redemoinho bem administrado (práticas cotidianas), eles tinham profunda experiência em todos os aspectos da gestão de um hotel do tamanho de uma cidade pequena, da comida à energia e questões de segurança; eles sabiam como conduzir esse projeto. Mas, quando se tratou de aumentar a satisfação dos hóspedes em meio àquele redemoinho, eles precisaram do foco das 4DX para fazer acontecer. Caso contrário, poderiam se perder em meio a todas as outras prioridades.

ESTRATÉGIA DO OPRYLAND

CANETADAS
- 200 novos quartos
- Planejar-se para o para o próximo Natal
- Renovar o Magnólia Lobby

MUDANÇA DE COMPORTAMENTO
Elevar de 42 para 55 o padrão "top box" de satisfação dos hóspedes até o final do ano

REDEMOINHO
Tudo que está associado à administração de um hotel do tamanho de uma pequena cidade

DEFININDO O TRIUNFO

O sistema de avaliação da satisfação do hóspede em Opryland era de alto padrão. Eles monitoravam apenas *pontuações perfeitas*, 5 em uma escala de 1 a 5, às quais denominavam "top box". Era um padrão muito exigente, muito além dos indicadores normais de satisfação do hóspede. Eles se perguntavam qual seria a pontuação top box mais alta que conseguiriam atingir. A atual pontuação, 42% (o que significava que 42% dos hóspedes lhes deram a classificação máxima), ficava aquém do registro mais alto anterior, 45%. Após muitos debates, decidiram estabelecer uma MCI Primária de 55% até 31 de dezembro.

Definida a MCI Primária, os líderes do Opryland se concentraram nos Jogos-chave (sub-MCIs para a MCI Primária) que lhes permitiriam focar a energia de suas equipes onde era mais necessário para garantir a vitória. Nem sempre é preciso estabelecer esse nível intermediário de MCIs, mas em organizações maiores é vital. Para tanto, os líderes utilizaram uma página da história da NASA e perguntaram: "Qual é o menor número de jogos necessário para vencer o campeonato?"

Essa questão provou ser crítica para o processo de tradução de MCI (MCI Primária subdividindo-se em MCIs de Equipe) por dois motivos. Em primeiro lugar, lembra a todos que a única razão para a existência de Jogos-chave (sub-MCIs) é atingir a MCI Primária. Em segundo lugar, e ainda mais crítico, ajuda os líderes a identificar as Jogos-chave *mais essenciais* para o sucesso, determinando o menor número possível de jogos necessários para vencer. Isso é fundamental para manter o foco.

Compare essa abordagem com a maneira pela qual a maioria dos líderes subdivide um grande resultado a obter em objetivos menores. Normalmente, começam tentando identificar cada meta a ser alcançada, com tarefas e subtarefas. E, quando esse esforço é concluído, pode ser impressionante, mas é também opressivo. Ter que definir *o mínimo possível* de jogos necessários para vencer força os líderes a pensar estrategicamente sobre quais vitórias são absolutamente necessárias para alcançar a MCI Primária.

A equipe de liderança do Opryland nunca havia usado essa abordagem. Primeiro, porque nunca haviam se obrigado a começar com uma única MCI Primária. E, em segundo lugar, estavam perseguindo tantos outros objetivos simultâneos, que não tinham nenhuma percepção sobre o menor número possível de jogos que tornaria viável alcançar a MCI Primária.

Não pense que isso é fácil. Mesmo quando a equipe de liderança começou a identificar os Jogos-chave necessários para triunfar na questão da satisfação dos hóspedes, havia tantas candidatas que não se sabia por onde começar. O rigor no modo de definir o mínimo possível de jogos é o que resolve o enigma.

Depois de começar com dezessete jogos postulantes (sub-MCIs para a MCI Primária), eles terminaram o dia com três delas. Quais foram os menores jogos possíveis para alcançar o top box de 55? A experiência na chegada, a solução de problemas e a qualidade da comida e das bebidas.

Experiência na chegada. Esse jogo foi essencial. A pesquisa havia mostrado que as opiniões negativas sobre um hotel formadas nos primeiros 15 a 20 minutos eram quase impossíveis de mudar. Por outro lado, quanto melhor a qualidade dessa primeira experiência, melhor a impressão geral sobre o hotel.

Solução de problemas. Os líderes sabiam que, independentemente de seus esforços, as coisas ainda dariam errado. Melhorar a satisfação do hóspede não é uma questão de *se*, mas de *quando*, um problema vai ocorrer. A resposta das equipes aos problemas vivenciados pelos hóspedes pode arruinar toda a experiência com o hotel. Eles queriam que suas equipes tivessem um padrão de excelência na solução de problemas.

Qualidade da comida e das bebidas. Como as instalações do Opryland são muito grandes, os hóspedes sentem-se menos inclinados a ir a restaurantes fora do hotel. Além disso, a maioria dos restaurantes internos são considerados de primeira categoria com preços justos. Com isso, as expectativas dos hóspedes são altas com respeito à alimentação e ao atendimento.

TRADUZINDO O FOCO ORGANIZACIONAL EM METAS EXECUTÁVEIS

Satisfazer essas expectativas de forma consistente elevaria significativamente os índices de satisfação dos hóspedes.

A equipe de liderança da Opryland acreditava que, se pudessem aplicar toda a energia do hotel nesses três jogos críticos, seria possível atingir o top box de 55%. Este é o verdadeiro poder de se concentrar no menor número de jogos: permitir à equipe ver que sua MCI Primária *pode ser alcançada*.

Escolher os jogos, no entanto, foi apenas metade do trabalho. Agora, cada jogo precisava ter uma linha de chegada — *De X para Y até Quando*. Isso exigia que duas questões importantes fossem respondidas: qual foi a pontuação mais alta alcançável para cada jogo, e se tais pontuações resultariam no alcance da MCI Primária de satisfação dos hóspedes.

Se os jogos não vencerem o campeonato, você não criou uma estratégia eficaz ou um jogo que possa ser vencido.

A equipe de liderança do Opryland passou um dia inteiro definindo (e aprimorando) a MCI Primária e os Jogos-chave, e estabelecendo o *De X para Y até Quando* das linhas de chegada para cada um. No fim do dia, Danny Jones, então chefe da Qualidade e Satisfação do Cliente, disse: "Agora que terminamos, parece tão simples, como algo que poderíamos ter escrito no verso de um guardanapo durante o almoço." Ele estava certo, mas também sabia que a simplicidade e a clareza do plano seriam a chave para sua eficácia.

Os pensamentos de Danny encontraram eco nas palavras Arthur Keith, o gerente geral: "Este foi o dia mais valioso que passamos juntos como uma equipe de liderança. Pela primeira vez, podemos articular em apenas algumas frases a direção e os resultados estratégicos de todo o hotel."

ESTRATÉGIA DO OPRYLAND

CANETADAS
- 200 novos quartos
- Planejar-se para o para o próximo Natal
- Renovar o Magnólia Lobby

MUDANÇA DE COMPORTAMENTO
Elevar de 42 para 55 o padrão top box de de satisfação dos hóspedes até o final do ano

REDEMOINHO
Tudo que está associado à administração de um hotel do tamanho de uma pequena cidade

Melhorar a **Solução de Problemas** de 47 para 60

Melhorar a **Experiência na Chegada** de 50 para 60

Melhorar **Comida e Bebidas** de 43 para 58

Um cuidado importante a ter presente neste ponto é que os jogos (sub-MCIs para a MCI Primária) *não são medidas de direção*. Experiência na chegada, solução de problemas e qualidade da comida e das bebidas são medidas históricas (resultados). Isso às vezes é confuso porque vencer os jogos pode ser considerado um prognóstico de alcance da MCI Primária (uma das duas características das medidas de direção). Uma medida de direção é preditiva da obtenção da meta, mas também deve ser algo sobre o qual a equipe pode ter influência direta. A essa altura, ainda é preciso avançar antes de se chegar às medidas de direção. Abordaremos isso com mais detalhes no Capítulo 13, mas queremos garantir que não haja confusão aqui.

Embora a empolgação da equipe de liderança do Opryland fosse um forte aval, o real impacto desse trabalho foi visto nas equipes. Setenta e cinco equipes operacionais diferentes foram agora capazes de alavancar a clareza e a direção que a equipe de liderança havia fornecido para escolher sua própria equipe MCI (um processo descrito no Capítulo 12).

TRADUZINDO O FOCO ORGANIZACIONAL EM METAS EXECUTÁVEIS

Por exemplo, o jogo por uma melhor experiência na chegada foi muito afetado pela equipe da recepção, cuja MCI de Equipe se constituía em melhorar a rapidez do check-in. Esse jogo, contudo, não era para eles vencerem sozinhos. A equipe de limpeza tinha uma MCI de Equipe alinhada a fim de aumentar a disponibilidade de quartos para os hóspedes que precisavam de check-in antecipado, o que era essencial para acelerar o processo.

A equipe que mais chamou a nossa atenção foi a dos carregadores de malas. Há anos essa equipe se esforçava para distribuir as malas mais rapidamente. Contudo, como utilizavam sistemas antiquados e tinham uma propriedade com 227 mil metros quadrados para cobrir, ainda estavam obtendo um tempo médio de distribuição de 106 minutos por hóspede. É isso mesmo: os hóspedes tinham de esperar 1h46 minutos por suas bagagens. Os carregadores de malas sabiam que, mesmo se o quarto estivesse disponível e o check-in fosse feito rapidamente, o fracasso na agilidade da entrega arruinaria o índice da experiência na chegada. Eles escolheram uma MCI para reduzir o tempo de distribuição das malas de 106 minutos para 20 minutos. Após alguns poucos meses de intenso foco nessa MCI, a equipe excedeu a meta reduzindo o tempo de entrega para impressionantes 12 minutos.

O gráfico a seguir ilustra a arquitetura das 4DX que acabamos de descrever para a vitória no jogo "experiência na chegada" dentro do contexto da MCI Primária do hotel de satisfação do cliente. Tenha em mente que estamos mostrando apenas 3 das 75 MCIs em nível de equipe voltadas para os três jogos.

Ao considerar o caso do Opryland, lembre-se de que cada uma dessas equipes, enquanto ia atrás de sua MCI de Equipe, ainda passava a *maior parte do tempo* no redemoinho: administrando o hotel, atendendo aos hóspedes e enfrentando dezenas de desafios inesperados todos os dias. Mas agora as coisas haviam mudado. Cada equipe tinha uma MCI de Equipe na qual podia se concentrar no meio de suas responsabilidades cotidianas; e, para cada MCI de Equipe, eles também selecionaram medidas de direção, criaram um placar atraente e se reuniam todas as semanas para estabelecer os compromissos que direcionariam esses placares.

A rapidez na execução deles pode ser medida por duas questões críticas:

Primeiro, todas as equipes escolheram uma MCI de Equipe que impactaria de modo relevante em um Jogo-chave? Em outras palavras, eles criaram um jogo que importa?

ESTRATÉGIA DO OPRYLAND

CANETADAS
- 200 novos quartos
- Planejar-se para o para o próximo Natal
- Renovar o Magnólia Lobby

MUDANÇA DE COMPORTAMENTO
Elevar de 42 para 55 o padrão top box satisfação dos hóspedes até o final do ano

REDEMOINHO
Tudo que está associado à administração de um hotel do tamanho de uma pequena cidade

Melhorar a **Solução de Problemas** de 47 para 60

Melhorar a **Experiência na Chegada** de 50 para 60

Melhorar **Comida e Bebidas** de 43 para 58

Outras equipes

Melhorar disponibilidade de quartos de 65% para 90%

Reduzir tempo de entrega de bagagem de 106 para 29 min

Reduzir tempo de check-in de 12 para 6 min

Outras equipes

E, segundo, alcançar sua MCI de Equipe era um jogo que pode ser vencido?

Quando todas as 75 equipes responderam sim a essas duas perguntas, todos sabiam que algo grande estava para acontecer. E aconteceu.

E foi isso o que aconteceu. Após 9 meses, Opryland não apenas alcançou uma pontuação top box de satisfação dos hóspedes de 55%, mas ultrapassou sua meta e atingiu 61%. Lembre-se de que jamais haviam alcançado antes um índice superior a 45%. Já alcançaram uma melhoria líquida de quase 50% em 9 meses. Embora seja a propriedade mais antiga de Gaylord, hoje Opryland está na frente de qualquer outro hotel da região em matéria de satisfação do cliente. Embora otimistas, não teríamos antecipado que esse nível de melhoria poderia ter sido realizado tão rapidamente.

Para nós, o caso de Opryland serve como um lembrete poderoso sobre o potencial e incontrolável talento que surge, até mesmo nas organizações mais bem administradas, quando se passa de uma vaga intenção estratégica para um conjunto de linhas de chegada.

O QUE HÁ DE DIFERENTE NA ABORDAGEM DA OPRYLAND?

Em retrospecto, seria fácil olhar para o exemplo de Opryland e se perguntar: "Por que alguém faria isso de maneira diferente? É tão lógico." Seria, mas acontece que quase todas as organizações *fazem* isso de maneira diferente, em especial quando se trata de atingir as metas. Aqui estão duas diferenças principais que costumamos ver:

Primeiro, ao se deparar com uma meta assustadora, a maioria dos líderes descobre que deseja criar um "plano mestre" ou, na maioria dos casos, vários pequenos planos. Opryland não criou *planos*, criou *metas*. A diferença entre essas duas abordagens é gritante. Quando um líder cria um plano, ele diz à organização o que precisa ser feito. É claro que os líderes devem fazer isso ao gerenciar os aspectos canetada e redemoinho de sua estratégia. Mas, quando se trata de criar um resultado revolucionário, que exige o coração e a mente das pessoas de sua equipe, você tem que mudar de abordagem. Por necessidade, deve ser menos um empurrão e mais um puxão.

Por exemplo, se você fosse o gerente geral da Opryland no modo "planejamento completo", poderia dizer: "Muito bem, equipe, temos mais de duzentos anos de experiência combinada em hotel neste quarto agora, e estou confiante de que podemos resolver esse problema de satisfação do hóspede." Depois, nas horas seguintes, você e seus líderes decidiriam lançar muitas iniciativas excelentes. Você teria os engenheiros de manutenção prontos para realizar uma manutenção preventiva de melhor qualidade a fim de manter o equipamento em funcionamento. Você renovaria o Magnólia Lobby para obter uma primeira impressão melhor. Pode até adotar alguns novos comportamentos, como recepcionar calorosamente os hóspedes assim que eles se aproximem do balcão de check-in. Tudo isso, e dezenas de outras providências, seriam coisas boas a se fazer. Mas, escondido sob a superfície desse paradigma de planejamento, há um sutil pressuposto: *nós, os líderes seniores, somos os que têm todas as respostas, e nosso trabalho é dizer, a quem nos segue, o que fazer.*

Quando se trata dos elementos canetada e redemoinho de sua estratégia, você pode vir com essa abordagem e até mesmo ter algum sucesso. Mas não é esse o caminho para resultados revolucionários.

Quando Opryland alcançou seu resultado revolucionário, eles *não* começaram planejando. Começaram estabelecendo metas: subdividindo a MCI Primária dos top box em metas cada vez menores e designando equipes específicas para ir atrás delas. Em seguida, essas equipes identificaram as ações semanais e as responsabilizações que melhor serviriam para atingir essas metas. Em nenhum momento os líderes seniores simplesmente disseram a alguém o que fazer. Uma meta especifica o resultado desejado: não é preciso ditar o que ou como se quer que seja feito.

Na Disciplina 1, os líderes criam um conjunto de metas combinadas que são projetadas para alcançar a MCI Primária. Mas isso não atende a mais nada a não ser "o que". Na Disciplina 2, quando criam medidas de direção, as equipes aplicam seu conhecimento e experiência para o "como". É claro que as medidas de direção, na verdade, são apenas metas menores (e mais influentes) para as ações que produzirão resultados. Portanto, o *planejamento* real acontece na Disciplina 4 — semana a semana — com o pessoal da linha de frente identificando os compromissos específicos que acionarão o placar. Quando os membros da equipe participam desse processo, assumindo compromissos uns com os outros e se responsabilizando por seu acompanhamento, você obtém mais do que engajamento — obtém *inovação*.

Ter membros da equipe dedicados ao trabalho, assumindo compromissos todas as semanas para avançar um placar, é bem diferente de líderes seniores criando um plano para a organização. E, como isso acontece em tempo real, as equipes podem se adaptar e atender às demandas em constante mudança da empresa, algo que nunca poderia ter sido antecipado meses antes se um "plano mestre" tivesse sido desenvolvido.

TRADUÇÃO DAS MCIS EM ORGANIZAÇÕES FUNCIONALMENTE SIMILARES

As 75 equipes do Opryland tinham diversas funções, que incluíam engenheiros, arrumadeiras, recepcionistas, carregadores de malas e equipes dos restaurantes, assim como serviços de apoio de finanças, contabilidade e recursos humanos.

Outras organizações, como cadeias varejistas, fábricas ou equipes de vendas, consistem em muitas unidades similares que realizam as *mesmas* funções. Os mesmos princípios das 4DX se aplicam a elas. Contudo, em organizações com múltiplas unidades, as MCIs são traduzidas para a linha de frente de forma bastante diferente, como veremos.

Considere nossa experiência de implementação das 4DX com um grande varejista que possui centenas de lojas. Assim como no Opryland, a MCI Primária também estava focada na melhoria da experiência dos clientes, mas, nesse caso, tratava-se de aumentar a LTR ["Probabilidade de Recomendar", na sigla em inglês]), um índice de lealdade do consumidor concebido pelo estrategista Fred Reichheld. A pesquisa que fizeram mostrara uma forte correlação entre a lucratividade de suas lojas e a probabilidade de as pessoas a recomendarem para seus amigos. Com o estabelecimento dessa MCI Primária, a equipe de liderança passou um dia de muito trabalho definindo o número *mínimo* de jogos necessários para alcançar a MCI Primária, chegando por fim às três mais críticas:

Melhorar o engajamento com o cliente era, é claro, essencial para aumentar a intenção dos clientes de recomendar a loja. Esse jogo focava primariamente se seus colaboradores estavam prontos e ansiosos para ajudar os clientes a encontrar o que precisavam assim que entravam na loja.

Reduzir as faltas de estoque era, também, um fator crítico. Se o cliente queria um produto que já estava esgotado, não só havia a perda da venda, como seria menor a chance de ele recomendar a loja para outras pessoas.

Agilizar o check-out poderia fazer uma enorme diferença. No mundo frenético do varejo, a liberação dos clientes exerce uma influência *desproporcional*. Se a última coisa que os clientes lembram sobre a loja é um desfecho frustrante, isso influenciará a percepção de toda a experiência de compra.

Talvez você pense que os jogos escolhidos eram óbvios, mas, assim como no caso de Opryland, a equipe de liderança, com membros que passaram muitas décadas nesse setor, avaliou dezenas de possíveis jogos antes de definirem esses três. Na verdade, extraíram simplicidade de uma complexidade enorme. Consumiu tempo, imensa energia e certa luta antes de chegar a esse simples, mas poderoso, plano.

No final, essa estrutura de MCI Primária e Jogos-chave parece simples? Sim. E essa simplicidade é uma das chaves da implementação bem-sucedida. Lembre-se, o maior desafio não está no desenvolvimento do plano. Está na *mudança de comportamento* das equipes da linha de frente que devem executá-lo.

Agora, vamos ver como essa organização de várias unidades apresentou a MCI Primária para as linhas de frente. Em nome da simplicidade, descreveremos como uma região da empresa traduziu as MCIs e os Jogos-chave para os distritos, e como cada distrito fez a tradução para as lojas. Embora diferentes das unidades funcionalmente diversas do Opryland, todas essas unidades realizavam *as mesmas funções*. Assim, todas adotaram a mesma MCI Primária e os mesmos Jogos-chave, ainda que tenham sido capazes de personalizar suas linhas de chegada *De X para Y até Quando*.

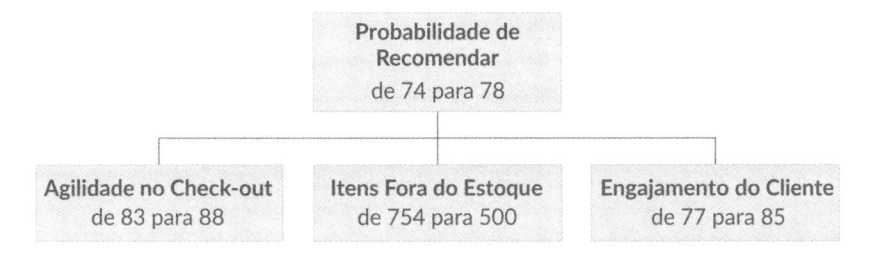

```
                    Probabilidade de
                      Recomendar
                     de 74 para 78
         ┌────────────────┼────────────────┐
Agilidade no Check-out  Itens Fora do Estoque  Engajamento do Cliente
   de 83 para 88          de 754 para 500        de 77 para 85
```

Jogos selecionados para aumentar a probabilidade de os clientes recomendarem a loja para outras pessoas

Então, a região primeiro escolheu uma linha de chegada geral *De X para Y até Quando* que era específica para os resultados esperados para sua região como um todo. Em seguida, os líderes distritais, que ajudaram a desenvolver a MCI Primária e a estrutura dos Jogos-chave, escolheram as linhas de chegada *De X para Y até Quando* exclusivas para cada distrito na região. Era fundamental que os resultados combinados de cada distrito assegurassem que a região atingisse (ou excedesse) sua meta.

Observe nesse exemplo que o líder da região *não impôs* as metas aos distritos; os líderes distritais assumiram essa responsabilidade. Os líderes regionais eram livres para solicitar ajustes caso não concordassem com os números, mas, no fim das contas, os líderes distritais garantiram que os distritos definissem um jogo vencedor para a região.

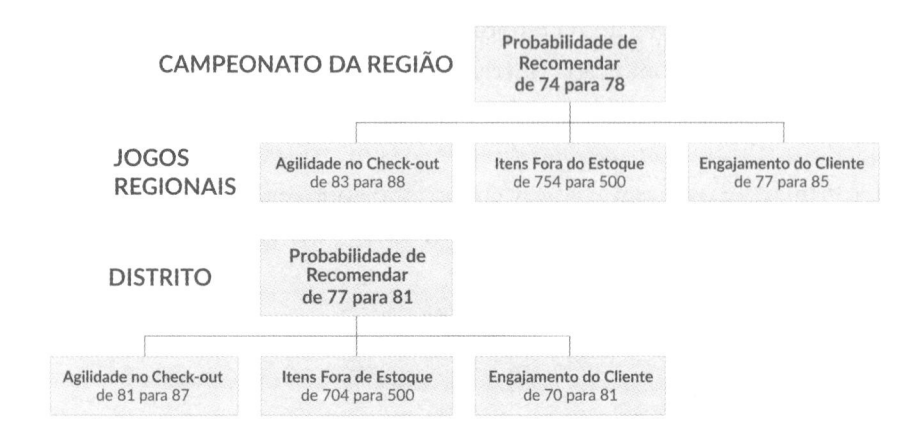

```
CAMPEONATO DA REGIÃO          Probabilidade de
                               Recomendar
                               de 74 para 78
                                     │
        ┌────────────────────────────┼────────────────────────────┐
JOGOS   Agilidade no Check-out   Itens Fora do Estoque   Engajamento do Cliente
REGIONAIS  de 83 para 88           de 754 para 500        de 77 para 85


DISTRITO                       Probabilidade de
                               Recomendar
                               de 77 para 81
                                     │
        ┌────────────────────────────┼────────────────────────────┐
Agilidade no Check-out      Itens Fora de Estoque      Engajamento do Cliente
  de 81 para 87               de 704 para 500            de 70 para 81
```

As MCIs de cada loja eram as mesmas das MCIs distritais, mas as medidas do tipo *De X para Y até Quando* eram específicas. Contudo, nesse nível houve uma adaptação. Com a supervisão do líder distrital, as lojas tiveram a opção de escolher os jogos que representassem suas melhores oportunidades. Se já fossem exemplares em itens fora do estoque, poderiam se concentrar no engajamento do cliente ou na agilidade no check-out. Com isso, duas coisas aconteciam:

- Os líderes da loja ganhariam um senso de envolvimento e escolha e, consequentemente, ficariam naturalmente mais comprometidos com o processo.
- Eles poderiam concentrar seus esforços no jogo mais necessário.

```
                    ┌─────────────────────┐
CAMPEONATO DA REGIÃO│  Probabilidade de   │
                    │     Recomendar      │
                    │   de 74 para 78     │
                    └──────────┬──────────┘
         ┌────────────────────┼────────────────────┐
JOGOS    │ Agilidade no Check-out │ Itens Fora de Estoque │ Engajamento do Cliente │
REGIONAIS│    de 83 para 88       │    de 754 para 500    │    de 77 para 85       │

         ┌─────────────────────┐
DISTRITO │  Probabilidade de   │
         │     Recomendar      │
         │   de 77 para 81     │
         └──────────┬──────────┘
   ┌────────────────┼────────────────┐
│Agilidade no Check-out│ Itens Fora do Estoque │ Engajamento do Cliente │
│   de 81 para 87      │   de 704 para 500     │    de 70 para 81       │

LOJA A  │ Probabilidade de Recomendar │        LOJA B  │ Probabilidade de Recomendar │
┌─────────────┬──────────────┬───────────────┐     ┌─────────────┬──────────────┐
│Agilidade no │ Itens Fora   │ Engajamento   │     │ Agilidade   │ Itens Fora   │
│no Check-out │ do Estoque   │ do Cliente    │     │ no Check-out│ do Estoque   │
```

EXEMPLO DE UMA PEQUENA EMPRESA

Os seis principais líderes de uma empresa de contabilidade com 50 pessoas em Sydney, Austrália, estavam trabalhando conosco em um evento público para definir suas MCIs Primárias e seus Jogos-chave. Essa equipe sentava-se em uma das mesas de uma sala para 200 pessoas de diferentes organizações. Durante um dos exercícios, ficou óbvio que estavam com dificuldades. Quando perguntamos, eles admitiram, desanimados: "Sim, estamos tendo problemas."

Quando nos juntamos a eles em sua mesa, compartilharam o que estava ocorrendo. "Sabemos que você disse para não ir muito longe com a MCI Primária, e você até usou o exemplo de 'receita total' como algo que devemos evitar porque representa o somatório de tudo o que fazemos. Mas, dada nossa situação atual, achamos que a MCI Primária *tem* que ser a receita. Temos apenas duas equipes na empresa — uma que vende nossos serviços e outra que os fornece — e seu foco principal é gerar receita. Abaixo disso, identificamos nove MCIs, jogos que são necessários para atingir a 'receita total'. Não queremos dar às duas equipes nove MCIs para perseguir, então não temos certeza do que devemos fazer."

Sugerimos algo completamente diferente para eles: "Em vez de usar a receita total como MCI, apenas faça uma promoção. Mova-a de uma MCI (na coluna Mudança de Comportamento) para a linha 'Estratégia' no Mapa de Estratégia." (Veja o diagrama a seguir.)

```
                        ESTRATÉGIA
            ↓               ↓               ↓
      CANETADAS      MUDANÇA DE        REDEMOINHO
      Requer recursos COMPORTAMENTO   Atividades Requeridas
      ou autoridade       MCI         para Manter a Operação

                        Receita
                     De___para___até o
                        Final do Ano

   Jogo  Jogo  Jogo  Jogo  Jogo  Jogo  Jogo  Jogo  Jogo
   MCI   MCI   MCI   MCI   MCI   MCI   MCI   MCI   MCI
```

Os 9 Jogos necessários para alcançar a MCI da receita.

Essa mudança lhes permitiu rever o que a MCI Primária deveria ser.

Para começar, perguntamos a eles se a meta de receita (agora na linha de estratégia) incluía alguma iniciativa do tipo canetada. A resposta deles foi rápida e clara: "Temos dois novos produtos e contratamos uma nova empresa de marketing."

"Isso vai contribuir para a receita?", nós perguntamos. "É melhor", foi a resposta. Os novos produtos e a contratação da nova empresa de marketing deixaram de ser jogos (nos quais as 4DX seriam aplicadas) para serem projetos aprovados por uma canetada (que não requerem as 4DX).

Em seguida, pedimos que eles fizessem um cálculo rápido do montante de receita que eles provavelmente gerariam com as canetadas *combinadas* com seu desempenho normal (redemoinho). Eles estimaram que seria algo em torno de 85% de sua meta de receita total (agora estratégica). Tudo o que restou foi selecionar uma MCI Primária que melhor fecharia a lacuna restante de 15%.

Em seguida, perguntamos a eles: "Considerando a receita obtida, tudo isso é igualmente valioso para a empresa?" Após um momento de reflexão, disseram: "Bem, apreciamos muito a receita de serviços de consultoria. Eles têm as nossas melhores margens e, quando os clientes contratam esses serviços, acabam por utilizar todos os serviços que oferecemos. Além disso, são nossos clientes mais felizes." Nós sabíamos que estávamos quase lá.

Então, perguntamos: "Vocês poderiam obter receita de serviços de consultoria suficiente para fechar essa lacuna de 15% em seu objetivo (estratégico) de receita total?" Praticamente, gritaram: "Sim, e adoraríamos isso!"

Àquela altura, eles podiam ver isso. Um dos líderes na mesa concordou: "Parece que nossa MCI Primária deve ter como objetivo aumentar a receita de serviços de consultoria." A recomendação foi seguida por uma concordância rápida e muito entusiasmo. Uma vez que a MCI Primária foi reduzida, da receita total para a receita mais focada nos serviços de consultoria, os líderes não tiveram problemas para identificar duas MCIs de Equipe que garantiriam o sucesso da MCI Primária:

- **Para a equipe de vendas:** aumentar a receita com serviços de consultoria das *novas* contas de X para Y.
- **Para a equipe que presta os serviços:** aumentar a receita com serviços de consultoria das contas *existentes* de X para Y.

Há duas lições valiosas nessa história que vale a pena notar.

A primeira é que, quando essa equipe de liderança manteve em mente os elementos da estratégia de canetadas e do redemoinho, eles viram o escopo da MCI Primária de forma muito diferente. Perceberam que a MC Primária não precisava atingir o resultado geral (estratégico), mas apenas o componente que exigia foco disciplinado. E *foco* é o princípio no qual a Disciplina 1 se baseia. As 4DX *não* são um método eficaz para administrar toda a organização. As 4DX são um processo para *criar um avanço estratégico revolucionário.*

A segunda lição demonstrada é que diminuir o tamanho de sua MCI Primária às vezes é a escolha mais estratégica. Pensar que objetivos maiores são mais estratégicos é algo natural, mas nem sempre verdadeiro. Nesse caso, escolher a receita total como a MCI Primária não foi uma escolha estratégica. Equivalia à liderança quando direciona sua equipe na base do "Faça tudo. E mais rápido."

Nesses três exemplos — o grande hotel, o varejista nacional e a pequena empresa de contabilidade — a mesma escolha foi feita: identificar claramente o *resultado revolucionário* necessário e, em seguida, direcionar o esforço focado (por meio das 4DX) em uma MCI Primária (no topo) e MCIs de Equipe na linha de frente. Essa concentração de energia — à qual chamamos de "moeda inovadora" — foi aplicada para permitir que cada uma dessas organizações atingisse um novo nível de desempenho. E, mais importante, incutir hábitos recorrentes de execução em sua operação.

CAPÍTULO 8

Trazendo Seus Líderes a Bordo

Eu defino um líder como qualquer pessoa que assume a responsabilidade de encontrar o potencial em pessoas e processos, e que tem a coragem de desenvolver esse potencial.

— Brené Brown

Em nossa jornada na execução, o aspecto mais surpreendente tem sido sempre o elemento humano nas 4DX. Alinhar um grande número de líderes em uma só direção estratégica consistente não é exceção. Na verdade, obter o comprometimento total de uma equipe de liderança é tão crítico para seu sucesso quanto escolher a estratégia certa. Para ajudá-lo a ter êxito nesse importante objetivo, este capítulo apresenta as *habilidades* e o tipo de *mentalidade* que provaram ser mais bem-sucedidos.

Embora possam ser aplicadas em qualquer lugar, apresentaremos essas ideias a partir do ponto em que os líderes de líderes já desenvolveram uma MCI Primária e suas MCIs de Jogos-chave. Agora eles estão prontos para envolver os líderes das equipes da linha de frente que se reportam a eles. Nessa próxima etapa crítica, os líderes de líderes têm três objetivos:

- **Finalizar a MCI Primária e as MCIs Jogos-chave.** Elas são um rascunho até que os líderes das equipes das linhas de frente deem sua opinião. São o aspecto "top-down" [descendente] do processo.

- **Desenvolver projetos de MCIs de Equipe para equipes de linha de frente.** MCIs no nível da equipe serão criados pelos líderes das equipes da linha de frente, mas devem ser validados pelos líderes de líderes. Esse é o aspecto "bottom-up" [ascendente] do processo.
- **Envolver toda a equipe de liderança em um esforço comprometido para vencer.** O resultado dessa etapa é uma equipe alinhada de líderes que não apenas têm clareza sobre seus objetivos em todos os níveis, mas também estão comprometidos em alcançá-los. Esse tipo de comprometimento é criado por meio do envolvimento ativo deles na criação e na validação de MCIs em todos os níveis.

Após observar e orientar organizações ao redor do mundo, identificamos três *mentalidades de liderança* essenciais caso você queira criar alinhamento *e* engajamento em toda a equipe de liderança.

MENTALIDADE DE TRANSPARÊNCIA

Embora a transparência total nem sempre seja organizacionalmente possível, a *mentalidade de transparência* é, e há poucas coisas que denotam elevada confiança mais rapidamente do que a *transparência autêntica*. Na verdade, nosso colega Stephen M. R. Covey, em seu livro *A Velocidade da Confiança*, cita "Criar Transparência" como um dos 13 comportamentos de líderes de alta confiança.

Um ótimo exemplo é apresentar o rascunho das MCIs Primárias e das MCIs de Jogos-chave. A maioria dos líderes não resiste à tentação de apresentar esses rascunhos e, em seguida, defendê-los como sendo a "resposta certa". E ao fazer isso enfatizam o quão "críticas essas MCIs são para o nosso sucesso" ou como essas MCIs representam "a única opção eficaz para seguir em frente". Embora você deva comunicar a lógica de ter chegado a essas decisões, também é importante delinear as outras opções que foram consideradas e rejeitadas, e quaisquer preocupações ou dúvidas remanescentes que ainda tenha.

Os líderes com mentalidade de transparência compartilham suas preocupações abertamente, reconhecem livremente que não têm todas as respostas e incentivam ativamente o feedback dos outros, não importando o lugar que essas pessoas ocupam no organograma. Dirigir-se às colegas líderes com esse nível de transparência mostra e desperta respeito. Demonstra receptividade e *convida* os outros a serem receptivos. Não deixe seu forte desejo de unidade se transformar em uma defesa forçada. Em vez disso, crie o tipo de envolvimento que inspira um verdadeiro compromisso.

O aspecto mais visível de uma mentalidade de transparência está relacionado à maneira como as decisões finais são apresentadas. Isso é crítico. Mesmo que os líderes das equipes da linha de frente sejam essenciais e altamente valorizados na discussão, as *decisões finais* sobre as MCIs Primária e de Jogos-chave são tomadas pelos líderes de líderes. O melhor a fazer é deixar isso claro desde cedo. Quando você faz isso, os líderes das equipes da linha de frente entendem que estão lá para obter compreensão e também para repassar seus insights. Mas eles não estão lá para serem persuadidos a "comprar" as MCIs Primária e de Jogos-chave, nem você vai votar ou se envolver em um debate sem fim na tentativa de chegar a um consenso. Mostrar tal nível de transparência desde o início ajuda a construir um alto grau de confiança e prepara o terreno para os líderes das equipes da linha de frente escolherem suas próprias MCIs de equipe, mais tarde, no processo.

MENTALIDADE DE COMPREENSÃO

O fator decisivo para se exercer influência é primeiro ser influenciado. Uma mentalidade de compreensão significa que os líderes de líderes realmente buscam entender as preocupações e as ideias dos líderes das equipes da linha de frente antes de tomar uma decisão final sobre a MCI Primária e as MCIs de Jogos-chave. Líderes sábios nunca se esquecem de que há muita coisa que não sabem, e que seu nível de percepção depende do feedback de outras pessoas, elementos esses essenciais para criar o grau de adesão que produz resultados.

Os líderes mais eficazes também entendem que uma pessoa que está lutando para articular uma ideia ou que reluta em ser a primeira a falar pode ainda ter um insight valioso. Em ocasiões assim, sua tentativa sincera de compreender as preocupações e as ideias dos líderes das equipes de linha de frente é essencial. Lembre-se: você pode entender mesmo se não concordar. Isso, de fato, é particularmente importante em ideias ou insights cuja primeira reação é discordar. Quando os líderes não estão dispostos a adotar uma mentalidade de compreensão, geralmente transmitem ego ou insegurança, nenhum dos quais cria a influência de que você precisa.

Quanto mais você adotar uma mentalidade de compreensão, mais aprenderá, menor será a resistência e melhores serão as decisões que tomará.

A maior necessidade da alma humana é ser compreendida. No fim, é muito mais importante para os líderes das equipes da linha de frente se sentirem compreendidos do que suas ideias serem adotadas.

MENTALIDADE DE ENVOLVIMENTO

A maioria dos líderes de líderes conscienciosos entende a importância do envolvimento. Menos compreendido é *quando* e *como* criar esse envolvimento. A seguir, um diagrama simples para o nível de envolvimento que os líderes das equipes da linha de frente têm na seleção da MCI.

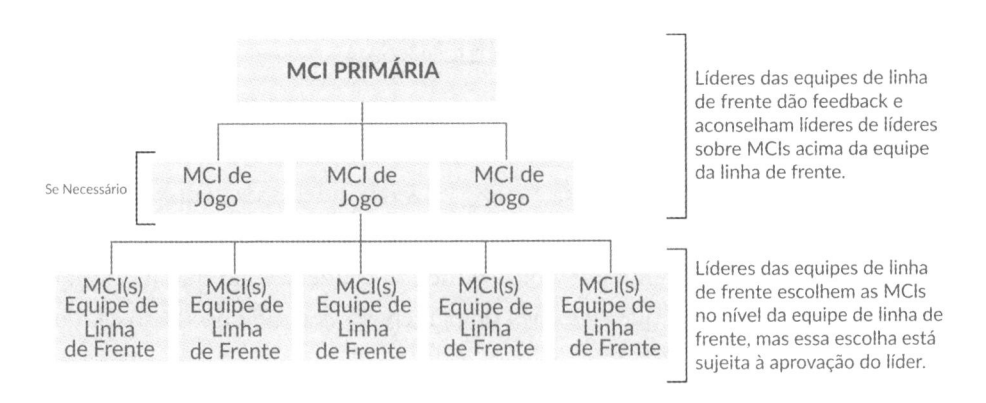

	MCI PRIMÁRIA			
	MCI de Jogo	MCI de Jogo	MCI de Jogo	Líderes das equipes de linha de frente dão feedback e aconselham líderes de líderes sobre MCIs acima da equipe da linha de frente.
Se Necessário: MCI(s) Equipe de Linha de Frente	MCI(s) Equipe de Linha de Frente	MCI(s) Equipe de Linha de Frente	MCI(s) Equipe de Linha de Frente MCI(s) Equipe de Linha de Frente MCI(s) Equipe de Linha de Frente	Líderes das equipes de linha de frente escolhem as MCIs no nível da equipe de linha de frente, mas essa escolha está sujeita à aprovação do líder.

Quando as decisões finais são tomadas na MCI Primária e nas MCIs de Jogos-chave, os líderes das equipes da linha de frente desempenham um papel essencial na compreensão e, se possível, no aprimoramento dessas MCIs cruciais. Mas a decisão final cabe aos líderes de líderes.

Porém, quando MCIs de Equipe são escolhidas, os líderes das equipes da linha de frente tomam suas próprias decisões, sujeitas apenas à validação final pelos líderes de líderes. No Capítulo 2, definimos essa regra como "Você pode vetar, mas não impor". Isso significa que você, de modo aberto ou sutil, não permite que o líder de uma equipe da linha de frente saiba qual é sua preferência para a MCI de Equipe deles, por mais difícil que seja resistir. Você os deixa escolher e veta apenas quando tem que fazê-lo.

A boa notícia é que, quando a MCI Primária e as MCIs de Jogo-chave são claramente compreendidas, é raro ser necessário vetar uma MCI de Equipe. E, quando for, o líder da equipe da linha de frente tem a oportunidade de repensar sua escolha e apresentar para consideração uma nova MCI de Equipe.

Um dos elementos mais intrigantes deste trabalho foi observar a reação dos líderes da linha de frente ao poderem escolher sua MCI de Equipe. O forte desacordo, até mesmo animosidade, que pode ocorrer em torno da escolha da MCI Primária e MCIs de Jogos-chave, parece desaparecer quando os líderes das equipes da linha de frente enfrentam os mesmos desafios e questões na escolha de sua MCI de Equipe.

É fascinante ver os líderes das equipes da linha de frente resistindo e debatendo a escolha de uma MCI Primária ou MCIs de Jogos-chave em um momento e, no seguinte, inteiramente envolvidos na criação de MCIs de equipe. Por anos, testemunhamos isso e nos perguntamos: "O que aconteceu? Aonde terá ido parar toda aquela animosidade?"

E então percebemos que a conversa sobre MCI Primária e MCIs de Jogos-chave simplesmente *terminara*. Os líderes das equipes da linha de frente haviam apresentado seus melhores argumentos, suas análises mais criteriosas e o benefício de sua própria experiência. Mas agora isso tinha acabado. Eles sentiram que foram ouvidos, que foram respeitados e, o mais importante, que foram compreendidos. No final, sabiam que uma decisão precisava ser tomada.

Uma velha máxima poderia ser aplicada aqui: "As pessoas têm que dizer o que querem, mas não precisam ter o que querem." Há, contudo, algo muito mais profundo em ação.

Assim que os líderes das equipes da linha de frente criaram suas MCIs de Equipe, perceberam que sua contribuição era fundamental para o sucesso do esforço como um todo: que eles eram, em essência, *parceiros* dos líderes de líderes. Eles também foram encarregados de decidir qual seria a MCI de Equipe mais eficaz. Mesmo que discordassem da direção geral, o convite gerado por seu envolvimento foi convincente. E a resposta ao pedido claro, embora tácito, foi: "Lógico que vamos ajudar."

Caso os líderes de líderes tivessem gastado sua energia tentando convencer ou controlar os líderes resistentes das equipes da linha de frente, teriam na melhor das hipóteses obtido obediência relutante e, na pior, oposição aberta. Em vez disso, encaminhavam-se agora para o resultado mais valioso de todos: compromisso voluntário. A natureza humana é algo curioso. Na abertura deste livro, descrevemos a execução como um *desafio humano*. Este exemplo ilustra perfeitamente o que queremos dizer.

CINCO PASSOS PARA FINALIZAR MCIs EM TODOS OS NÍVEIS

A seguir, enumeramos as etapas específicas para aplicar as mentalidades de transparência, compreensão e envolvimento ao processo de finalização de MCIs em todos os níveis. Essas etapas podem ser usadas como objetivos para uma única reunião ou para uma série de discussões realizadas ao longo de vários dias. Todavia, nossa experiência nos ensinou que é fundamental que todas as cinco etapas sejam compreendidas por todos antes de iniciar o processo.

TRAZENDO SEUS LÍDERES A BORDO

Etapa 1. Garantir a compreensão da MCI Primária e das MCIs de Jogos-chave.

Como descrevemos acima, a compreensão deve preceder a ação se você deseja resultados. Um ou mais dos líderes de líderes devem ser responsáveis por compartilhar não apenas o rascunho da MCI Primária e MCIs de Jogos-chave, mas também como e por que foram escolhidas. Os líderes das equipes da linha de frente precisam saber que só porque algo não foi definido como MCI, não significa que não seja importante. Na realidade, sustentar o desempenho em todas as outras métricas e padrões necessários para executar a operação da equipe é a *força capacitadora* que viabiliza focar as MCIs. O gráfico a seguir pode ser um modelo útil para mostrar aos líderes das equipes da linha de frente como as MCIs trabalham em conjunto com iniciativas e operações diárias para impulsionar a estratégia. Nesse contexto, as MCIs (e as 4DX) podem ser vistas simplesmente como um tratamento especial que lhe permite colocar um nível mais apurado de foco e disciplina em direção a um resultado crítico.

ESTRATÉGIA

CANETADAS	MUDANÇA DE COMPORTAMENTO	REDEMOINHO
Decisões-chave de liderança e investimentos	MCI Primária e MCIs de Jogos-chave (Tratamento Especial)	Indicadores-chave de desempenho (KPIs) e outros elementos para gerir a operação

Etapa 2. Responder a perguntas de esclarecimento.

Nessa etapa, muitas vezes é útil distribuir os líderes das equipes da linha de frente em pequenos grupos e, em seguida, pedir-lhes que relatem as perguntas de esclarecimento que gostariam de ver respondidas sobre a MCI Primária e MCIs de Jogos-chave. Tenha o cuidado de enfatizar que não se trata, ainda, de solicitação de feedback. Por enquanto, você está se concentrando em garantir a clareza. Os líderes de líderes devem se esforçar para responder a todas as perguntas de esclarecimento. Esse investimento de tempo inicial reduz significativamente o tempo necessário para tratar o feedback posteriormente. De fato, quanto maior a clareza, menor, geralmente, o feedback.

Quando você obtém esclarecimento sobre as dúvidas dos líderes das equipes da linha de frente, espere ver duas coisas. Em primeiro lugar, não obstante haver deixado claro que não quer feedback nessa ocasião, sempre haverá feedback. É natural e previsível. Você simplesmente precisa lembrar aos líderes das equipes da linha de frente que lidar com o feedback é a próxima etapa do processo, a qual será facilitada se as perguntas de esclarecimento forem respondidas primeiro.

Em segundo lugar, sempre haverá mais perguntas de esclarecimento do que você esperava, apesar de seu esforço para ser claro. Isso é inevitável. A boa notícia é que cada pergunta de esclarecimento revela uma área em que confusão é uma possibilidade. Por exemplo, observe a oportunidade para diferentes interpretações de questões como:

> "O X para Y mostra os resultados ano a ano ou o acumulado do ano?"

> "As 'novas contas' também incluem novas contas nas organizações clientes *existentes*?"

Durante essa discussão, a mentalidade de transparência será essencial, em particular quando você se pegar dizendo: "Boa pergunta. Na verdade, não tínhamos pensado nisso." E, ao agir assim, você verá o valor de abordar especificamente a clareza antes de pedir feedback.

Etapa 3. Esteja aberto ao feedback.

Nessa etapa, também é eficaz distribuir os líderes das equipes da linha de frente em pequenos grupos. Grupos menores permitem que os líderes das equipes da linha de frente façam um "teste", oferecendo seu feedback antes de apresentá-lo ao grupo maior. Também é mais fácil apresentar feedback sendo parte de um pequeno grupo do que como um único indivíduo.

Deixe claro que o intuito dessa etapa é que os líderes de líderes *ouçam e entendam* todos os comentários dos líderes das equipes da linha de frente, e não que debatam ideias diferentes indefinidamente. O propósito desse feedback é permitir que os líderes de líderes tomem a melhor decisão possível sobre a MCI Primária final e as MCIs de Jogos-chave.

Se a mentalidade de compreensão é algo de que você é carente, essa etapa provavelmente não será bem-sucedida. Para assegurar essa mentalidade, uma ótima prática é reafirmar as perguntas ou declarações de feedback antes de tentar respondê-las. Repetir o feedback garante que o feedback foi ouvido e demonstra respeito pela pessoa da qual foi proveniente.

Ao longo dessa etapa, os líderes de líderes devem estar atentos às maneiras de melhorar o rascunho da MCI Primária e das MCIs de Jogos-chave com base no feedback.

Etapa 4. Tome uma decisão final.

Nessa etapa, os líderes de líderes se reúnem, sem os líderes das equipes da linha de frente, para criar as MCIs finais. Se por algum motivo os líderes de líderes não chegarem a um acordo, o mais antigo entre eles deve intervir e tomar a decisão final.

Quando a MCI Primária e as MCIs de Jogos-chave forem apresentadas aos líderes das equipes da linha de frente, provavelmente haverá feedback que foi considerado e rejeitado. Na medida do possível, agradeça e mostre apreço pelo investimento feito durante a discussão e, se necessário, permita outra rodada de perguntas de esclarecimento.

Para obter os melhores resultados, os líderes de líderes devem demonstrar estar oferecendo uma decisão cuidadosamente pensada, bem como gratidão real pela ajuda dos líderes das equipes da linha de frente. Em nossa experiência, é muito cedo para esperar ou buscar entusiasmo nesse momento. Os líderes das equipes da linha de frente têm muito em que pensar e suas mentes já estão ocupadas considerando as implicações das MCIs finais que você acabou de apresentar. O entusiasmo virá.

Etapa 5. Criar as MCIs de Equipe.

Você se lembra da mudança notável no envolvimento que descrevemos anteriormente na seção sobre a mentalidade de envolvimento? É aqui, nessa etapa, que tudo começa a acontecer. Até esse ponto, os líderes das equipes da linha de frente têm sido "conselheiros" para os líderes de líderes, auxiliando-os na escolha da MCI Primária e das MCIs de Jogos-chave mais eficazes. Agora, os líderes das equipes da linha de frente são responsáveis por criar suas MCIs de Equipe que se alinharão com uma das MCIs de Jogos-chave.

No transcorrer dessa etapa, duas questões devem estar em primeiro lugar nas mentes dos líderes das equipes da linha de frente:

1. Qual MCI de Equipe representa a maior contribuição possível que nossa equipe pode dar para o Jogo-chave que estamos alinhados?
2. Essa MCI de Equipe (com um X para Y) pode ser alcançada?

Explicaremos esse processo com mais detalhes ao longo da Parte 3 deste livro.

Por enquanto, queremos nos concentrar nas questões correspondentes que devem estar em primeiro lugar nas mentes dos líderes de líderes.

1. As equipes podem, de modo realista, alcançar suas MCIs de Equipe?
2. Alcançar as MCIs de Equipe será suficiente para alcançar a MCI Primária?

Inevitavelmente, haverá líderes de equipes da linha de frente que "exageraram" na configuração de suas MCIs de equipe ou aqueles cujas MCIs de Equipe não se alinham a uma MCI de Jogo-chave de forma direta o suficiente. Trata-se de algo normal e corrigível. Simplesmente peça-lhes para tentar de novo, agora com um foco mais específico. Dada uma segunda chance, a maioria a conseguirá.

À medida que os líderes das equipes da linha de frente criam e depois compartilham a MCI de Equipe selecionada, o otimismo da equipe aumenta. Chega um momento em que eles pensam: "Podemos fazer isso." Por que isso acontece? Pode haver muitos motivos, mas o mais óbvio é que eles finalmente têm uma visão do conjunto — de como todos os componentes das MCIs de Equipe concentram sua energia na MCI Primária — e, nesse momento, eles sabem que o sucesso é possível. Esse momento de vital importância está relacionado à tendência das equipes (e líderes) de operar como silos de competência, a despeito das tentativas de facilitar a colaboração e quebrar os silos. Essa etapa do processo ressalta o quanto cada equipe é essencial para alcançar o sucesso geral e instala uma mentalidade *vencedora* unificada.

Há uma cena no filme *Apolo 13 — Do Desastre ao Triunfo* que captura esse sentimento perfeitamente. Os engenheiros da NASA tentam trazer três astronautas de volta à Terra em uma cápsula espacial danificada quando percebem que os astronautas estão ficando sem oxigênio devido a uma falha no filtro de ar. O líder de uma equipe de engenharia (um líder de uma equipe de linha de frente) reúne seus engenheiros e diz: "É isso. Os caras lá em cima precisam de nossa ajuda."

Ele então joga sobre a mesa uma coleção heterogênea de peças — itens aos quais os astronautas teriam acesso na cápsula — e mostra aos engenheiros um filtro de ar com defeito e um filtro de ar em perfeitas condições. É quando define uma MCI: "Precisamos transformar isto [segurando o filtro de ar ruim] nisto [segurando o filtro de ar bom] usando nada além disto [apontando para as peças na mesa]." Há um instante de silêncio e, em seguida, uma dúzia de engenheiros mergulha na pilha de peças. É um dos momentos mais emocionantes do filme: eles sabem que toda a missão e a vida dos astronautas dependem de sua capacidade de resolver isso *juntos*. Não há maior nível de pertencimento ou envolvimento do que quando as equipes da linha de frente veem que sua MCI de Equipe (sua peça do quebra-cabeça) pode fazer toda a diferença.

UMA NOTA PARA LÍDERES DE LÍDERES EM GRANDES ORGANIZAÇÕES

A mentalidade e o processo discutidos neste capítulo também podem ser usados para traduzir MCIs do nível mais alto de liderança (por exemplo, no nível presidencial) até cada nível organizacional da escala hierárquica (por exemplo, vice-presidentes, diretores e assim por diante, todos eles líderes de líderes). Entretanto, para que o processo tenha êxito, a tradução de MCIs para cada nível não deve ser interrompida até finalmente envolver os líderes das equipes da linha de frente criando MCIs de equipe para seus liderados.

CAPÍTULO 9

Execução de Projeto com as 4DX

Ao longo dos anos, muitas vezes nos perguntaram se as 4DX podem ser aplicadas a projetos, especialmente quando já existem princípios de gestão de projetos sendo aplicados. A resposta? Um enfático *sim*.

Na realidade, as 4DX são facilmente aplicáveis a projetos pequenos e grandes, e os êxitos de MCIs de Projetos contribuíram para alguns dos resultados mais extraordinários de nossos clientes. No entanto, existem diferenças em como você aplica as 4DX quando a MCI é a conclusão de um projeto e quando se trata da melhoria numérica de um resultado operacional. Neste capítulo, daremos orientações sobre como determinar se seu projeto deve ser uma MCI e, em caso afirmativo, *como* aplicar as 4DX para sua realização.

SEU PROJETO DEVE SER UMA MCI?

Há duas situações em que vimos líderes considerarem a escolha de um projeto como sua MCI. Em um deles, as 4DX são ideais; no outro, não. Neste capítulo, vamos ajudá-lo a entender quais dessas situações você está enfrentando, e também quando e como usar as 4DX caso sua MCI seja um projeto.

Situação 1. A Oficina de Projetos

Adotamos esse termo para descrever uma equipe cuja função principal é a gestão e a conclusão de projetos. Alguns exemplos: uma equipe de software que está continuamente criando novos aplicativos, uma equipe de marketing que está sempre lançando a próxima campanha, ou mesmo um grupo de gestão de projetos que está auxiliando várias equipes da empresa em dezenas de projetos diferentes. Caso seu trabalho diário assuma a forma de projetos, esta seção foi elaborada para ajudá-lo.

Se você exerce uma função que quase sempre envolve projetos, é muito provável que ela inclua algum tipo de processo de gestão de projetos — sofisticado e detalhado, ou simplesmente um conjunto usual de práticas. Em ambos os casos, precisamos ser claros: as 4DX não são um substituto para uma metodologia de gestão de projetos; *é uma disciplina para garantir que seu projeto seja bem-sucedido.*

Para equipes de oficina de projetos, o primeiro insight é que a aplicação das 4DX mais bem-sucedidas *não* está em um projeto individual, mas na implementação da metodologia 4DX na execução de *todos* os projetos.

Por exemplo, caso você tenha uma equipe cuja função é testar novos aplicativos de software, e ela normalmente testa cerca de doze novos aplicativos a cada três meses, cada um desses aplicativos pode ser visto como um projeto que deve ser concluído. Porém, como esses projetos competem por tempo e energia, e como alguns podem ser mais importantes ou urgentes do que outros, a equipe pode ter dificuldades para definir qual deles deve escolher como MCI. Mas *essa é a abordagem errada.*

Em vez de perguntar "Qual projeto devemos escolher como nossa MCI?", uma equipe de oficina de projetos deve olhar para seus projetos como um corpo de trabalho e fazer a pergunta da Disciplina 1 das 4DX: "Se as coisas continuam as mesmas, onde precisamos ver mais melhorias?"

Essa questão pode levá-los a considerar:

> "Precisamos melhorar nossa porcentagem de conclusão dentro do prazo?"
>
> "Precisamos melhorar o orçamento?"
>
> "Precisamos aprimorar nosso processo de alocação de recursos?"
>
> "Precisamos reduzir o retrabalho?"

É comum que a MCI ideal para uma equipe de oficina de projetos tenha origem em uma (ou mais) dessas leis de restrições relacionadas a tempo, qualidade ou custo do desempenho geral do projeto.

Agora vamos considerar a Disciplina 2 para este mesmo cenário. Se a equipe de teste de aplicativos escolheu uma MCI (medida histórica) de "Melhorar os projetos concluídos no prazo de 72% para 90% até 31 de dezembro", então uma das fontes mais prováveis de medidas de direção preditivas podem ser seus métodos existentes. Por exemplo, caso o processo de gestão de projetos tenha nove etapas críticas, eles podem fazer perguntas como:

> "Alguma dessas etapas atualmente representa um gargalo causador de atrasos?"
>
> "Se melhorássemos nosso desempenho em uma dessas etapas, poderia haver um impacto significativo em nossa conclusão dentro do prazo?"
>
> "Existe uma nova etapa que poderia ser adicionada ao processo capaz de retardar a conclusão dentro do prazo?"

O diagrama a seguir mostra duas medidas de direção sendo escolhidas a partir de um processo de gestão de projetos de nove etapas, no qual a MCI está atuando a favor da conclusão dentro do prazo. As duas etapas foram escolhidas porque, ao serem aprimoradas, a equipe acredita que têm o maior potencial para impactar a MCI. Ainda que o processo existente tenha poucas etapas ou dezenas delas, selecionar uma ou duas com maior potencial de impactar a MCI é geralmente uma escolha sábia para suas medidas de direção.

```
                MEDIDAS DE DIREÇÃO              MEDIDA HISTÓRICA
                                                      (MCI)
                                                   No Prazo
    1   2   3  (4)  5  (6)  7   8   9              No Orçamento
                                                   Na Qualidade
```

Lembre-se de que este é apenas um exemplo de um processo executado com cuidado que pode resultar na escolha de medidas de direção. Não estamos defendendo que a MCI seja sempre um dos elementos da lei de restrições, nem sugerimos que as medidas de direção sempre necessitem surgir do processo de gestão de projetos existente. Mas, para oficinas de projeto, o processo ilustrado aqui pode ser útil.

Situação 2. A MCI de Projeto para não gestores de projeto

Nessa situação, estamos nos concentrando em uma equipe cuja tarefa principal não é executar projetos, mas que tem um projeto crítico que está considerando como uma MCI.

Vamos fazer uma pausa para ter certeza de que as diferenças entre a Situação 1 e a Situação 2 são claras:

- Na Situação 1 há muitos projetos. Na Situação 2 há um projeto.
- Na Situação 1 há uma equipe cuja função principal é executar projetos. Na 2, executar projetos não é a função principal da equipe.

Em quase todas as ocasiões nas quais a 4DX foi usada para projetos, esses foram os cenários. Sem dúvida, é na Situação 2 que o uso das 4DX foi mais incisivo ao levar a uma execução bem-sucedida em projetos vitais.

Convém lembrar que as 4DX são um processo de concentração de energia (ainda não consumida pelo redemoinho) e, na Situação 2, a conclusão com êxito de um projeto requer essa energia vital. Contudo, como ilustra o exemplo a seguir, a aplicação das 4DX é diferente.

A Mountain Land Rehabilitation tem 37 clínicas de fisioterapia na região oeste dos Estados Unidos. Sua MCI Primária era aumentar o número de práticas que alcançam o desempenho do que eles chamam de Anchor Level, uma designação de qualidade e desempenho financeiro específicos.

De início, a MCI era: "Aumentar as práticas do Anchor Level de três para doze até o fim do ano." Após alcançar essa MCI, foram mais longe e, nos seis meses seguintes, chegaram a dezenove práticas naquele nível.

No entanto, nos escritórios corporativos, os líderes funcionais que gerenciavam as áreas indiretamente relacionadas ao aspecto prático das clínicas — recursos humanos, tecnologia da informação, finanças e qualidade — não tinham certeza, de início, de quais deveriam ser *suas* MCIs para dar suporte à atividade fim. Após pensar um pouco, criaram uma MCI para a equipe *combinando* os serviços de suporte, que acreditavam que teria o maior impacto no auxílio às clínicas para atingir sua MCI Anchor Level. Também aconteceu de ser um projeto que havia assombrado a Mountain Land por mais de doze anos. Sua MCI era projetar e desenvolver um sistema abrangente de treinamento específico para o trabalho em toda a empresa. A maioria de seus líderes acreditava que a falta de treinamento estava limitando a capacidade da empresa de adotar as melhores práticas e aumentando as dificuldades tanto de promoção quanto de captação de novas pessoas, uma vez que o treinamento sempre era feito de maneira informal no trabalho.

"Sempre foi importante, mas nunca urgente", disse Rick Lybbert, um dos proprietários da empresa e campeão dos esforços nas 4DX. "Todos os anos, decidíamos novamente como isso era importante, e todos os anos algo sempre ficava no meio do caminho, mesmo quando havia dinheiro reservado no orçamento para garantir que o realizássemos." Ao definir isso como uma MCI de Projeto para a equipe combinada de serviços de suporte, eles completaram 100% dos 239 módulos de treinamento identificados em menos de 6 meses, com os 2 últimos módulos concluídos pouco antes dos fogos saudarem a chegada do Ano Novo.

Vamos dar uma olhada em um projeto usando as 4DX com este exemplo:

Disciplina 1

Criar a MCI para um projeto requer um pouco mais de definição do que é necessário para uma MCI operacional expressa em números. A fórmula de *De X a Y até Quando* é uma grande medida histórica para MCIs porque números são objetivos, algo que nem sempre é o caso ao determinar a conclusão de um projeto. Para tanto, a Mountain Land Rehabilitation precisava de um pouco mais de informações em sua definição de MCI do que "Concluir 100% de todos os módulos de treinamento até 31 de dezembro". Na verdade, o *porcentual de conclusão* é uma das métricas menos precisas, uma vez que raramente é medido objetivamente e porque os projetos tendem a sofrer uma expansão imprevista do escopo do projeto.

A melhor abordagem é definir a MCI de Projeto com uma data clara de linha de chegada, mas também incluir os produtos ou resultados reais que a equipe deve produzir. A vitória é definida pelos resultados reais produzidos, e não por uma porcentagem de conclusão atribuída de maneira imprecisa. Para fazer isso, sua equipe deve ser muito clara na definição de "acabado".

MCI FINAL DA MOUNTAIN LAND

Concluir 100% dos módulos de treinamento identificados até 31 de dezembro. Cada módulo deve:

- Incluir pontos de aprendizagem abreviados e elaborados.
- Incluir um pós-teste.
- Receber aprovação de conclusão final pela comissão de treinamento.

Esse método permitiu que a pontuação fosse baseada em módulos concluídos, nos quais a pontuação atual era sempre uma representação real do progresso feito em direção ao resultado final.

Disciplina 2

As medidas de direção mais frequentemente escolhidas para esse tipo de MCI são os marcos definidos do projeto. Porém, para funcionarem de modo mais eficaz, os marcos precisam satisfazer determinados critérios. Por exemplo, se forem muito grandes, representando grandes realizações, podem ser programados muito distantes um do outro para funcionar eficazmente como medidas de direção. Se não for o caso, podem não permitir tempo suficiente para a construção de hábitos de execução essenciais para a equipe. Os marcos ideais são geralmente espaçados em intervalos de duas a seis semanas. Para a Mountain Land, as medidas de direção foram doze marcos de alto nível espaçados em uma semana ou mais (veja a seguir). Doze medidas de direção parece muito, mas não é: a equipe está concentrada em uma ou duas delas por vez conforme dá andamento ao projeto.

MEDIDAS DE DIREÇÃO (MARCOS)

Junho 1	Completar a descrição de função atual.
Junho 20	Entrevistar os líderes sobre os requisitos do módulo.
Julho 7	Propor a lista dos módulos de treinamento de cada função.
Julho 14	Finalizar a lista de módulos de treinamento identificados.
Julho 21	Completar as diretrizes para o formato do módulo.
Julho 28	Confirmar os especialistas nos assuntos de cada módulo.
Ago. 4	Especialistas completam as primeiras descrições de função.
Ago. 11	Fornecer feedback aos especialistas no primeiro módulo.
Out. 18	Completar a primeira terça parte dos módulos para aprovação.
Nov. 4	Fornecer feedback aos especialistas sobre essa terça parte.
Nov. 10	Completar a segunda terça parte dos módulos para aprovação.
Dez. 15	Completar o terço final dos módulos para aprovação.

Disciplina 3

O principal desafio para criar um placar para uma MCI de Projeto é manter a equipe focada na medida de direção "ativa" atual (marco) — aquela em que a equipe está trabalhando no momento.

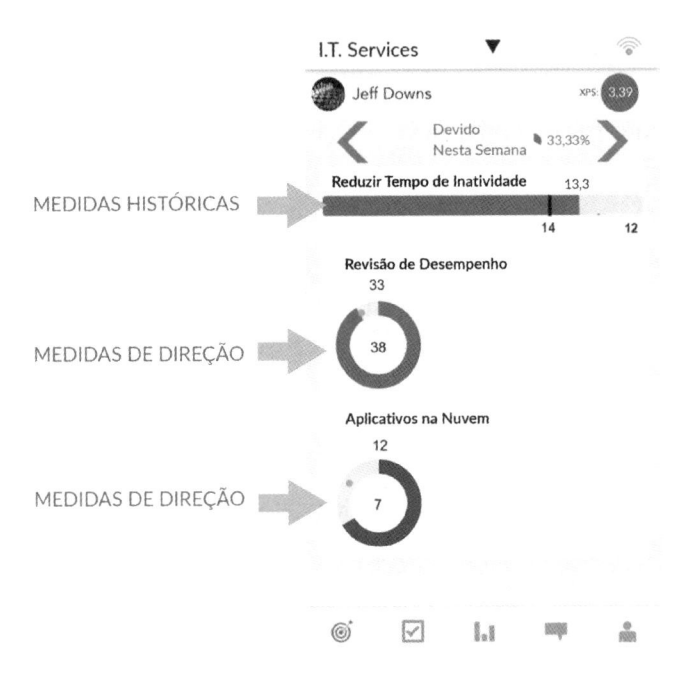

```
                            I.T. Services         ▼
                            Jeff Downs              XPS: 3,39
                                     Devido
                                <              33,33%       >
                                    Nesta Semana
                            Reduzir Tempo de Inatividade  13,3
MEDIDAS HISTÓRICAS  ➤
                                              14        12

                            Revisão de Desempenho
                                       33
MEDIDAS DE DIREÇÃO  ➤              ( 38 )

                            Aplicativos na Nuvem
                                       12
MEDIDAS DE DIREÇÃO  ➤              (  7 )
```

Por exemplo, em 25 de junho, o marco da medida de direção ativa para a equipe seria "Enviar lista proposta de módulos para todas as descrições de função". O foco da equipe deve estar nessa data e, consequentemente, esse é o marco que deve estar visível no placar. É também o marco no qual os membros da equipe se concentrarão ao assumirem compromissos na Disciplina 4 (veja adiante).

Apesar de existirem várias maneiras de criar placares para mostrar esses tipos de marcos de medição de liderança, demonstraremos a Disciplina 3 usando o aplicativo 4DX.

Para mais sobre projetos no aplicativo 4DX, acesse www.4DXBook.com/projects [conteúdo em inglês].

EXECUÇÃO DE PROJETO COM AS 4DX

Ao inserir os marcos de medição de direção no aplicativo 4DX, você também especifica a data de ativação quando ela se torna visível no placar. Uma vez completado, volta a ser invisível. Veja a seguir.

Essa funcionalidade permite à equipe optar por trabalhar em mais de um marco por vez, sobrepondo as datas de ativação com as datas de conclusão. As datas de ativação também podem ser modificadas durante o projeto, caso seja necessário.

Além disso, se a equipe perder a data de conclusão de um marco de medida de direção ativo, o próximo marco será ativado independentemente, enquanto o marco perdido ainda estiver sendo exibido. Isso geralmente proporciona um maior senso de urgência para a equipe.

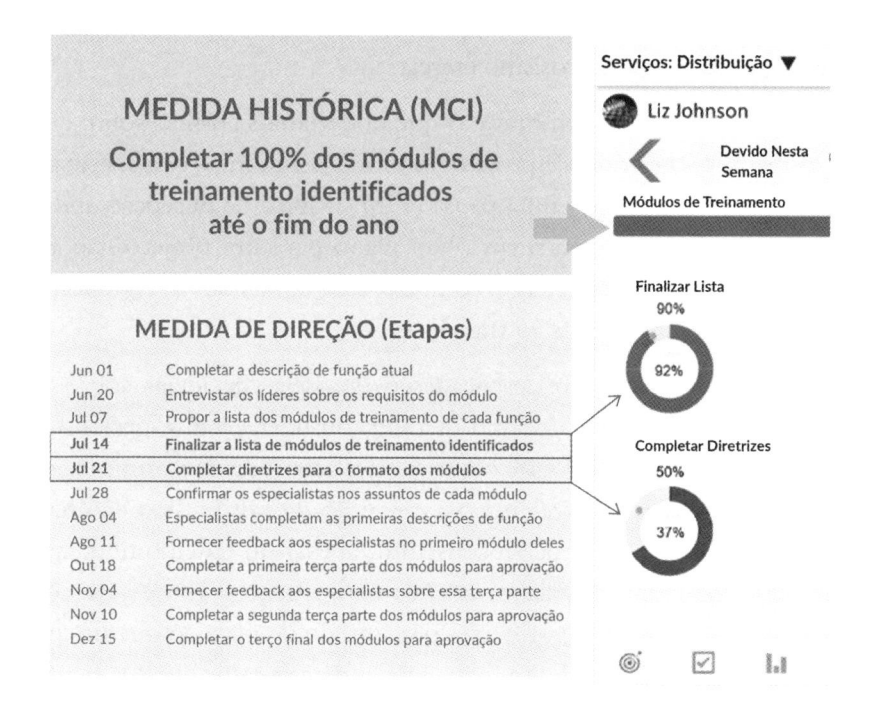

MEDIDA HISTÓRICA (MCI)
Completar 100% dos módulos de treinamento identificados até o fim do ano

MEDIDA DE DIREÇÃO (Etapas)

Jun 01	Completar a descrição de função atual
Jun 20	Entrevistar os líderes sobre os requisitos do módulo
Jul 07	Propor a lista dos módulos de treinamento de cada função
Jul 14	Finalizar a lista de módulos de treinamento identificados
Jul 21	Completar diretrizes para o formato dos módulos
Jul 28	Confirmar os especialistas nos assuntos de cada módulo
Ago 04	Especialistas completam as primeiras descrições de função
Ago 11	Fornecer feedback aos especialistas no primeiro módulo deles
Out 18	Completar a primeira terça parte dos módulos para aprovação
Nov 04	Fornecer feedback aos especialistas sobre essa terça parte
Nov 10	Completar a segunda terça parte dos módulos para aprovação
Dez 15	Completar o terço final dos módulos para aprovação

Serviços: Distribuição ▼

Liz Johnson

Devido Nesta Semana

Módulos de Treinamento

Finalizar Lista 90% — 92%

Completar Diretrizes 50% — 37%

Disciplina 4

A Disciplina 4 para projetos requer apenas um pequeno ajuste quanto a criar compromissos. Para as MCIs de Projeto, a questão é: "Que uma ou duas coisas eu posso fazer esta semana para garantir que atingiremos nosso próximo marco?"

Um pensamento final:

Em 2004, um grande empreiteiro militar nos pediu para aplicar as 4DX nos cinquenta principais desenvolvedores do avião de combate mais avançado do mundo. Isso se deu oito anos antes da primeira versão do livro *4DX* ser publicada, e a abordagem ainda era nova. Além disso, o líder dessa nossa prática, Jim Stuart (a quem este livro é dedicado), não estava disponível na ocasião. Isso deixou a responsabilidade primária para o restante da equipe, e, quanto mais nos preparávamos para trabalhar com esses "cientistas de foguetes", mais nosso nervosismo crescia.

Uma pergunta nos assombrava: o que poderíamos ensinar sobre execução aos melhores gestores de projeto do mundo? Levamos essa mesma pergunta a Jim Stuart e, após uma pausa (e um suspiro de decepção audível), ele nos respondeu em uma frase: "Um plano para um projeto não é um placar!" Acredite ou não, era tudo o que precisávamos ouvir. Agradecemos ao nosso mentor e voltamos ao trabalho.

Essa única frase de Jim desencadeou uma série de ideias sobre onde poderíamos agregar valor. Mesmo quando um líder é um especialista em um determinado assunto e sabe o que precisa acontecer nos mínimos detalhes, não há garantia de excelência na execução *da equipe*. Isso não resolve o principal desafio da execução: conseguir, apesar do redemoinho, aplicar a energia humana em atividades críticas não urgentes. Jim estava com a razão. Para enfrentar tal desafio, eles precisariam de mais do que um plano de projeto — precisariam de um painel de avaliação cativante. Os cientistas de foguetes ficaram tão à vontade com as 4DX como um peixe na água. Eles foram bem-sucedidos em várias frentes nas quais se sentiram presos por meses e, no final, nos ensinaram muito sobre a aplicação das 4DX no mundo dos projetos, estabelecendo as bases para muitas das informações deste capítulo.

CAPÍTULO 10

Sustentando Resultados e Envolvimento com as 4DX

Quando os líderes investem nos outros e lhes incute uma "atitude de dono", eles plantam as sementes do sucesso e conquistam o direito de responsabilizar as pessoas.

— Liz Wiseman

O maior impacto das 4DX não é simplesmente a capacidade de produzir resultados inovadores, mas de *sustentar* (e até mesmo melhorar) esses resultados por um período relevante de tempo. Essa característica está enraizada na construção de hábitos de execução, práticas que se tornam tão incorporadas nas equipes que elas não mais as têm como requisito de desempenho. Como um de nossos maiores clientes comentou: "Nem pensamos mais nas 4DX como uma metodologia. É apenas a maneira como executamos."

Incutir esses hábitos é muito importante para líderes de líderes. Embora a MCI Primária seja sempre o alvo mais imediato e visível, a maior conquista é a capacidade de estabelecer uma cultura de execução, em que MCIs podem ser alcançadas repetidamente, não importando as condições flutuantes.

Alcançar sua MCI Primária sempre será um resultado a ser comemorado, mas isso não prova a capacidade de sua equipe de executar de forma sustentável. Afinal, alcançar sua MCI Primária está sujeito a muitas forças além do desempenho de sua equipe. A economia em ascensão ou queda, tendências de mercado, uma inovação de um concorrente, regulamentações governamentais, o câmbio, tecnologia e o clima podem aumentar ou diminuir os resultados finais. Assim, é uma atitude perigosa aceitar a realização da MCI como o único indicador da criação de uma cultura de execução. Como líder de líderes, você precisa de uma mensuração mais definitiva.

Para ajudar a cristalizar esse foco, queríamos um único indicador que medisse não apenas os resultados da MCI, mas também os hábitos de execução que levam a ele — algo que esperamos que seja o foco dos líderes de líderes enquanto se busca alcançar a MCI Primária. Quanto mais alta for essa métrica, maiores serão os resultados *e* maior será a capacidade de sustentá-los (ou melhorá-los). Com o tempo, descobrimos que agregar os quatro elementos mais observáveis das 4DX nos deu essa métrica. Nós a chamamos de Pontuação de Desempenho da Execução, ou XPS [na sigla em inglês].

ENTENDENDO O XPS

É importante separar a definição de XPS do modo como ele é usado por líderes de líderes. Para começar, examinemos a definição. Há, no XPS, quatro componentes:

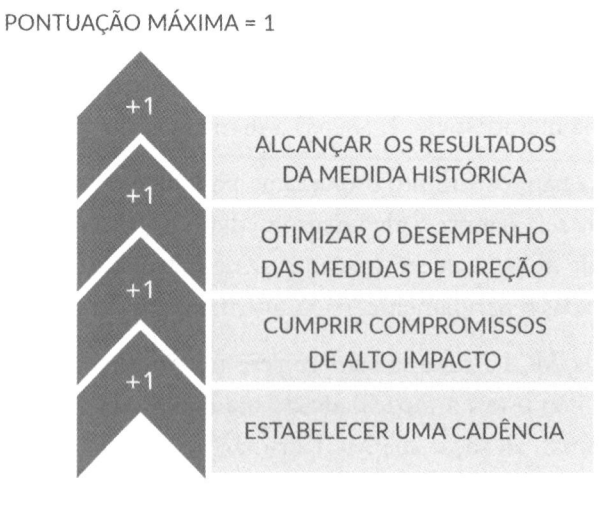

PONTUAÇÃO MÁXIMA = 1

- +1 ALCANÇAR OS RESULTADOS DA MEDIDA HISTÓRICA
- +1 OTIMIZAR O DESEMPENHO DAS MEDIDAS DE DIREÇÃO
- +1 CUMPRIR COMPROMISSOS DE ALTO IMPACTO
- +1 ESTABELECER UMA CADÊNCIA

1. **Estabelecer uma cadência.** Esse componente indica o quanto a equipe foi bem no estabelecimento de uma cadência de reuniões semanais para se concentrar no placar.
2. **Cumprir compromissos de alto impacto.** Esse componente indica o quanto a equipe foi bem em assumir compromissos consistentemente e se envolver neles.
3. **Otimizar o desempenho das medidas de direção.** Esse componente indica o quão consistentemente as medidas de direção estão sendo realizadas.
4. **Alcançar os resultados da medida histórica (MCI).** Esse componente indica a eficácia com que os três primeiros componentes estão permitindo que sua equipe alcance sua MCI.

O cálculo do XPS consiste tão somente em identificar a pontuação de cada componente e, em seguida, adicioná-los. Como cada um deles tem uma pontuação máxima de 1, a pontuação perfeita seria 4. Note que cada componente do XPS tem um valor máximo de 1, assim, o desempenho superior em qualquer área não pode mascarar o desempenho inferior em outra. Ficamos muito satisfeitos que o cálculo do XPS foi simples e direto, mas também que este cálculo é executado automaticamente no aplicativo 4DX.

Para mais sobre XPS no aplicativo 4DX, acesse www.4DXBook.com/xps [conteúdo em inglês].

Sua pontuação XPS pode então ser usada para lhe dar uma visão sobre o desempenho de sua equipe e os resultados que ela está produzindo.

3,6 a 4   **Alto nível de excelência na execução.** Essa pontuação mostra que a equipe tem alta adoção das 4DX e produz resultados.

3,2 a 3,59   **Bom nível de execução, mas há espaço para melhorar.** Essa pontuação indica que sua equipe tem uma boa adoção das 4DX, mas que há condições de se obter melhorias que produziriam resultados ainda mais significativos.

2,5 a 3,19   **Nível razoável de execução com áreas de preocupação.** Essa pontuação indica a necessidade de investigação e, possivelmente, intervenção. Baixos níveis de execução raramente produzem resultados aceitáveis, mas, ainda pior, provocam ceticismo na equipe que pode levar ao desengajamento.

0 a 2,49   **Nível significativo de preocupação.** Essa pontuação indica uma equipe que na verdade não está executando nada. Esforço inconsistente, baixos níveis de engajamento e ausência de resultados são todos sintomas de uma equipe oprimida em seu redemoinho ou resistindo ao processo de execução.

XPS	CONCEITO	DESCRIÇÃO
3,6 - 4,0	A	Alto nível de excelência na execução
3,2 - 3,59	B	Bom nível de execução, mas há espaço para melhorar
2,5 - 3,19	C	Nível razoável de execução com áreas de preocupação
0 - 2,49	X	Nível significativo de preocupação

Lembre-se: XPS é uma pontuação de execução que pode ser aplicada a:

- Toda uma organização, indicando sua capacidade geral de execução.
- Uma unidade de negócios ou equipe, indicando sua capacidade de execução, bem como sua classificação em relação a outras equipes.
- Uma equipe de liderança, indicando o nível em que os líderes dos líderes estão modelando as práticas de execução que desejam que suas equipes adotem.
- Um líder individual, indicando sua modelagem pessoal de práticas de execução.

APLICANDO O XPS

Fundamentalmente, os líderes de líderes precisam fazer duas coisas. Primeiro, sustentar sua operação atual (o redemoinho). Em segundo lugar, gerar resultados futuros (a MCI). O redemoinho sempre parece ter grande visibilidade — muitas métricas, talvez até mais do que gostaríamos. Porém, quando a questão é melhorar nossos resultados futuros, pode ser uma história diferente.

Na ausência de métricas definitivas, o líder muitas vezes não tem um indicador objetivo de que as equipes estão de fato (e com regularidade) concentrando energia na MCI ou simplesmente presas no redemoinho de demandas urgentes. Trata-se de uma das questões mais críticas com que você irá se deparar, uma que raramente tem resposta fácil e o deixará se perguntando: "Eles estão realmente engajados ou apenas indo no vai da valsa?"

Isso é uma reminiscência de um passado em que a satisfação mensurável do cliente era tão prevalecente que um único comentário, positivo ou negativo, poderia deixá-lo pensando sobre tudo aquilo que precisava saber com certeza, mas não sabia. Hoje em dia, os líderes de líderes se veem frente a um dilema semelhante: saber quanta energia e engajamento estão sendo investidos em resultados novos e inovadores, em vez de lidar com as prioridades do dia a dia. Essa é a pergunta que o XPS responde. Consequentemente, acreditamos que o XPS é a *medida de direção ideal* para líderes de líderes usarem em seu próprio foco (não o foco das equipes de linha de frente) para alcançar a MCI Primária.

Líderes de líderes têm visibilidade clara e constante do XPS por intermédio de vários pontos de acesso no aplicativo 4DX. O mais comumente usado é o Executive Scoreboard, um painel digital que mostra o status em tempo real de cada elemento do XPS.

Para mais sobre o Executive Scoreboard no aplicativo 4DX, acesse www.4DXBook.com/executivescoreboard [conteúdo em inglês].

Nome (nome do líder)	Sessão	Contato	MCI	sub-MCI	Prospectos	Excluir	Compromissos Assumidos	Compromissos Concluídos	Compromissos Em Andamento	Compromissos Índice	Compromissos Qualidade
EQUIPE 1 (SE)	Sessão	▼	43,24%		103,13%		100%	100%	100%	100%	14 dias (Corey pendleton)
EQUIPE 2 (SE)	Sessão	▼	111,4%		102,72%		100%	100%	100%	100%	4 dias (Shaun Terney)
Região Sudeste	Sessão	▼	63,99%	10,95%	–		100%	100%	100%	100%	7 dias (Corey pendleton)
Controle de Qualidade do Sudeste	Sessão	▼	114,48%		100%		100%	100%	100%	100%	–
Equipe 1 (NE)	Sessão	▼	97,49%		103,26%		100%	100%	100%	100%	14 dias (Corey pendleton)
Equipe 2 (NE)	Sessão	▼	133,63%		1742,81%		100%	100%	100%	100%	4 dias (Shaun Terney)
Equipe 3 (NE)	Sessão	▼	101,53%		96,36%		50%	100%	100%	83,33%	–
Região Nordeste	Sessão	▼	143,65%				92,31%	100%	100%	97,44%	–
Equipe 1 (MO)	Sessão	▼	150%		162,5%		100%	100%	100%	100%	4 dias (Shaun Terney)
Equipe 2 (MO)	Sessão	▼	156,64%		108,42%		87,5%	100%	100%	95,83%	7 dias (Don Schmidt)
Região Melo Oeste	Sessão	▼	96,12%	153,32%			89,47%	100%	100%	96,49%	7 dias (Corey pendleton)
EQUIPE 1 (PAC)	Sessão	▼	127,5%		113,13%		50%	100%	100%	83,33%	13 dias (Don Schmidt)
EQUIPE 2 (PAC)	Sessão	▼	146,86%		93,75%		100%	50%	100%	83,33%	4 dias (Shaun Terney)
EQUIPE 3 (PAC)	Sessão	▼	107,96%		106,88%		75%	100%	100%	91,67%	7 dias (jd knuff)
EQUIPE 4 (PAC)	Sessão	▼	150,39%		137,5%		100%	100%	100%	100%	7 dias (jd knuff)
Região do Pacífico	Sessão	▼	111,81%		–		84%	90%	100%	91,33%	14 dias (Don Schmidt)
ABC Corporation	Sessão	▼	-20,74%		–		93,75%	100%	100%	97,92%	–
MÉDIAS:		▼	100,91%	67,9%	320,28%		91,83%	97,14%	100%	96,32%	8 dias

Esse painel permite aos líderes monitorar os elementos XPS *de cada equipe*, incluindo:

- Resultados de MCI (medida histórica).
- Desempenho das medidas de direção.
- Compromissos assumidos.
- Compromissos concluídos.
- Sessões MCI concluídas.

No restante deste capítulo, usaremos o XPS como estrutura para compartilhar percepções sobre como os líderes dos líderes obtêm resultados sustentáveis a longo prazo por meio das 4DX.

ESTABELECENDO UMA CADÊNCIA

A prática mais fundamental nas 4DX é a sessão MCI semanal (ou MCI de Grupo para algumas equipes da linha de frente) definida na Disciplina 4. Essa reunião, cuja duração não passa de vinte a trinta minutos, estabelece o ritmo básico de responsabilização da equipe, como discutimos nos capítulos anteriores e cobriremos em detalhes na Parte 3. É também o primeiro *padrão tático* implementado nas 4DX. Frequentemente, os líderes que demonstram grande confiança em seu nível de disciplina descobrem que têm dificuldade para realizar de modo consistente essa reunião semanal, sem interrupções, distrações ou reprogramação. Trata-se de uma lição de humildade que também gera discernimento. Se você permitir que a urgência do dia a dia do redemoinho interrompa ou aborte essa reunião, se verá de frente com o verdadeiro desafio da execução: permanecer focado na MCI, apesar do seu redemoinho.

Para líderes de líderes, estabelecer uma cadência semanal de responsabilização é a indicação mais clara para suas equipes de que a MCI Primária (e sua realização) tem extrema importância. E, quando os líderes de líderes estruturam essa disciplina, os líderes das equipes da linha de frente logo os seguem. Mas, lamentavelmente, o oposto também é verdadeiro. Caso você regularmente cancele, reagende ou delegue essa reunião, em breve encontrará as mesmas decisões sendo tomadas pelos líderes das equipes da linha de frente. E, quando a cadência para, também param os resultados.

Se você quer melhorar a organização, precisa melhorar a si mesmo e a organização vai junto com você. Eu não pediria a ninguém para fazer nada que eu mesma não faria.

— Indra Nooyi

Lembre-se de que suas equipes de linha de frente estão enfrentando seu próprio redemoinho, e a decisão mais fácil (e mais costumeira) que podem tomar é sucumbir às demandas urgentes. E isso, da perspectiva deles, pode até parecer a coisa certa a fazer. Em momentos críticos assim, quando o redemoinho gira furiosamente e chega a hora marcada para a sessão MCI, o exemplo dado pelos líderes dos líderes consiste em exercitar sua mais forte influência na manutenção da disciplina.

Evidentemente, se você estiver doente, de férias ou diante de uma verdadeira emergência, pode delegar o andamento da reunião a um membro de sua equipe; *entretanto, a reunião sempre acontece*. A mensagem que você envia para a equipe ao manter esse padrão é que "emergências acontecem, mas a execução continua". Esse mesmo padrão se aplica a começar pelo tempo, restringindo a discussão apenas às ações e resultados relacionados à MCI, e à mútua responsabilização pelo acompanhamento dos compromissos (tópicos que serão abordados posteriormente neste capítulo).

Por ora, pense neste primeiro elemento do XPS como a fundação de uma casa: tudo a seguir será construído sobre ele. Estabeleça uma base sólida, de alto padrão, e ela sustentará uma forte cultura de execução. Estabeleça uma base frágil ou imperfeita, resultante de inconsistência ou baixa responsabilidade, e será difícil obter sucesso. Em decorrência, o XPS para líderes de líderes em "Estabelecendo uma cadência" deve ser sempre 100%.

CUMPRIR COMPROMISSOS DE ALTO IMPACTO

O segundo elemento do XPS que leva a resultados sustentáveis é fazer e cumprir compromissos. Nas 4DX, os líderes fazem compromissos semanais. Sem exceções. Porém, os compromissos semanais estabelecidos pelos líderes de líderes são projetados para apoiar ou aprimorar a capacidade de execução da equipe de linha de frente. É por esse motivo que nos referimos a eles como "compromissos de segundo nível".

O líder de uma equipe da linha de frente assume compromissos projetados principalmente para aumentar as medidas de direção que movem a MCI de Equipe. Isso será discutido em detalhes na Parte 3. Em contraste, os líderes de líderes assumem compromissos projetados para ter um impacto maior e, muitas vezes, aumentar o desempenho de toda a equipe.

Vejamos o exemplo de Susana, que é vice-presidente de Vendas em duas diferentes equipes de vendas. Cada equipe de vendas da linha de frente tem seu próprio líder, bem como uma MCI de Equipe conduzida por duas medidas de direção, conforme ilustrado no diagrama a seguir.

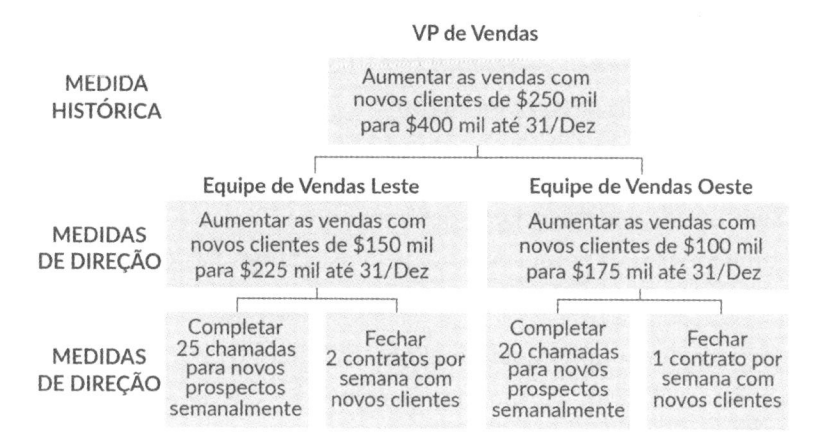

```
                              VP de Vendas
   MEDIDA          ┌─────────────────────────────┐
   HISTÓRICA       │ Aumentar as vendas com       │
                   │ novos clientes de $250 mil   │
                   │ para $400 mil até 31/Dez     │
                   └─────────────────────────────┘
              ┌───────────────┴───────────────┐
         Equipe de Vendas Leste         Equipe de Vendas Oeste
   MEDIDAS   ┌──────────────────┐      ┌──────────────────┐
   DE DIREÇÃO│ Aumentar as vendas│      │ Aumentar as vendas│
             │ com novos clientes│      │ com novos clientes│
             │ de $150 mil       │      │ de $100 mil       │
             │ para $225 mil     │      │ para $175 mil     │
             │ até 31/Dez        │      │ até 31/Dez        │
             └──────────────────┘      └──────────────────┘
          ┌─────────┴─────────┐      ┌─────────┴─────────┐
   MEDIDAS ┌────────┐ ┌────────┐   ┌────────┐ ┌────────┐
   DE DIREÇÃO Completar Fechar      Completar Fechar
          25 chamadas 2 contratos   20 chamadas 1 contrato
          para novos  por semana    para novos  por semana
          prospectos  com novos     prospectos  com novos
          semanalmente clientes     semanalmente clientes
```

Em uma certa semana, os líderes das equipes de vendas da linha de frente (Leste e Oeste) fariam compromissos projetados para mover as medidas de direção "ligações para prospectos" e "fechamento de contratos", como:

- *Esta semana, vou ouvir dez ligações feitas por membros da equipe e dar feedback sobre como eles podem melhorar.*
- *Esta semana, vou treinar dois membros da equipe que estão com dificuldades para fechar novos contratos.*

Susana, como líder de líderes, faria compromissos em um nível mais alto de impacto (ou seja, segundo nível), tais como:

- *Esta semana, farei uma revisão de nossos critérios para qualificação de clientes, bem como as alterações necessárias para assegurar maior qualidade.*
- *Esta semana, vou estabelecer um programa de treinamento a fim de desenvolver habilidades de prospecção para toda a equipe de vendas e colocarei na agenda do próximo trimestre.*
- *Esta semana, vou revisar os termos contratuais com a equipe jurídica e fazer alterações para simplificar o processo de fechamento para novos clientes.*

- *Esta semana, enviarei um e-mail agradecendo ou parabenizando um colaborador individual com alta pontuação de XPS e que assume e cumpre compromissos claros.*

Lembre-se de que, por meio do Executive Scoreboard no aplicativo 4DX, Susan pode acompanhar o desempenho XPS de cada equipe que lidera e direcionar seus compromissos para as equipes nas quais sua ajuda é mais necessária, além de poder causar o maior impacto.

Esses exemplos simples ilustram como os líderes de líderes trabalhariam "sobre o sistema" a fim de impactar os resultados em uma escala mais ampla, enquanto os líderes das equipes de linha de frente trabalhariam "no sistema" assumindo compromissos para levar adiante as medidas de direção.

O aspecto seguinte deste elemento XPS é manter os compromissos assumidos. O compromisso mais precisamente direcionado não significará nada se não for seguido até o fim. Portanto, *cumprir* compromissos tem o mesmo peso que *assumir* compromissos. É preciso fazer ambas as coisas para aumentar seu XPS e buscar resultados.

O contexto de todo este capítulo é construir uma *cultura de execução* baseada na formação de hábitos, e nenhum hábito tem mais impacto do que cumprir os compromissos que você assume. Em termos de desempenho, os compromissos de segundo nível têm um impacto mensurável nos resultados alcançados por suas equipes. Contudo, em termos de liderança, nenhuma outra ação produz confiança e respeito mais rápido do que o simples ato de fazer o que você diz que fará, e fazer isso todas as vezes. Forme este padrão de maneira consistente e os líderes das equipes da linha de frente logo seguirão seus passos. Não houve demora em construir o que um CEO chamou de "arrogância de desempenho" — uma projeção externa de confiança interior que vem de saber que tudo aquilo que sua equipe se comprometer a fazer acontecerá com certeza. Seu padrão XPS para cumprimento de compromissos deve ser de pelo menos 90%.

OTIMIZAR O DESEMPENHO DAS MEDIDAS DE DIREÇÃO

Um dos aspectos mais poderosos das 4DX é o *princípio da alavancagem*. A ideia de concentrar a energia das equipes nas poucas ações que levam aos melhores resultados é simples, mas surpreendentemente poderosa. Em mais de duas décadas, quase sempre vimos duas dinâmicas de equipe em jogo:

- Cada equipe sente que está trabalhando em sua capacidade máxima.
- Cada líder sente que a equipe tem uma capacidade inexplorada.

É interessante notar que ambos são frequentemente verdadeiros. O líder sente que as reais capacidades da equipe não estão totalmente refletidas nos resultados que ela obtém, mas, sem uma percepção sobre o que a equipe deve fazer de diferente, o líder tem de atribuir o deficit ao *esforço* insuficiente. Em contrapartida, a equipe vê que seus esforços atuais não estão produzindo resultados adequados, então resiste ao impulso de simplesmente fazer mais do que já não funciona. A solução para ambas as perspectivas é *otimizar suas medidas de direção*. É por isso que este é o próximo elemento do XPS, que apresenta dois aspectos importantes:

- *A equipe está atuando de acordo com as medidas de direção corretas?*
- *As medidas de direção estão aumentando suficientemente a medida histórica (MCI)?*

Precisamos ser muito claros antes de prosseguir. É responsabilidade dos líderes das equipes da linha de frente garantir que suas equipes criem e executem medidas de direção que impulsionem a MCI de Equipe. Mas os líderes dos líderes são responsáveis por garantir que as equipes ajam de acordo com medidas de direção que fornecem alavancagem para mover a MCI.

Essa é uma área crítica de enfoque, na qual pequenas mudanças podem levar a aprimoramentos significativos. E em nenhum lugar isso é mais visível do que quando *boas* medidas de direção são otimizadas a ponto de se transformarem em *excelentes* medidas de direção.

Eis alguns exemplos que ilustram o valor da otimização de suas medidas de direção:

- A equipe de cirurgia de um grande hospital no centro da cidade mudou sua medida de direção *Auditar a bandeja de instrumentos cirúrgicos antes de cada cirurgia* para *Auditar a bandeja de instrumentos cirúrgicos e completar uma confirmação verbal de cada procedimento*. O resultado foi uma redução de 17% nos acidentes perioperatórios.

- A equipe da recepção em um dos maiores hotéis dos EUA mudou sua medida de direção *Boas-vindas calorosas a todos os hóspedes* para *Faça contato visual, sorria e dê as boas-vindas a todos os hóspedes a menos de dois metros do balcão*. O resultado foi um aumento de 38% na experiência "classificação de satisfação do hóspede na chegada".

- A equipe de estocagem de um grande varejista de artigos para reformas domésticas mudou sua medida de direção *Reabastecer todas as prateleiras por volta das 8h da manhã* para *Todos os funcionários percorrerão cada corredor duas vezes por dia e preencherão todos os espaços vazios das prateleiras*. O resultado foi uma redução significativa da falta de estoque, levando ao aumento das vendas.

Cada um desses exemplos pode parecer inegavelmente simples, até mesmo sutil, mas, para as equipes envolvidas neles, os resultados foram dramáticos: um grande retorno graças a uma mudança muito pequena, ou, na linguagem deles, uma maneira de trabalhar *mais inteligente*, não *mais difícil*. Seu papel como líder de líderes não é identificar mudanças nas medidas individuais de direção, tarefa que cabe apenas às equipes da linha de frente. Sua função é assegurar que cada líder de uma equipe de linha de frente avalie regularmente as medidas de liderança de sua equipe e, quando houver necessidade, as modifique (ou substitua). O XPS se torna uma lente de aumento através da qual você pode ver isso claramente.

Garantir que as equipes estejam usando as medidas de direção mais eficazes começa fazendo e respondendo a estas cinco perguntas de otimização:

1. **A medida de direção é diretamente preditiva de impacto na medida histórica?** Esta é a área de confusão mais comum em medidas de direção: escolher uma medida de direção "boa para fazer" em vez de uma que eleva diretamente o resultado da medida histórica.

2. **O nível de desempenho é alto o bastante?** A equipe pode ter identificado a medida de direção correta, mas não a está realizando com frequência suficiente para movimentar o placar.

3. **O controle de pontuação é confiável?** Não é incomum que uma equipe se habitue a simplesmente estimar sua pontuação. Se o controle de pontuação não for confiável, não há como fazer uma avaliação real da previsibilidade da medida de direção.

4. **A qualidade é um problema?** Muitas vezes, uma equipe pode estar executando a medida de direção conforme especificado, mas não de forma boa o suficiente. Com isso, há consistência, mas não qualidade. Se uma equipe está simplesmente cumprindo as proposições, mesmo a medida de direção mais bem escolhida não terá um desempenho de máximo impacto.

5. **O jogo é de equipe ou do líder?** Líderes de equipes de linha de frente às vezes criam medidas de direção de sua exclusiva responsabilidade: líderes de qualidade verificarão a qualidade, líderes de limpeza farão inspeções, líderes de turno (na fabricação) limitarão as horas extras etc. Essas são responsabilidades importantes e podem até impactar a MCI. O problema é que são ações executadas exclusivamente pelos líderes, não pela equipe, resultando em menor impacto e até mesmo desengajamento.

Essas questões, se cuidadosamente consideradas, colocarão à mostra a grande maioria das oportunidades para melhorar as medidas de direção, seja alterando-as ou substituindo-as por uma nova. Sempre que uma equipe de linha de frente está executando suas medidas de direção sem notar como resultado uma mudança em sua MCI de Equipe, é tarefa do líder de líderes garantir que os líderes das equipes de linha de frente façam as perguntas certas e, em seguida, promovam as mudanças certas para melhorar os resultados. Como um líder de líderes, você deve fazer com que as equipes da linha de frente tenham a expectativa de realizar suas medidas de direção em 90% (ou mais) da meta, todas as semanas.

ALCANÇAR OS RESULTADOS DA MEDIDA HISTÓRICA (MCI)

Os três primeiros componentes do XPS (estabelecer uma cadência, cumprir compromissos de alto impacto e otimizar o desempenho das medidas de direção) são, sem dúvida alguma, os principais impulsionadores do sucesso das MCIs e das áreas de foco crítico. No entanto, para um líder de líderes, existem duas áreas adicionais igualmente relevantes:

- Manter o respeito com outros responsáveis.
- Reconhecer o elevado desempenho.

Manter o Respeito com Outros Responsáveis

A responsabilidade é um dos motores mais poderosos do comportamento humano. Quando usada de maneira eficaz, permite que indivíduos e equipes alcancem um desempenho superior, ao mesmo tempo em que angaria confiança e respeito em todos os níveis. Pode-se ver isso em ação em quase todos os aspectos do empenho humano: os atletas se superando ante as demandas de um grande treinador; o pessoal militar cumprindo à risca as promessas solenes de elevado espírito de serviço público; médicos e enfermeiras dando tudo de si em prol dos pacientes, mesmo quando é necessário um grande sacrifício, para citar apenas alguns. Há, por certo, várias forças agindo em cada um desses exemplos. Mas o traço comum que os permeia é a responsabilidade — perante um compromisso, um padrão e, o mais importante, um em relação ao outro. Quando um líder de líderes desenvolve esse tipo de responsabilidade em suas equipes, quase nada pode impedi-lo.

A responsabilidade em tal patamar não é um ideal elevado; é uma realidade pragmática, que pode ser criada mantendo os outros responsáveis por meio de consistência, autenticidade e respeito. Para ilustrar isso, vamos usar novamente o exemplo de Susana, a vice-presidente de vendas mencionada anteriormente neste capítulo, enquanto ela realiza sua sessão MCI semanal com os líderes de suas duas equipes de linha de frente, Bianca (liderando a equipe leste) e Marcos (liderando a equipe oeste).

A equipe de Susana está começando seu segundo trimestre em busca de sua MCI Primária: aumentar as vendas com novos clientes de US$250 mil para US$400 mil até 31 de dezembro.

A Equipe Leste (liderada por Bianca) está no rumo certo para alcançar sua MCI de Equipe: *Aumentar as vendas com novos clientes de US$150 mil para US$225 mil até 31 de dezembro.* Contudo, a Equipe Oeste (liderada por Marcos) está tendo dificuldades. Eles ficaram para trás no ritmo necessário para alcançar sua MCI de Equipe: *Aumentar as vendas com novos clientes de US$100 mil para US$175 mil até 31 de dezembro.* Vamos ver como Susana usa responsabilidade, autenticidade e respeito para alavancar o desempenho com os líderes das equipes de linha de frente.

SUSANA: Bom dia, gente. São 8:15h, vamos começar.

[Examina o placar.]

Como podem ver, fizemos um bom progresso em nossa MCI de receita com novos clientes, mas não estamos no mesmo ritmo para atingir nossa meta. Gostaria que nos concentrássemos hoje no que podemos fazer como equipe para voltar a trilhar o caminho certo.

No geral, vamos começar o trimestre com US$92 mil, aquém da meta de US$100 mil. Bianca, parabéns pela Equipe Leste estar um pouco à frente, com US$57 mil para uma meta de US$55 mil. Muito bom. Marcos, a Equipe Oeste teve alguns bons resultados, mas está com US$33 mil para uma meta de US$43 mil.

As observações de Susana quanto aos números são sinceras e claras, assim como sua mensagem enfatizando que eles atuam como uma *equipe*, vencendo ou perdendo juntos. Não há vergonha ou culpa em seus comentários, mas há uma mensagem clara: *devemos encontrar uma solução.*

[Reporta os compromissos da semana anterior.]

SUSANA: Em relação aos meus compromissos, na semana passada fiquei de participar da reunião de revisão trimestral com um de nossos maiores clientes e facilitar a discussão sobre a revisão de preços. A reunião foi boa e chegamos a uma ótima conclusão, adicionando duas unidades de negócios como novos clientes.

Também me comprometi a revisar os termos do nosso contrato e encontrar maneiras de simplificá-lo para que novos clientes sintam-se mais dispostos a assinar. Concluí esse trabalho e enviei a vocês uma nova minuta por e-mail ontem à noite.

Para a próxima semana, me comprometi a fazer três visitas com Marcos, todas com novos clientes em potencial. Esperamos conseguir ao menos dois deles.

Susan começa dando o exemplo, relatando seus compromissos e o respectivo seguimento. Ela se responsabiliza por sua equipe. Isso lhe dá condição, não apenas pela posição hierárquica, mas também pelo respeito, de manter sua equipe no mesmo padrão. Também é importante observar que os compromissos assumidos por Susan — simplificar o contrato e ajudar a fechar novos clientes — são de segundo nível e *favorecem a equipe como um todo*. Ela está trabalhando "sobre" o sistema.

BIANCA: Obrigado, Susan, especialmente pelo trabalho no contrato. Isso realmente vai ajudar. Estamos felizes por estar um pouco à frente de nossa meta, mas todos sabemos que isso pode desaparecer rapidamente. Portanto, meu compromisso esta semana foi revisar nossas medidas de direção com a equipe e identificar quaisquer ideias de melhorias que nos habilitem a produzir mais resultados. Com base nessa análise, desenvolvemos um novo roteiro para nossas chamadas de prospecção que acreditamos ser mais eficaz. Nós o colocaremos em ação esta semana e, na próxima, relatarei o progresso que fizermos.

Como líder de uma equipe de linha de frente, Bianca concentrou seus compromissos na melhoria do desempenho das medidas de direção. Com o aprimoramento do contrato, as ligações feitas para os prospectos devem ajudar a conquistar novos clientes. Ela está trabalhando "no" sistema.

BIANCA: Meu compromisso para a próxima semana é treinar pessoalmente nosso mais novo membro da equipe, João. Ele tem se empenhado em fazer ligações para seus prospectos e quero ajudá-lo a elaborar um procedimento diário melhor.

SUSAN: O que você acha que é o problema básico com João?

BIANCA: Não tenho certeza. Ele é inteligente e se comunica bem, mas não parece estar engajado.

SUSAN: Isso é preocupante, ainda mais para alguém que é novo. Na semana que vem, gostaríamos de ser informados sobre esse tempo em que estará com ele e suas percepções a respeito. Por favor, esteja pronta para compartilhar. Também quero ter certeza de que somos justos, mas claros com João. Se houver um problema em que possamos ajudá-lo, o faremos. Precisamos dele em nossa equipe e nos preocupamos com ele como pessoa. Mas também sejamos claros: na posição dele, acertar o alvo é um elemento crítico de desempenho. Boa sorte na reunião. Se eu puder ajudar, é só pedir.

A resposta de Susana é de apoio, mas firme. Ela espera que Bianca entenda o problema e, se possível, o resolva até a próxima semana. E sabe que Bianca tratará do assunto durante a próxima reunião. Embora seja autêntica em sua esperança de que João seja bem-sucedido, Susana também deixou claro que o desempenho é um requisito. A mensagem que ela passou equilibra responsabilidade com respeito, tanto para Bianca quanto para João.

MARCOS: Bem, como já vimos, minha equipe está abaixo da meta. O mistério para mim é que todos estão trabalhando muito, mas simplesmente não conseguimos acompanhar. Eu me pergunto se definimos as metas de forma muito agressiva. Não consegui nem mesmo cumprir meus compromissos da semana passada porque optei por apenas fazer ligações de prospecção para ajudar a melhorar nossos números. Sei que números são tudo o que de fato importa.

SUSANA: Marcos, sei que este é um momento difícil para você. E para todos nós. As metas foram aumentadas para todas as equipes neste ano e a pressão é grande. Mas também sei de sua atuação no passado, do modo como encontrou respostas e de sempre colocar sua equipe em um nível superior. Sei que você é capaz de fazer isso de novo e estou empenhada em ajudá-lo. Você não está sozinho, estamos juntos nisso.

Nesse momento, Susan sabe que tem um problema: um líder de uma equipe da linha de frente, com bom desempenho no passado, agora está oprimido e se tornando negativo. Ela precisa resolver o problema, mas, antes de mais nada, se certifica de que Marcos sabe que ela lhe tem respeito e não se esqueceu de como ele se saiu bem no passado. Com base nesse respeito, ela agora pode responsabilizá-lo de uma forma que desafiará Marcos a ocupar um nível mais alto de liderança.

SUSANA: Mas também preciso ser clara, Marcos. Estou preocupada com o modo como você está encarando a situação e acho que essa mentalidade é parte do problema e pode estar afetando sua equipe e seu desempenho. Preciso saber que posso contar com você para descobrir o que está faltando para sua equipe. Gostaria de pedir para você refletir um pouco sobre isso e, em seguida, passaremos algum tempo juntos esta semana para discutir essa questão.

Susana sabe que essas palavras, ditas na frente da colega, terão um impacto em Marcos. Ela é cuidadosa e respeitosa, ainda que falando às claras: *alguma coisa tem que mudar.*

MARCOS: Odeio admitir, mas você está certa. Estou comprometido em ser um líder melhor do que tenho sido nas últimas semanas, mas ainda não tenho certeza do que fazer por minha equipe.

SUSANA: Obrigado, Marcos. Que tal nos encontrarmos esta semana para revisar suas medidas de direção? Podemos usar as cinco questões de otimização para pensar em um ajuste ou substituição capaz de alavancar sua equipe.

BIANCA: Marcos, também posso lhe enviar nosso novo roteiro para ligações de prospecção. Pode valer a pena ter ambas as equipes experimentando. E, se estiver tudo bem, eu também gostaria de participar de sua reunião e revisar as medidas de direção com você e Susan. Pode haver melhorias que ajudariam as duas equipes.

Susana agora tem toda a equipe se unindo para alcançar um novo nível de desempenho. Porém, o mais importante é que ela demonstrou que:

- Eles podem confiar que ela será autêntica e clara.
- Ela os tratará e às suas equipes com respeito.
- Ela manterá consistentemente toda a equipe, e ela mesma, em um alto nível de responsabilidade.

Essa é uma liderança que produz resultados.

RECONHECER O DESEMPENHO ELEVADO

No cerne do desempenho de cada equipe, estão em ação duas forças fundamentais: responsabilidade e engajamento. A responsabilidade, como discutimos, é o principal motivador *do que* as pessoas fazem e *como* o fazem. É a força que faz as coisas acontecerem em equipe. Já o engajamento é o principal motivador do *porquê* fazemos o que fazemos. É algo que afeta a qualidade do desempenho da equipe. A responsabilidade provoca uma ação imediata e proposital. O engajamento robustece a capacidade de sustentar esse desempenho a longo prazo.

A responsabilidade quase sempre está presente (de alguma forma) em uma equipe, mas o envolvimento verdadeiro é algo raro. Quando a influência de um líder de líderes baseia-se predominantemente na responsabilidade, isso cria equipes altamente complacentes, que farão o que lhes for dito para fazer. Mas, com frequência, o problema é que isso é *tudo* que farão, nada mais. Entretanto, quando os líderes de líderes combinam responsabilidade com envolvimento genuíno, criam equipes que não estão apenas dispostas, mas *comprometidas*.

O reconhecimento genuíno, apoiado no desempenho, é um dos motores mais poderosos da performance humana. Uma pesquisa Gallup descobriu que 82% dos funcionários dizem que reconhecimento, não recompensas, os motiva a melhorar seu desempenho no trabalho.[15] Embora ninguém diga que recompensas não importam, é impressionante ver uma porcentagem tão alta afirmando que *reconhecimento é mais importante*.

Desde sempre dissemos que a execução é, em sua essência, um desafio humano. E todo líder viu (ou sentiu) a necessidade de reconhecimento nas pessoas que lidera, tanto como indicador de um trabalho de qualidade quanto como validação da pessoa que o executou.

Um dos maiores exemplos de liderança engajada com que nos deparamos veio de Dave Grissen, ex-presidente para as Américas da Marriott International. Tido, amplamente, como um líder de líderes forte e pragmático, Dave não deixava que suas equipes carecessem de intensa responsabilidade. E os resultados foram prova de quão bem suas equipes responderam à responsabilização. Mas o que não é tão conhecido assim (fora da Marriott) é que ele usou o poder do reconhecimento para disparar o desempenho e incutir um senso de lealdade e valor nos indivíduos em todos os níveis. Em todas as semanas, Dave fazia anotações e as distribuía para governantas, chefes de cozinha, engenheiros de manutenção e encarregados de bagagem em dois continentes, algumas das quais baseadas em suas interações pessoais e outras no que ele aprendeu com as pessoas à sua volta.

As anotações de Dave agora são lendárias. As pessoas *as guardam como a um tesouro*. Algumas estão emolduradas, penduradas na parede do escritório ou de casa. Outras são fotografadas e orgulhosamente compartilhadas nas redes sociais com amigos e familiares. Essas notas são *importantes*, não apenas porque vieram do presidente, mas porque comunicam que *o indivíduo era importante para Dave*.

> *Liderança é comunicar às pessoas seu valor e seu potencial com tanta clareza que elas mesmas passam a ver isso.*
>
> — Stephen R. Covey

Cada nota de Dave transmite isto: que ele vê valor e mérito neles e, ainda mais importante, que *aprecia* tudo o que estão fazendo em prol da excelência da empresa. O nível de engajamento que ele criou é resultado direto de uma equipe que sabe que seu valor é visto e sua contribuição, valorizada.

Lembre-se de que o tipo de reconhecimento que defendemos não prima pela grandeza ou pela formalidade. O reconhecimento formal tem seu lugar na maioria das organizações e é valioso. Mas não há necessidade de uma reunião ou ocasião especial toda vez que quiser transmitir essa mensagem. Na verdade, é bem melhor se você for espontâneo, informal e autêntico. Quer seu estilo seja escrever uma nota de próprio punho, enviar um e-mail, expressar seu agradecimento durante um encontro ou simplesmente ter uma conversa particular, o reconhecimento é uma das ferramentas mais poderosas que você possui como líder de líderes.

Ao longo dos anos, fomos capazes de destilar os principais atributos que tornam esse tipo de reconhecimento um poderoso impulsionador de desempenho. Caso você seja novo nessa prática ou está procurando aprimorá-la, estes atributos lhe serão úteis:

- **Seja confiável.** Mostre ter conhecimento sobre o tipo de desempenho que está reconhecendo. Evite banalidades ("ótimo trabalho", "contribuição maravilhosa" etc.) e, em vez disso, inclua detalhes suficientes para que sua mensagem tenha credibilidade.
- **Seja breve.** Resista à tentação de escrever uma dissertação ou fazer um discurso. Concentre-se na contribuição que está sendo reconhecida e em sua apreciação pelo indivíduo.
- **Seja pessoal.** Evite uma linguagem formal ou "conversa de chefe".
- **Seja autêntico.** Diga apenas o que você quer dizer e restrinja-se a isso. O reconhecimento ao qual falta sinceridade pode criar desinteresse e minar a confiança.

Para encerrar este capítulo, apresentamos uma breve recapitulação do que tratamos nele, usando o XPS como uma estrutura de desempenho:

1. **Estabelecer uma cadência.** A chave para esse elemento é a consistência. A disciplina para manter firme a cadência de uma Sessão de MCI semanal, sejam quais forem as demandas urgentes de seu redemoinho, é a base de uma cultura de execução.

2. **Cumprir compromissos de alto impacto.** A chave para este elemento é fazer "compromissos de segundo nível" — aqueles que funcionam "sobre o sistema" — e definir um alto padrão de acompanhamento.

3. **Otimizar o desempenho das medidas de direção.** A chave para este componente é desafiar as medidas de direção das equipes da linha de frente por meio de perguntas instigantes e estar preparado para fazer alterações ou substituições quando uma medida

de direção não está movendo suficientemente a medida histórica (MCI).

4. **Alcançar os resultados da medida histórica (MCI).** A chave para este componente é responsabilizar respeitosamente os líderes das equipes da linha de frente pelo desempenho e pelos resultados, e reconhecer o desempenho de maneira relevante (e digna de memória).

Destacamos a Marriott neste capítulo como nossa maior implementação mundial das 4DX. Neste momento, mais de 70 mil líderes dentro da empresa foram formalmente certificados nas 4DX e usaram o XPS e os princípios oferecidos neste capítulo para manter o desempenho *por mais de uma década*. Esses líderes assumiram mais de 7 milhões de compromissos semanais e os seguiram a uma taxa acima de 97% — compromissos, todos eles, voltados a melhorar a experiência de seus hóspedes. Esse é o nível de foco que os levou a se tornar uma das maiores e mais respeitadas empresas de hospitalidade do mundo.

Essas métricas centrais ilustram que práticas simples, nas mãos de líderes comprometidos e engajados, produzirão resultados que não apenas representam um avanço revolucionário, mas que também podem ser sustentados (e aprimorados) indefinidamente.

Como citamos de nosso cliente no início deste capítulo, "Nem pensamos mais nas 4DX como uma metodologia. É apenas a maneira como executamos." Essa é a verdadeira definição de uma *cultura de execução*.

PARTE 3

Implementando as 4DX como um Líder da Equipe da Linha de Frente

CAPÍTULO 11

O Que Esperar

Como você aprendeu na Parte 1, as 4DX são um sistema operacional para atingir suas metas. Lembre-se de que as 4DX não são um conjunto de sugestões ou ideias filosóficas a serem simplesmente levadas em consideração, mas um conjunto de disciplinas que exigirá seus melhores esforços, e cuja recompensa será uma equipe que atua de forma consistente e com excelência. É por isso que este livro contém orientações detalhadas não apenas sobre *o que* fazer, mas também *como* fazer.

Na Parte 2, você tem as principais práticas que o levarão, como um líder de líderes, à implementação das 4DX. Se você é um líder de uma equipe de linha de frente que implementará as 4DX com sua própria equipe, encontrará um roteiro detalhado dessa jornada aqui, na Parte 3. Pense nisso como um guia de campo que tem todas as informações para garantir seu sucesso.

UMA VISÃO DE CONJUNTO

Na mitologia grega, Sísifo é um homem punido pelos deuses que foi condenado a empurrar uma rocha montanha acima. Toda vez que chegava ao topo, a rocha rolava montanha abaixo e ele tinha de empurrá-la de volta ao cume, dia após dia, por toda a eternidade! Essa narrativa se assemelha ao que sentimos quando, ao final de um dia exaustivo, deixamos o trabalho sem sermos capazes de citar uma única realização significativa e sabermos que no dia seguinte voltaremos a empurrar de novo aquela grande pedra.

Jim Dixon, gerente geral da Loja 334, uma grande cadeia de supermercados, diariamente sentia-se como Sísifo. A Loja 334 tinha o pior desempenho financeiro das 250 lojas da divisão. As pessoas não queriam comprar nem trabalhar lá.

Todos os dias, ao chegar no trabalho, Jim fazia o que chamava de dar "cabeçadas" nos problemas de sempre. Carrinhos de compras e lixo espalhados no estacionamento, garrafas quebradas pelos corredores, prateleiras desabastecidas. Nada acontecia ali enquanto Jim não dissesse para alguém agir, ou ele próprio agisse. À meia-noite, em geral estava arrumando ou limpando alguma coisa. Ele não só contratara pessoas para fazer essas tarefas, como também contratara pessoas para *contratar* pessoas para fazê-las.

Como Sísifo, Jim sentia que todos os dias empurrava a mesma pedra montanha acima e a pedra rolava morro abaixo novamente. Ele nunca tinha tempo ou energia para tocar a loja para a frente de um modo significativo.

Jim fora considerado um líder de alto potencial quando assumiu a Loja 334. Agora, parecia um microgerente de baixo potencial. Quando nos encontramos com ele, estivera trabalhando por dezesseis dias ininterruptos e há mais de um ano não tirava férias. As vendas estavam baixas, e a rotatividade do pessoal, elevada. O vice-presidente de recursos humanos nos confidenciou: "Ou Jim pedirá demissão ou teremos que demiti-lo."

Com tudo que tinha para fazer, dá para imaginar a felicidade de Jim em ter de participar de uma sessão sobre as *4 Disciplinas* bem em dezembro, a época do ano mais atribulada para os supermercados.

Para Jim e seus chefes de departamentos, a Meta Crucialmente Importante não era nenhum mistério. Se não atingissem os números da receita em base anual, a loja corria o risco de fechar. Nada mais importava realmente. Contudo, o problema mais difícil era determinar a medida de direção: o que poderiam fazer de forma diferente do que já estivam fazendo? O que provocaria o maior impacto no aumento da receita?

Jim e sua equipe estavam bastante seguros de que, se as condições do supermercado melhorassem, a receita aumentaria. Uma loja limpa, atraente, bem abastecida, deveria atrair mais clientes. Assim, cada departamento individualmente sugeriu duas ou três medidas que deveriam ser avaliadas, e decidiram se autoavaliar todo dia em uma escala de um a dez.

No setor de carnes, cortes frescos em vitrines cristalinas.

Balcões de hortifrutigranjeiros totalmente abastecidos às 5h da manhã.

Na padaria, pão quente e fresquinho nos cestos a cada duas horas.

Agora Jim e sua equipe tinham um plano! Começariam a executá-lo imediatamente, e o subgerente e os chefes de departamento atualizariam o placar a cada dia. A aposta era que, à medida que as condições da loja melhorassem, o mesmo se daria com a receita anual. Parecia que iria funcionar.

Em uma certa manhã eles afixaram os placares, e na noite do mesmo dia os empregados os arrancaram. No dia seguinte, afixaram os placares novamente, mas o redemoinho das pressões diárias se impôs, e os funcionários dos departamentos voltaram à condição anterior. Após duas semanas, os cinco departamentos estavam em média com 13 funcionários em 50 pontos, em uma escala que eles próprios haviam criado! Jim estava frustrado, e a Meta Crucialmente Importante estava em risco.

Não estava funcionando.

Certo dia, por exemplo, Jim encontrou apenas pão velho nas prateleiras da padaria e nada além de migalhas de biscoitos na vitrine.

"Yolanda!" Ele chamou a gerente da padaria. Ela surgiu, coberta de farinha e contendo sua contrariedade, quando ele apontou para o placar.

"Tenho coisas demais para fazer para me preocupar com esse placar", redarguiu, com as mãos nos quadris. "Estou com um grande pedido de refeições que vai me tomar o dia todo, além de ter de dar um jeito no estoque porque estou ficando zerada. Não tenho tempo. Estou com falta de pessoal."

Sísifo estava vivo e saudável. Apesar de todo o esforço para escolher a MCI, as medidas de direção e o placar, nada mudara realmente na loja. Mas nós identificamos a razão.

Estava faltando a Disciplina 4. Não havia a cadência de responsabilidade.

Não havia uma prestação de contas regular, semanal, para dizer: "Fiz isto na semana passada, e é isto que vou fazer esta semana, para mover o placar." Assim, insistimos com Jim que se reunisse com a equipe e fizesse a cada um esta simples pergunta: "O que você poderia fazer, uma única coisa, para impactar o placar da forma mais significativa possível esta semana?"

Jim fez sua primeira reunião de MCI no dia seguinte. Prometeu que a reunião sobre o placar da loja seria muito breve. Quando os chefes dos departamentos se reuniram, Jim começou pela gerente da padaria.

"Yolanda, o que você pode fazer, apenas *uma* coisa, para causar o maior impacto no placar das condições da loja esta semana?"

Surpresa com o olhar sério de Jim, Yolanda perguntou: "Você quer que *eu* escolha?"

Jim assentiu com a cabeça... e esperou.

"Imagino que eu poderia fazer uma faxina na sala dos fundos."

"Ok. E como isso alteraria as condições da loja no placar?"

"Bem, está uma bagunça. Estou com muitas prateleiras excedentes no chão. Se puder limpar e arrumar a sala dos fundos, posso tirar todo aquele material do chão. Ficaria com melhor aparência."

"Ótimo. Faça somente isso, Yolanda. Só isso." Depois, se voltou para o gerente de frutos do mar. "Ted, o que você poderia fazer esta semana para provocar o maior impacto no seu índice das condições da loja?"

"Estamos preparando uma grande promoção de lagostas esta semana", disse ele. "Estarei concentrado nessa oferta especial."

"Ótimo, Ted, sei que isso é importante e você precisa fazê-lo, mas como essa promoção ajudaria a mover o placar?"

"Ah, sim, estou percebendo aonde você quer chegar." A ficha caiu para Ted. A promoção, embora importante, por si só não contribuiria para a melhoria das condições da loja, a Meta *Crucialmente* Importante. "Sim, ok. O Bobby já está aqui há três semanas e não sabe preparar a vitrine na parte da manhã... vou treiná-lo e ele poderá me substituir nessa tarefa."

"Perfeito!" Jim respondeu.

Pergunte a você mesmo — Quem estava sugerindo aquelas ideias? Jim ou os chefes de departamento? Você acha que isso faz muita diferença?

Jim estava microgerenciando agora? Não! Os membros da equipe estavam escolhendo, por conta própria, o que fazer para que o placar evoluísse. Ele estivera microgerenciando, não porque queria ser um chefe opressor, mas porque não sabia mais o que fazer!

Assim, a equipe de Jim se reunia a cada semana em torno do placar, comprometendo-se mutuamente a fazer apenas *uma* coisa para mover o placar. À medida que a equipe começou a trabalhar com ritmo, em uma cadência de responsabilidade mútua, suas atitudes mudaram e a loja mudou.

Após 10 semanas, o índice médio das condições da loja subiu de 13 para 38 na escala de 50. Além disso, a aposta estratégica que fizeram deu frutos. Conforme os índices de condições da loja subiam, a receita também subia.

A Loja 334 — a pior dentre as 250 lojas da cadeia — produziu mais do que o resto da região nas vendas anuais!

Alguns meses mais tarde, fomos convidados para uma reunião para apresentação de resultados com o diretor da divisão de Jim e ouvimos Jim relatar sobre o progresso da loja.

Ele contou: "As coisas vão tão bem que não tive de ir lá hoje pela manhã."

O diretor da divisão perguntou a ele: "O que esta mudança significou para você pessoalmente?"

Jim respondeu: "Eu pensava em carregar esta loja nas costas até conseguir uma transferência. Agora podem me deixar lá pelo tempo que quiserem."

Jim Dixon e sua equipe agora sabiam como era alcançar uma Meta Crucialmente Importante e não precisavam de uma motivação externa.

No fundo, todos querem vencer e contribuir para metas que realmente importam. É desestimulante ficar empurrando os dias, e ficar se indagando se está fazendo a diferença. Por isso as 4DX são tão vitais. As pessoas da Loja 334 aprenderam isso. A disciplina faz toda a diferença entre apenas ficar empurrando a rocha montanha acima para sempre ou levá-la até o topo.

OS CINCO ESTÁGIOS DA MUDANÇA

Como mudar o comportamento humano é um trabalho de grande porte, muitos líderes enfrentam desafios como estes ao implementarem as 4DX. Na verdade, descobrimos que a maioria das equipes passa por cinco estágios de mudança de comportamento. Neste capítulo, esperamos ajudá-lo a compreender e administrar o caminho ao longo desses estágios.

Estágio 1: Clareza

> **ESTÁGIO I:** Clareza
>
> O líder e a equipe se comprometem com um novo nível de desempenho. São orientados sobre as 4DX e desenvolvem MCIs cristalinas, medidas históricas e medidas de direção, e um placar envolvente. Assumem o compromisso de reuniões de MCIs regulares. Embora com certeza você possa esperar vários níveis de comprometimento, os membros da equipe se sentirão mais motivados se estiverem intimamente envolvidos na sessão de trabalho das 4DX.

Vamos acompanhar Marilyn, que é a líder da unidade de enfermagem cirúrgica de um grande hospital, ao instalar as 4DX com a sua equipe. Marilyn e a equipe enfrentam um redemoinho como nenhum outro, pois vidas literalmente dependem de quão bem elas executam dezenas de cirurgias todos os dias.

Eles tiveram recentemente um brusco aumento em incidentes *perioperatórios* — coisas que vão mal em uma cirurgia. Apesar do violento redemoinho de salas de cirurgia, todos compartilhavam uma verdadeira paixão pela redução desses incidentes que colocavam seus pacientes em risco.

Ao trabalhar com as 4DX, isso foi traduzido em uma Meta Crucialmente Importante: aumentar o número de cirurgias sem tais incidentes de 89% para 98% até 31 de dezembro.

A equipe então analisou cuidadosamente os fatores que causavam a maioria dos incidentes, assim como aqueles que proporcionavam os maiores riscos, e isolaram duas medidas de direção capazes de propiciar maior alavancagem: alcançar 100% de conformidade em todas as inspeções pré-operatórias pelo menos 30 minutos antes da cirurgia, e fazer dupla contagem dos itens cirúrgicos após 100% das cirurgias.

Agora que Marilyn e sua equipe tinham uma Meta Crucialmente Importante (Disciplina 1) e duas medidas de direção (Disciplina 2), projetaram um placar simples (Disciplina 3) para rastrear o desempenho e programaram uma Sessão de MCI semanal para se manterem responsabilizadas pelo progresso contínuo (Disciplina 4).

Ao concluírem a reunião, Marilyn estava na expectativa do lançamento do projeto na semana seguinte. Nunca se sentira mais esclarecida sobre uma meta e um plano. O resto, pensou, seria fácil.

Ela, é claro, subestimava a tarefa. Isso acontece graças à inerente dificuldade de modificar o comportamento humano em meio à fúria do redemoinho. O sucesso começa quando se consegue clareza cristalina na Meta

Crucialmente Importante e no processo das 4DX. Lembre-se das ações--chave na implementação das 4DX:

- Seja um modelo de foco na(s) Meta(s) Crucialmente Importante(s).
- Identifique medidas de direção capazes de provocar uma grande alavancagem.
- Crie um placar dos jogadores.
- Agende reuniões de MCI ao menos uma vez por semana e as execute *consistentemente*.

Estágio 2: Lançamento

> **ESTÁGIO 2:** Lançamento
>
> Agora você está na linha de partida. Quer você faça uma reunião formal de kickoff ou reúna brevemente a equipe para instruções, você a coloca em ação com base na MCI. Todavia, assim como um foguete exige tremenda energia altamente concentrada para escapar da gravidade terrestre, o time precisa de intenso envolvimento por parte do líder na hora do lançamento.

Marilyn lançou o processo das 4DX na primeira cirurgia da semana: segunda-feira de manhã logo às 7h. Ao meio-dia, a equipe já estava lutando contra as dificuldades. A medida de direção exigia que as enfermeiras fizessem auditorias nos equipamentos vinte minutos mais cedo do que o normal, mas a mudança no cronograma e um novo checklist deixaram a equipe inteira confusa.

Com um cronograma de cirurgias completamente lotado e uma enfermeira de licença, Marilyn estava de mãos atadas e sua equipe, atarantada. Aquela primeira manhã evidenciou os problemas da execução em meio ao redemoinho.

Marilyn também notou que alguns membros da equipe estavam mais dispostos a mudar do que outros. Seus melhores colaboradores estavam sendo bem-sucedidos e, embora não fosse fácil, estavam satisfeitos com o desafio. Contudo, duas de suas enfermeiras mais graduadas ainda se perguntavam se a mudança na rotina da auditoria era necessária e reclamavam sobre o estresse adicional. Além do mais, Marilyn observou que as enfermeiras mais novas, ainda inseguras em suas funções, estavam, na verdade, reduzindo a velocidade da inspeção.

Naquela semana, Marilyn constatou que o que era simples de planejar era difícil de implementar, e teve de enfrentar não apenas um redemoinho, mas uma equipe com diferentes motivações.

Não há garantia de que a fase de lançamento das 4DX ocorra tranquilamente. Você terá os seus Modelos (aqueles que sobem a bordo), seus Potenciais (aqueles que de início relutam em subir a bordo) e os Resistentes (aqueles que não querem subir a bordo). Eis alguns pontos importantes para um lançamento bem-sucedido:

- Reconhecer que uma fase de lançamento exige foco e energia, especialmente por parte do líder.
- Permanecer focado e implementar o processo das 4DX diligentemente. Você pode confiar no processo.
- Identificar seus Modelos, seus Potenciais e seus Resistentes (mais informações sobre esses grupos a seguir).

Estágio 3: Adoção

Marilyn trabalhou muito para manter o foco na MCI. A equipe ajustou os cronogramas e aprimorou os métodos para manter o placar. Ela colocou seus Potenciais em programas de treinamento e de coaching, e aconselhou os Resistentes sobre a necessidade da mudança.

> **ESTÁGIO 3:** Adoção
>
> Os membros da equipe adotam o processo 4DX e novos comportamentos orientam a realização da MCI. Você pode esperar que a resistência diminua e o entusiasmo aumente à medida que as 4DX comecem a trabalhar por eles. Cada membro da equipe se torna responsável perante os outros pelo novo nível de desempenho apesar da demanda do redemoinho.

Toda semana eles trabalhavam nas medidas de direção e lentamente melhoraram. Quando se reuniam semanalmente nas reuniões de MCI, primeiro analisavam o placar e depois, individualmente, assumiam compromissos próprios para que o placar se movesse.

Não demorou muito para que Marilyn sentisse que a equipe estava encontrando o ritmo, e a taxa de incidentes diminuiu. Quando a equipe percebeu que a medida de direção funcionava, a empolgação cresceu. Pela primeira vez em muitos meses, começaram a sentir que estavam vencendo.

É preciso admitir que a adoção do novo processo das 4DX leva tempo. A adoção do processo é essencial para o sucesso da MCI: respeite, mas seja diligente em seguir o processo de adoção; do contrário, o redemoinho rapidamente assumirá o controle. Lembre-se destes importantes pontos para a adoção bem-sucedida das 4DX:

- Concentre-se primeiro na adoção ao processo, depois, nos resultados.

- Comprometa-se e demande que os outros se responsabilizem mutuamente nas reuniões de MCI semanais.
- Acompanhe os resultados semanalmente em um placar visível.
- Faça ajustes quando houver necessidade.
- Invista nos Potenciais por meio de treinamento adicional e acompanhamento.
- Responda sem rodeios a quaisquer questões com os Resistentes e, se necessário, libere-os do caminho.

Estágio 4: Otimização

> **ESTÁGIO 4:** Otimização
>
> Nesse estágio, a equipe migra para a mentalidade das 4DX. Você pode esperar que sua equipe tenha mais propósito e mais engajamento no trabalho dela, conforme produz resultados que fazem a diferença. Ela começará a buscar meios de otimização de seu desempenho, pois sabe como é "jogar para vencer".

Ao longo das oito semanas que se seguiram, Marilyn ficou satisfeita com o progresso de sua equipe e com o firme, embora pequeno, declínio em incidentes cirúrgicos. Contudo, a equipe teria de acelerar o passo para realizar a MCI até o fim do ano, e ela não sabia o que mais poderia fazer.

Mais tarde, na reunião de MCI daquele dia, suas enfermeiras surpreenderam-na ao propor mudanças nas medidas de direção. Primeiro, queriam reposicionar as bandejas dos equipamentos na sala de cirurgia de modo que pudessem conduzir as inspeções mais rapidamente e com maior precisão. Em segundo lugar, se elas inspecionassem as salas de operação tanto para a primeira como para a segunda cirurgia simultaneamente, no início do turno, ficariam adiantadas em relação ao cronograma para o resto do dia. Em terceiro lugar, sugeriram que a equipe de transporte do paciente as notificasse tão logo o paciente estivesse a caminho da cirurgia, o que daria tempo para fazerem uma verificação final na sala de cirurgia.

Marilyn ficou satisfeita e surpresa que sua equipe tivesse identificado esses modos de otimizar o desempenho. Ocorreu-lhe que, se ela mesma tivesse proposto tais medidas, a equipe provavelmente teria oferecido resistência ao trabalho extra. No entanto, como as ideias partiram da equipe, seus integrantes estavam não somente dispostos, mas entusiasmados, por realizá-las.

Marilyn criara um jogo que era importante, e agora sua equipe estava jogando para vencer.

As enfermeiras assumiram controle do processo e propuseram métodos adicionais para melhorar as medidas de direção e o contínuo aumento das medidas históricas. Os compromissos semanais eram precisos, e o acompanhamento, excelente. As reuniões de MCI eram altamente focadas nos resultados.

Entretanto, o que realmente fascinou Marilyn foram os novos níveis de engajamento e de energia que jamais vira antes.

Se você for consistente com relação às 4DX, poderá esperar que os membros da equipe comecem a otimizá-las por conta própria. Eis alguns pontos-chave para tirar o maior proveito dessa fase:

- Estimule e admita a validade de um grande número de ideias criativas para impulsionar as medidas de direção, até mesmo se algumas funcionarem melhor do que outras.
- Reconheça o acompanhamento bem feito e celebre os sucessos.

- Estimule os membros da equipe a liberarem caminhos de parte a parte e celebre quando isso acontecer.
- Reconheça quando os Potenciais começam a desempenhar como Modelos.

Estágio 5: Hábitos

> **ESTÁGIO 5:** Hábitos
>
> Quando as 4DX se tornam um hábito, pode-se esperar não somente alcançar a meta, mas também ver um aumento permanente no nível de desempenho da equipe. O propósito fundamental das 4DX não é somente alcançar resultados, mas criar uma cultura de execução excelente.

Onze meses antes, Marilyn estava enfrentando uma crise — a crescente taxa de incidentes poderia ter afetado seu trabalho e, muito mais importante, a vida de seus pacientes. Agora, ela e a equipe eram reconhecidos por terem excedido a meta e pela mais baixa taxa de incidentes na história do hospital.

Marilyn sabia que a mudança em sua equipe fora muito além da realização da meta. Eles tinham mudado fundamentalmente o modo como realizavam o trabalho, e nesse processo desenvolveram hábitos de execução que viriam a assegurar sucesso no futuro. As mudanças de comportamento que tinham sido tão difíceis de implementar eram agora o desempenho-padrão de sua equipe. Em essência, as práticas que reduziram incidentes cirúrgicos eram agora um componente normal de seu redemoinho, mas, graças a elas, seu redemoinho se tornou muito mais gerenciável.

Como resultado, ela sabia que a equipe poderia sustentar novos níveis de foco e de comprometimento, e, sempre que se voltavam para uma nova MCI, estavam no caminho da vitória.

As 4DX são formadoras de hábitos: uma vez que os comportamentos se enraizarem nas atividades diárias, você consegue estabelecer novas metas e ainda assim executar com excelência repetidas vezes. Listamos a seguir as ações-chave que ajudam a equipe a tornar as 4DX um hábito:

- Comemorar a realização da MCI.
- Partir imediatamente para novas MCIs a fim de formalizar as 4DX como seu sistema operacional.
- Enfatizar que seu novo padrão operacional é o desempenho superior sustentável, baseado nas medidas de direção relevantes.
- Ajudar cada membro da equipe a se tornar uma pessoa de alto desempenho.

Um exemplo de ótimo desempenho é o Erasmus Medical Center, próximo a Roterdã, na Holanda. Como no resto do mundo, os hospitais europeus enfrentam um perturbador aumento em HAIs [Infecções Hospitalares Letais, na sigla em inglês], que se estima ser responsável por dois terços dos 25 mil óbitos anuais no continente.

No Erasmus Medical Center, as infecções ainda estavam dentro dos limites aceitáveis, mas os administradores estavam decididos a zerá-las. Para alcançar essa MCI, adotaram um conjunto de medidas de direção que denominaram *investigar* e *eliminar*), que acabou com praticamente todas as HAIs em um período de cinco anos, levando todo o sistema hospitalar dos Países Baixos a reconhecer o exemplo do Erasmus.[16]

Por definição, os hospitais estão repletos de pessoas doentes. Os germes proliferam e a maioria dos hospitais parece se contentar com taxas de infecção dentro das normas vigentes. Contudo, para uma equipe de alto desempenho como a dos administradores do Erasmus Medical Center, a única taxa de infecção aceitável é *zero*.

O QUE ESPERAR

Em questão de meses, pacientes vulneráveis deixaram de adoecer ou ir a óbito.

Em nossa experiência em hospitais, cadeias de supermercados, empresas de engenharia, hotéis, empresas de software, usinas de energia, prestadores de serviço para o governo, empresas de serviços bancários, ou operações varejistas com múltiplas filiais, o resultado é quase sempre o mesmo: uma nova cultura de alto desempenho aliada a resultados consistentes.

Não é fácil chegar lá, e isso não acontece da noite para o dia. São necessários foco e disciplina *ao longo do tempo* para implementar as 4DX e garantir que perdurem. Usualmente, o padrão esperado tem o seguinte perfil.

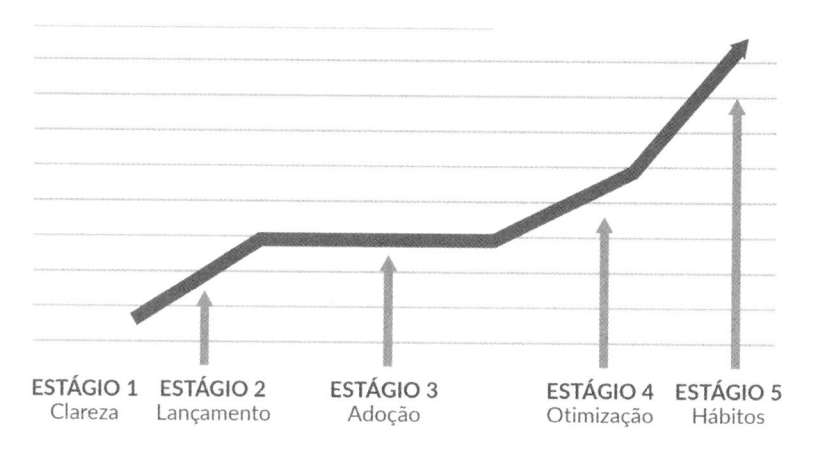

ESTÁGIO 1	ESTÁGIO 2	ESTÁGIO 3	ESTÁGIO 4	ESTÁGIO 5
Clareza	Lançamento	Adoção	Otimização	Hábitos

Inicialmente, os resultados melhoram rapidamente, mas observamos um período de estabilização à medida que a equipe trabalha para adotar uma nova mentalidade. Quando os membros da equipe se habituam às 4DX, elas começam a produzir dividendos reais.

Começamos este livro sinalizando que, possivelmente, o maior desafio que você enfrentará como líder será executar uma estratégia que depende da mudança do comportamento humano. As 4DX são um sistema comprovado que atende a esse desafio, não apenas uma, mas repetidas vezes.

Nos capítulos a seguir, vamos guiá-lo passo a passo pelas disciplinas, de modo que você possa aplicá-las em sua equipe.

CAPÍTULO 12

Implementando a Disciplina 1: Foque o Crucialmente Importante

O excelente desempenho da equipe começa com a seleção de uma única MCI de Equipe. Focar uma única meta inovadora é o princípio fundamental das 4DX. Sem ele, sua equipe se perderá no redemoinho.

Muitas equipes têm múltiplas metas. Algumas vezes, dezenas, todas com Prioridade Um. Todavia, com certeza, isso significa que nada é Prioridade Um. Um cliente definiu muito bem: "Quando você trabalha com tantas metas, na verdade não trabalha com nenhuma, porque a quantidade de energia que consegue alocar em cada uma é tão pequena que se torna insignificante."

Selecionar a MCI correta é essencial. Os líderes frequentemente hesitam em restringir o foco porque se preocupam com as consequências de escolher a MCI errada ou de não alcançá-la. Ainda assim, quando você escolhe uma MCI, inicia um jogo que é importante, um jogo no qual as apostas são altas e a equipe pode, de fato, fazer a diferença. A Disciplina 1 é necessária se você quiser jogar para ganhar.

Para ilustrar, imagine ser o diretor de uma escola que atende aos alunos mais pobres em uma das cidades mais pobres de um dos países mais pobres da Califórnia. A escola tinha mais de 700 alunos matriculados, dos quais cerca de 90% eram economicamente desfavorecidos, e esse porcentual estava aumentando. O que *não* estava crescendo era o desempenho da avaliação padronizada em todo o estado dos alunos. Essa era a situação do diretor da Carmel Elementary, Craig Gunter.

Durante um dia de desenvolvimento profissional com a FranklinCovey, Craig foi apresentado às 4 Disciplinas da Execução (4DX). Educador experiente, Craig conhecia bem a questão do estabelecimento de metas, mas algo sobre as 4DX lhe parecia diferente. As 4DX pareciam ser uma forma de realmente *executar* suas metas escritas. Era algo muito maior do que simplesmente escrever uma meta e esperar resultados, ou escrever um enorme Plano de Melhoria Escolar sobrecarregado com muitas estratégias para administrar. Craig acreditava que as 4DX poderiam ser a solução.

Uma vez que as MCIs foram definidas no nível do aluno, a Carmel estabeleceu placares para toda a escola a fim de demonstrar o progresso em sua leitura MCI. Os alunos tinham medidas de liderança comuns: ler 30 minutos por noite e, depois de completar um livro do Accelerated Reader [um site], atingir 85% na interpretação de texto. As comemorações ocorreram quando os alunos chegaram a esse ponto. O resultado? A Carmel passou de 240 alunos, atingindo sua meta de precisão do Accelerated Reader no ano e mais de 600 alunos no ano seguinte.

ETAPA 1. CONSIDERE AS POSSIBILIDADES

Comece fazendo um brainstorming sobre possíveis MCIs. Embora provavelmente você pense saber quais deverão ser as MCIs, talvez conclua o processo com MCIs bem diferentes. Em nossa experiência, isso acontece com frequência. Você fará esse brainstorming de maneiras distintas, dependendo do tipo de organização a que você pertence e da função de sua equipe.

Antes de começar, observe que, caso sua organização não tenha uma MCI Primária (4DX), sempre que nos referirmos à MCI Primária nesta seção, você deve substituí-la por um elemento existente da estratégia da empresa (lucratividade, receita, qualidade, satisfação do cliente etc.). Sua MCI de Equipe deve sempre se alinhar a um resultado que impulsione a estratégia da empresa para frente.

SE	ENTÃO
A equipe fizer parte de uma organização com muitas metas.	Reúna ideias sobre quais metas organizacionais são mais cruciais do que outras.
A organização já tiver MCI(s) estabelecida(s) no nível mais alto.	Reúna ideias sobre como contribuir para a(s) MCI(s) estabelecidas.
A equipe é a organização (por exemplo, uma pequena empresa ou uma empresa sem fins lucrativos).	Reúna ideias que terão o maior impacto na realização da missão ou no crescimento da empresa.

Obtenção de Ideias

Você tem três opções:

1. O brainstorming pode ser feito com líderes que sejam seus pares, especialmente se todos estiverem focando a mesma MCI organizacional. Se a sua preocupação for que talvez não compreendam a operação da equipe, ainda assim a perspectiva externa deles será valiosa, em particular se você depender deles ou eles de você.

2. Brainstorming com os membros de sua equipe ou com um grupo de representantes. Obviamente, se eles estiverem envolvidos na seleção da MCI, se responsabilizarão por ela mais prontamente.

3. Brainstorming individual. Evidentemente, você ainda poderá validar a MCI com a equipe quando estiver desenvolvendo as medidas de direção.

De Cima para Baixo ou de Baixo para Cima?

As MCIs devem vir do líder ou da equipe?

De cima para baixo: um líder que impõe MCIs sem o input da equipe pode ter problemas para conseguir a responsabilização. Se a maior parte da responsabilização acontecer por intermédio de sua autoridade, provavelmente não desenvolverá uma equipe de alto desempenho e pagará um preço pela perda de retenção, criatividade e inovação.

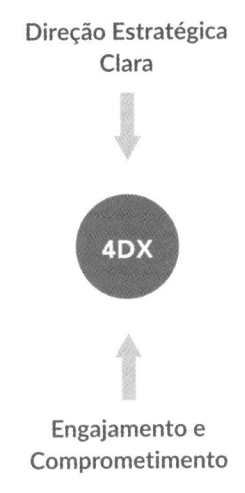

```
        Direção Estratégica
              Clara
                ↓
              ( 4DX )
                ↑
         Engajamento e
        Comprometimento
```

Com as 4 Disciplinas, os líderes propiciam direcionamento estratégico de cima para baixo na definição da MCI, ao passo que a equipe fornece inputs operacionais que aumentam seu engajamento e seu comprometimento com a MCI.

De baixo para cima: MCIs que se originam exclusivamente na equipe talvez careçam de relevância para a MCI global. Sem direcionamento forte, a equipe pode perder tempo e energia valiosos para chegar a um consenso sobre cada deslocamento.

De cima para baixo *e* de baixo para cima: idealmente, tanto o líder como a equipe participam da definição das MCIs. Apenas o líder pode fornecer clareza sobre o que é mais importante. O líder é, basicamente, o responsável pela MCI, mas não deve engajar os membros da equipe somente por meio do exercício de sua autoridade. Para atingir a meta e transformar a equipe, seus membros devem fornecer input operacional para a MCI: "Sem envolvimento não há comprometimento."

Questões Exploratórias

Encontramos três perguntas que podem ser úteis para a descoberta da MCI. "Que área do desempenho de nossa equipe representa nossa maior contribuição para a MCI Primária da empresa?" Essa pergunta é mais útil do que esta: "Qual é a coisa mais importante que podemos fazer?"

"Quais os pontos mais fortes da equipe que podem ser alavancados para assegurar que a MCI Primária seja atingida?" Essa pergunta gerará ideias em áreas nas quais sua equipe já está tendo sucesso, mas cujos desempenhos podem atingir um patamar superior.

"Quais as áreas em que o desempenho fraco da equipe precisa ser melhorado para assegurar a realização da MCI Primária?" Essa pergunta gerará ideias em torno das lacunas de desempenho, que se não forem cobertas representarão realmente uma ameaça para a realização da MCI Primária.

Não se contente com apenas algumas ideias sobre a MCI de Equipe. Reúna tantas quantas conseguir obter. A experiência nos mostra que, quanto maior e mais criativa a lista de possíveis MCIs de Equipe, maior será a qualidade da escolha final.

Pense "o que", e não "como". Não cometa o erro comum, nesse ponto, de deslocar o foco da MCI de Equipe propriamente dita para como realizá-la. O "como" é o comportamento novo e melhor que levará à MCI. Essa discussão será retomada mais tarde, na Disciplina 2.

Uma cadeia de hotéis 5 estrelas tinha esta MCI Primária: aumentar o lucro total de US$54 milhões para US$62 milhões até 31 de dezembro. Vários setores em um deles fizeram um brainstorming para suas MCIs de Equipes:

Limpeza dos Quartos	Limpar os quartos dos hóspedes como jamais fizeram antes. Já somos os melhores: vamos nos superar!
Restaurante	Fazer alianças com locais de eventos esportivos e culturais.
Estacionamento com Manobrista	Assegurar que ninguém tenha de esperar pelo próprio carro.
Recepção	Fazer a movimentação dos hóspedes no sistema mais rapidamente. Fim das filas no balcão de registro.

Analisemos a lista de ideias de um departamento: Gestão de Eventos. Como esse grupo poderia causar impacto tanto no aumento da receita como na redução das despesas, fizeram um brainstorming para ambas.

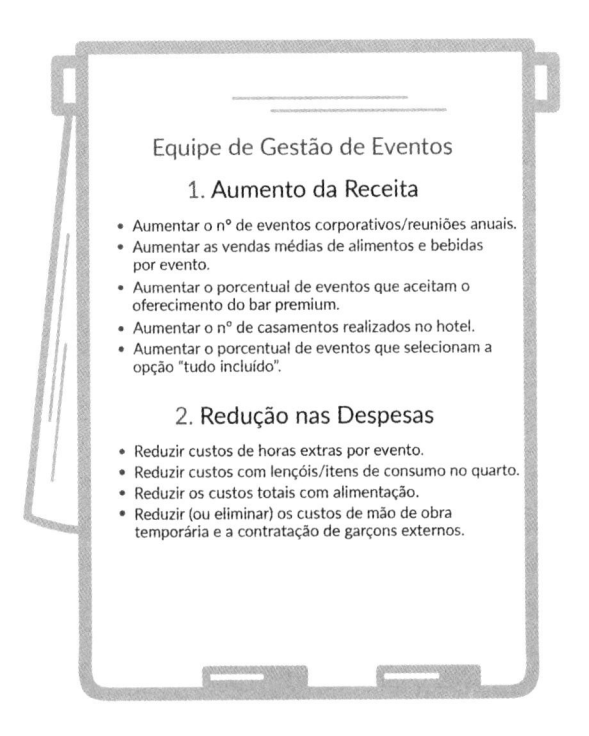

Equipe de Gestão de Eventos

1. Aumento da Receita

- Aumentar o nº de eventos corporativos/reuniões anuais.
- Aumentar as vendas médias de alimentos e bebidas por evento.
- Aumentar o porcentual de eventos que aceitam o oferecimento do bar premium.
- Aumentar o nº de casamentos realizados no hotel.
- Aumentar o porcentual de eventos que selecionam a opção "tudo incluído".

2. Redução nas Despesas

- Reduzir custos de horas extras por evento.
- Reduzir custos com lençóis/itens de consumo no quarto.
- Reduzir os custos totais com alimentação.
- Reduzir (ou eliminar) os custos de mão de obra temporária e a contratação de garçons externos.

ETAPA 2. CLASSIFICAÇÃO DE ACORDO COM O IMPACTO

Quando você estiver satisfeito com a lista de candidatas a MCIs de Equipe, estará pronto para identificar as ideias que prometam o maior potencial de impacto *sobre a MCI Primária* da empresa.

Calcular o impacto de uma MCI de Equipe depende da natureza da MCI Primária:

Se a MCI Global for	Então classifique a MCI em termos de
Uma meta financeira	Receitas esperadas, lucratividade, desempenho de investimentos, fluxo de caixa e/ou redução de custos.
Uma meta de qualidade	Ganhos de eficiência, tempos de ciclo, melhoria da produtividade e/ou satisfação do cliente.
Uma meta estratégica	Serviços em prol da missão, ganho de vantagens competitivas, oportunidades conquistadas e/ou ameaças reduzidas.

Serena, que supervisiona a equipe de Gestão de Eventos, é responsável por reuniões, banquetes e eventos especiais. Na Etapa 1, foram identificadas MCIs de Equipe que contribuiriam para a MCI Primária de lucratividade.

Para restringirem essa lista, calcularam o impacto financeiro de cada ideia. Não foi difícil identificar as ideias que gerariam o maior lucro para a equipe, mas esse não era o foco correto.

O verdadeiro desafio era classificar as ideias em termos de impacto *na MCI Primária da empresa*. Em outras palavras, isolar aquelas que gerariam o maior lucro para *todo* o hotel. Quando fizeram essa classificação, eventos corporativos e casamentos foram para o topo porque geram receita além do evento propriamente dito, devido aos quartos alugados por convidados de outras cidades, refeições no restaurante e até mesmo serviços no SPA.

Evite a armadilha de selecionar MCIs que melhoram o desempenho da equipe, mas que têm pouco a ver com a realização da MCI Global.

No fim, Serena e sua equipe escolheram duas MCIs que claramente teriam o maior impacto sobre a MCI Global:

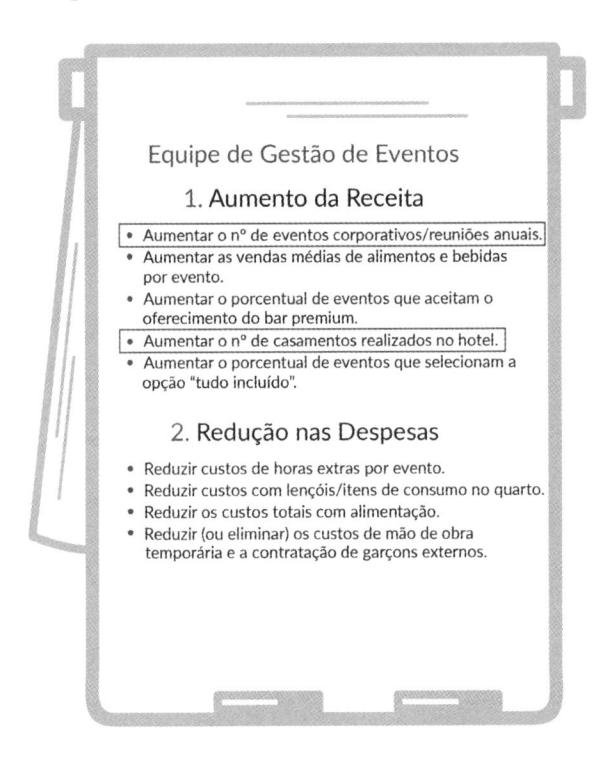

> **Equipe de Gestão de Eventos**
>
> **1. Aumento da Receita**
> - ☐ Aumentar o nº de eventos corporativos/reuniões anuais.
> - Aumentar as vendas médias de alimentos e bebidas por evento.
> - Aumentar o porcentual de eventos que aceitam o oferecimento do bar premium.
> - ☐ Aumentar o nº de casamentos realizados no hotel.
> - Aumentar o porcentual de eventos que selecionam a opção "tudo incluído".
>
> **2. Redução nas Despesas**
> - Reduzir custos de horas extras por evento.
> - Reduzir custos com lençóis/itens de consumo no quarto.
> - Reduzir os custos totais com alimentação.
> - Reduzir (ou eliminar) os custos de mão de obra temporária e a contratação de garçons externos.

ETAPA 3. TESTE AS IDEIAS PRINCIPAIS

Tendo identificado algumas MCIs de Equipe elegíveis, teste-as em relação a quatro critérios específicos para uma escolha final da equipe:

1. A MCI de Equipe está alinhada com a MCI Global?
2. Ela é mensurável?
3. Quem é o responsável pelos resultados, nossa equipe ou alguma outra?
4. Quem é responsável pelo jogo, a equipe ou o líder?

Há alinhamento? Existe uma linha contínua de visão entre a MCI de Equipe elegível e a MCI Primária? Para criar MCIs de Equipe significativas, você deve ter uma linha de visão clara entre sua equipe (no centro) e as MCIs da empresa como um todo (se puderem ser identificadas).

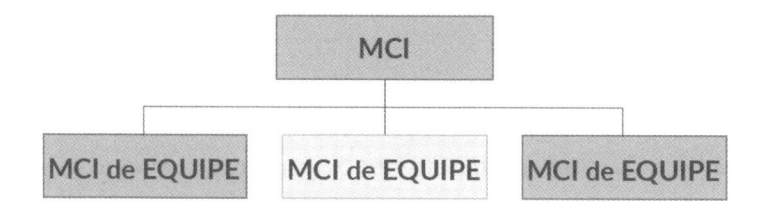

```
                    ┌─────────┐
                    │   MCI   │
                    └────┬────┘
         ┌───────────────┼───────────────┐
┌────────┴──────┐ ┌──────┴────────┐ ┌────┴──────────┐
│ MCI de EQUIPE │ │ MCI de EQUIPE │ │ MCI de EQUIPE │
└───────────────┘ └───────────────┘ └───────────────┘
```

Embora esse teste possa parecer óbvio, muitas equipes se tornam tão entusiasmadas com uma ideia que se esquecem de que a MCI Global tem prioridade máxima. Se a ideia não passar nesse teste, elimine-a e escolha a ideia seguinte de maior impacto na lista.

Ela é mensurável? Como um de nossos clientes colocou: "Se você não medir os resultados, estará apenas treinando." Um jogo sem resultados que possam ser mensurados nunca será um jogo importante.

Uma MCI de Equipe exige que uma medição crível seja implementada *a partir do dia que começa a ser executada*. Se há exigência de um esforço significativo antes de iniciar a medição, como no desempenho de um sistema ainda não desenvolvido, deve ser temporariamente cancelada. Uma vez que o sistema esteja operando, reconsidere-a, mas tempo investido em um jogo sem pontuação é tempo perdido.

Quem é o responsável? A equipe tem pelo menos 80% de responsabilidade sobre o resultado? Esse teste tem por meta eliminar a dependência significativa de outras equipes. O indicador conceitual de 80% pode ajudá-lo a determinar quanto sua equipe dependerá das outras para alcançar a MCI.

Se for menos de 80%, nenhuma das equipes assumirá a responsabilidade e o comprometimento será perdido.

Se duas equipes se responsabilizam pela mesma MCI, isso poderá ser, por certo, uma alavanca poderosa para o desempenho, desde que ambas as equipes e ambos os líderes compreendam que vencerão ou perderão juntos.

Quem é o responsável pelo jogo, o líder ou a equipe? Trata-se de um jogo do líder ou um jogo da equipe? Esse teste final é mais sutil do que os outros, mas igualmente importante. A pergunta é se os resultados são impulsionados pelo desempenho do líder ou pelo desempenho da equipe.

Se a MCI depender demais de funções que apenas o líder executa, a equipe logo perderá interesse no jogo. A MCI de Equipe deve depender fundamentalmente do que a equipe faz, e não apenas do que o líder realiza.

Fracassar em qualquer um desses testes deve levá-lo a reavaliar a ideia que tiver em mente. Não peça à equipe para jogar uma partida perdida. Sob a pressão da responsabilização, as falhas rapidamente se tornarão visíveis.

ETAPA 4. DEFINA A MCI

Tendo selecionado e testado suas ideias sobre as MCIs de alto impacto para a equipe, torne-as tão claras e mensuráveis quanto possível. Defina as MCIs de Equipe de acordo com as seguintes regras:

- Comece com um verbo.
- Defina a medida histórica em termos *De X para Y até Quando*.
- Seja simples.
- Foque "o que" e não "como".

Comece com um Verbo

Verbos simples fazem a mente se concentrar imediatamente na ação. Quase todos os verbos com muitas sílabas têm equivalentes simples.

Dispense introduções longas e exageradas. Apenas indique a MCI:

CERTO	ERRADO
Cortar custos... Aumentar a receita... Melhorar o índice de satisfação do cliente... Adicionar uma unidade fabril Lançar produtos...	A fim de agregar valor para nossos acionistas, melhorar as carreiras de nossos empregados e permanecer fiéis aos nossos valores fundamentais, implementaremos uma Meta Crucialmente Importante este ano para...

Defina a Medida Histórica

Medidas históricas revelam se a meta foi alcançada, marcam uma linha de chegada precisa para a equipe. Redija as medidas históricas no formato *De X para Y até Quando*, conforme mostram estes exemplos.

Resultado Atual (de X)	Resultado Desejado (para Y)	Prazo (até quando)
Taxa de erro de 11%	Taxa de erro de 4%	31 de julho
8 giros de estoque ao ano	10 giros de estoque ao ano	Encerramento do ano fiscal
12% ao ano de taxa de retorno sobre o investimento	30% ao ano de taxa de retorno sobre o investimento	Dentro de 3 anos

As MCIs resultantes serão semelhantes a estas:

- Diminuir a taxa de erro de 11% para 4% até 31 de julho.
- Aumentar o giro anual de estoque de 8 para 10 até o encerramento do ano fiscal.
- Aumentar nosso ROI médio de 12% para 30% no período de 3 anos.

Seja Simples

Anteriormente, compartilhamos a surpreendente informação de que 85% dos funcionários não sabem dizer as metas mais importantes das empresas onde trabalham. Dentre as muitas razões, existe o fato de que a maioria das metas empresariais são vagas, complexas e pretensiosas.

CERTO	ERRADO
Aumentar nosso índice de fidelidade do cliente de 40 para 70 até 31/12.	"Estamos comprometidos em aumentar e enriquecer nosso relacionamento com os clientes."
Aumentar a utilização de nossa assessoria de investimentos pelos clientes em 25% neste ano fiscal.	"Nossa principal meta para o próximo ano fiscal é facilitar os investimentos, a infraestrutura e o crescimento do acesso por meio da coordenação efetiva."
Lançar 3 produtos biológicos de US$10 milhões dentro de 5 anos.	"Desejamos fomentar a inovação no setor acrescentando recursos de base biológica por meio da biotecnologia."

Foque "o que", não "como"

Muitas equipes definem uma MCI de Equipe clara, mas depois a complicam acrescentando uma longa descrição de como a meta será alcançada.

CERTO	ERRADO
Aumentar a retenção de hóspedes de 63% para 75% ao longo dos próximos 2 anos.	Aumentar a retenção de hóspedes de 63% para 75% ao longo dos próximos 2 anos proporcionando experiências excepcionais para os clientes.

Você identificará *como* planeja alcançar a MCI de Equipe quando desenvolver as medidas de direção na Disciplina 2. A MCI deve focalizar exclusivamente *o que* a equipe pretende atingir.

ASSEGURE-SE DE QUE A MCI É ALCANÇÁVEL

Com frequência, encontramos líderes que acreditam em estabelecer metas que estão muito além de qualquer coisa que suas equipes possam alcançar, ao mesmo tempo que, no íntimo, reconhecem que ficarão satisfeitos se atingirem 75% da meta. Esse tipo de estratagema poderá solapar significativamente sua capacidade de impulsionar o engajamento e os resultados.

Temos que ser muito cuidadosos aqui. Não estamos advogando que as metas sejam fáceis de atingir. Estabeleça uma meta que desafie a equipe a atingir seu nível máximo de desempenho, mas nada além disso. Em outras palavras, crie uma MCI que seja tanto *valiosa* como *exequível*.

O RESULTADO

No contexto da Disciplina 1, o resultado é uma MCI de Equipe com *De X para Y até Quando* (medida histórica).

Agora você sabe que a simplicidade de uma MCI é enganosa: será um *desafio* alcançá-la. Porém, a equipe agora tem um foco claro no que mais importa, um foco que pode ser sustentado além dos requisitos diários da operação da equipe. Como uma bússola, a MCI de Equipe dá uma direção clara e consistente para a busca de um resultado *crucialmente importante*.

Para mais sobre MCIs no aplicativo 4DX, acesse www.4DXBook.com/wigs [conteúdo em inglês].

EXPERIMENTE

Use a ferramenta WIG Builder [Construtor de MCI] a fim de testar suas ideias para uma Meta Crucialmente Importante para a equipe.

CONSTRUTOR DE MCI

1. Faça um brainstorm de ideias para a MCI.
2. Faça um brainstorm de medidas históricas para cada ideia (*De X para Y até Quando*).
3. Classifique por ordem de importância para a organização ou para a MCI Global.
4. Teste suas ideias em relação à lista de verificação ao final do capítulo.
5. Escreva sua MCI final (ou MCIs finais).

Ideias para a MCI	Resultado Atual (de X)	Resultado Desejado (para Y)	Prazo (Até Quando)	Ordem

MCI Final (ou MCIs Finais)

Conseguiu o resultado desejado?

Assinale cada item para se assegurar de que suas MCIs de Equipe e as medidas históricas foram alcançadas:

- ☐ Houve riqueza de ideias, tanto de cima para baixo como de baixo para cima?
- ☐ A MCI da Equipe terá um impacto claro e previsível na MCI ou estratégia organizacional global, e não apenas no desempenho da equipe?
- ☐ A MCI da Equipe é a coisa mais impactante que pode ser feita a fim de contribuir para a realização da MCI Primária?
- ☐ A equipe tem claramente poder para realizar a MCI sem forte dependência de outras equipes?
- ☐ A MCI exige foco de toda a equipe, e não apenas do líder ou de um subgrupo?
- ☐ A medida histórica está expressa no formato *De X para Y até Quando*?
- ☐ A MCI pode ser simplificada ainda mais? A MCI começa com um verbo simples e termina com uma clara medida histórica?

CAPÍTULO 13

Implementando a Disciplina 2: Atue nas Medidas de Direção

Grandes equipes investem seus maiores esforços naquelas poucas atividades que produzem o maior impacto sobre as MCIs de Equipe: as medidas de direção. Esse insight é tão importante, tão marcante, e ainda assim tão pouco compreendido, que nós o denominamos segredo da excelência na execução. Ao contrário das medidas históricas, que lhe dizem se você atingiu sua meta, as medidas de direção dizem se você tem *probabilidade* de atingir sua meta. Você usará as medidas de direção para rastrear aquelas atividades que mais movem a MCI de Equipe.

As medidas de direção devem ser tanto *preditivas* da realização da MCI de Equipe como *influenciáveis* pela equipe, como estes exemplos demonstram:

Equipe	Medida Histórica	Medida de Direção
Equipe de Melhoria da Qualidade do Hospital	Diminuir a taxa de mortalidade no hospital de 4% para 2% este ano.	Avaliar os pacientes suscetíveis à pneumonia duas vezes ao dia com base nos protocolos de prevenção da doença.
Equipe de Expedição da Transportadora	Reduzir os custos de transporte em 12% este trimestre.	Garantir 90% das viagens em caminhões totalmente carregados.
Restaurante	Aumentar em 10% o consumo médio até o final do ano.	Sugerir coquetel especial do dia a 90% de todas as mesas.

Cada uma dessas medidas de direção é ao mesmo tempo preditiva e influenciável. A equipe pode gerenciar a ação sobre as medidas de direção, que por sua vez movem a medida histórica.

Atuar nas medidas de direção para um desempenho ótimo da equipe é essencial, mas é também o mais difícil para a implementação das 4DX.

Três razões justificam essa dificuldade:

Medidas de direção podem ser contraintuitivas. A maioria dos líderes se concentra nas medidas históricas, no que em última instância importa: o resultado financeiro da empresa. Esse foco é natural, mas você não pode atuar sobre uma medida histórica porque ela está no passado.

Medidas de direção são difíceis de ser monitoradas. São medidas de comportamentos novos e diferentes, e monitorar comportamentos é muito mais difícil do que medir resultados. Em geral, não há um sistema prontamente disponível para acompanhar medidas de direção. Assim, você talvez precise inventar tal sistema.

Medidas de direção com frequência parecem ser simples demais. Elas demandam foco preciso sobre um determinado comportamento que pode parecer insignificante (embora não seja), em especial para aqueles que não pertencem à equipe.

Por exemplo, uma loja varejista escolheu a seguinte medida de direção para impulsionar as vendas: limitar o número de itens em falta no estoque a no máximo vinte por semana. Será que essa medida comum produz de fato uma diferença significativa? E será que eles já não deveriam estar fazendo isso? Contudo, se essa ação simples for executada inconsistentemente, os clientes que não encontrarem o que procuram não retornarão.

Em geral, medidas de direção apenas preenchem a lacuna entre saber e fazer o que deve ser feito. Assim como uma simples alavanca pode mover uma rocha, uma boa medida de direção promove poderosa alavancagem.

DOIS TIPOS DE MEDIDAS DE DIREÇÃO

Antes que você e sua equipe comecem a desenvolver medidas de direção, queremos que entendam mais sobre alguns aspectos dessas poderosas alavancas da execução. Para começar, há dois tipos de medidas de direção: as que produzem resultados pontuais e as que promovem condutas poderosas.

Resultados pontuais são medidas de direção que focam a realização de um resultado semanal pela equipe, mas permitem a cada um dos membros certa liberdade de escolha do método para alcançá-lo. "Limitar a falta de itens no estoque a no máximo vinte por semana" é uma medida de direção de resultado pontual, para a qual várias ações poderiam ser aplicadas. Não importam as ações escolhidas: com uma medida de direção de resultados pontuais a equipe será essencialmente responsável por produzir o resultado.

Condutas poderosas são medidas de direção que monitoram comportamentos específicos que você e a equipe adotam durante a semana. Elas possibilitam que toda a equipe assuma novos comportamentos em um mesmo nível de consistência e qualidade, e forçam uma avaliação clara de quão bom foi seu desempenho. Com esse tipo de medida de direção, a equipe é responsável pelo comportamento, e não por produzir um resultado.

Ambos os tipos de medidas de direção são aplicações *igualmente* válidas da Disciplina 2 e poderosas alavancas de resultados.

META CRUCIALMENTE IMPORTANTE

Reduzir a média mensal de acidentes de 12 para 7 até 31 de dezembro.

RESULTADO PONTUAL
MEDIDA DE DIREÇÃO
Alcançar índice médio de conformidade com a segurança de 97% semanalmente.

CONDUTA PODEROSA
MEDIDA DE DIREÇÃO
Assegurar que 95% de todos os colaboradores usem botas de segurança diariamente.

Esse exemplo foi tirado de nossa implementação na Younger Brothers Construction, cuja MCI de Equipe era uma taxa de acidentes menor. Eles escolheram o tipo resultado pontual de conformidade com os padrões de segurança que envolviam múltiplos comportamentos novos. Se acreditassem que a equipe fracassaria escolhendo tantos comportamentos, poderiam ter optado por uma única conduta poderosa, como por exemplo usar botas de segurança (uma das seis normas de segurança) e, ao longo do tempo, incorporar os comportamentos adicionais como novos hábitos da equipe.

META CRUCIALMENTE IMPORTANTE

Aumentar a média das vendas semanais de US$1 milhão para US$1,5 milhão até 31/12.

RESULTADO PONTUAL
MEDIDA DE DIREÇÃO
Limitar a falta dos principais itens no estoque a no máximo vinte por semana.

CONDUTA PODEROSA
MEDIDA DE DIREÇÃO
Realizar duas inspeções adicionais do estoque diariamente, preenchendo todas as faltas dos principais itens.

Esse exemplo foi tirado do nosso trabalho com uma grande cadeia de supermercados na qual a mais poderosa força motriz da MCI de Equipe era garantir que os produtos mais vendidos estivessem sempre disponíveis para os clientes. Eles decidiram atuar com base em uma medida de direção do tipo conduta rigorosa, "Realizar duas inspeções diárias adicionais no estoque", em que toda a equipe poderia participar.

Nossa intenção é que você veja, a partir desses exemplos, que ambas as medidas de direção exercem uma influência decisiva na consecução da meta. Não é uma questão de *qual* seja a melhor medida, mas qual medida de direção é melhor *para a equipe*.

Aqui seguem as etapas para se chegar às medidas de direção com alto potencial de alavancagem.

ETAPA 1. CONSIDERE AS POSSIBILIDADES

Comece fazendo um brainstorming das possíveis medidas de direção. Resista à tentação de escolher rapidamente. Nossa experiência tem demonstrado que, quanto mais ideias forem geradas, maior será a qualidade das medidas de direção.

Cremos que estas perguntas são úteis na descoberta de medidas de direção:

- O que poderíamos fazer para produzir uma diferença significativa na MCI de Equipe e que nunca fizemos antes?
- Quais os pontos fortes da equipe que podemos usar como alavanca para a MCI de Equipe? Onde estão nossos "bolsões de excelência"? O que nosso pessoal com melhor desempenho faz de forma diferente?
- Que pontos fracos poderiam nos impedir de alcançar a MCI de Equipe? O que poderíamos fazer mais consistentemente?

Por exemplo, um supermercado tem esta MCI de Equipe: "Aumentar as vendas anuais em 5%." Eis algumas medidas de direção elegíveis:

Identificar Novas e Melhores Ações
• Cumprimentar as pessoas na porta entre 17h e 19h (horário de maior movimento) e oferecer ajuda para que encontrem o que estiverem procurando. • Receber pedidos sob a forma de texto e e-mail e deixá-los prontos para os clientes virem retirá-los.
Alavancar os Bolsões de Excelência
• Montar mostruários criativos com novos produtos em cada departamento, todos os meses. • Adaptar o checklist de atendimento ao cliente utilizado pela padaria do supermercado em todos os departamentos da loja.
Reparar as Inconsistências
• Conduzir inspeções no estoque para verificar quais os itens que estão em falta a cada duas horas. • Limitar as filas a dois clientes em qualquer momento.

Mantenha o foco unicamente nas ideias que impulsionarão a MCI de Equipe. Não passe para uma discussão geral sobre coisas boas que podem ser feitas em vez de coisas que causarão impacto na MCI de Equipe, ou você terminará com uma extensa lista de irrelevâncias.

Um exemplo famoso de medida de direção muito produtiva é a regra dos 15% na 3M Company. Durante décadas, essa grande empresa manteve a MCI estratégica de criar um fluxo incessante de ótimos produtos novos. Para alcançar essa meta, adotaram a medida de direção que exige das equipes de pesquisas dedicação de 15% de seu tempo a projetos de sua própria escolha. O autor Jim Collins comenta:

> Ninguém é orientado em que produtos deve trabalhar, apenas quanto deve trabalhar. Esse relaxamento dos controles produziu um fluxo

de inovações lucrativas, dos famosos adesivos Post-it aos exemplos menos conhecidos de placas de carros refletoras e máquinas que substituem funções do coração humano durante cirurgias. As vendas da 3M e seus ganhos aumentaram mais de 40 vezes desde que a regra dos 15% foi instituída.[17]

Uma medida de direção ideal, como a regra dos 15% da 3M, é extremamente frutífera para alcançar a MCI e fica sob controle da equipe.

ETAPA 2. CLASSIFIQUE DE ACORDO COM O IMPACTO

Quando você estiver satisfeito com a lista de medidas de direção elegíveis, estará pronto para identificar as que têm maior impacto potencial na MCI de Equipe.

Em função da MCI Primária do hotel para aumentar a lucratividade, a equipe de gestão de eventos estabeleceu sua MCI: aumentar a receita de eventos corporativos de US$22 milhões para US$31 milhões até 31 de dezembro.

Em uma sessão de trabalho 4DX, Serena e sua equipe deliberaram sobre medidas de direção para essa MCI de Equipe. Em seguida, Serena e sua equipe estreitaram o foco para três ideias que teriam o maior impacto na realização de sua MCI de equipe:

1. *Aumentar o número de visitas ao hotel.* A equipe de Serena sabia, por experiência, que sempre que conseguiam influenciar um cliente a visitar o hotel, as chances de fechar o contrato para o evento eram significativamente mais altas.

2. *Vendas cruzadas com o pacote premium do bar.* Como as margens eram mais altas nos produtos no pacote premium do bar, cada evento que fizesse essa escolha adicional aumentaria não apenas a receita, mas também a lucratividade.

3. *Gerar propostas de maior qualidade.* A proposta era a última etapa no processo de vendas. Assim, quanto mais frequentemente os interessados avançavam até esse estágio, maior era a probabilidade de fecharem negócio. A ideia era assegurar que cada proposta passasse por um checklist de padrão de qualidade superior.

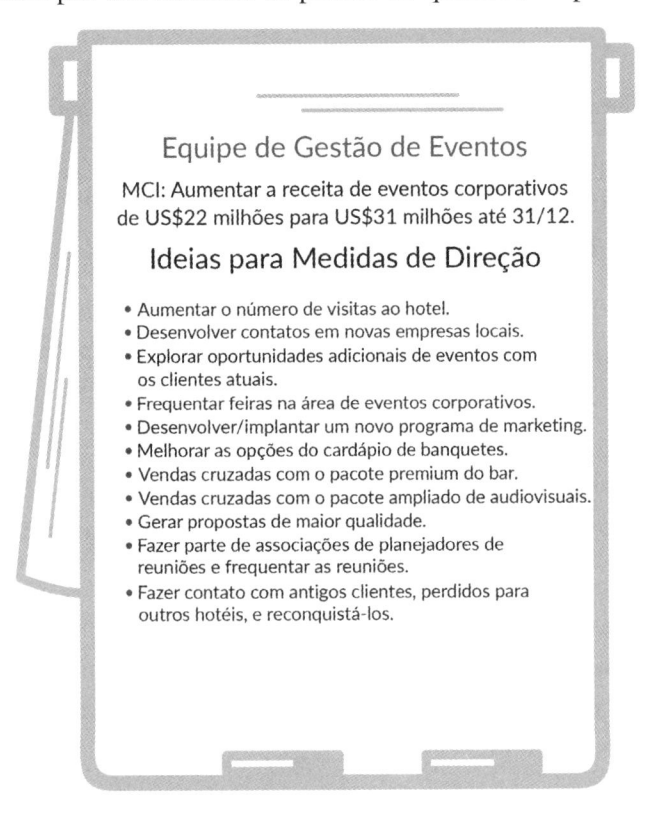

Equipe de Gestão de Eventos

MCI: Aumentar a receita de eventos corporativos de US$22 milhões para US$31 milhões até 31/12.

Ideias para Medidas de Direção

- Aumentar o número de visitas ao hotel.
- Desenvolver contatos em novas empresas locais.
- Explorar oportunidades adicionais de eventos com os clientes atuais.
- Frequentar feiras na área de eventos corporativos.
- Desenvolver/implantar um novo programa de marketing.
- Melhorar as opções do cardápio de banquetes.
- Vendas cruzadas com o pacote premium do bar.
- Vendas cruzadas com o pacote ampliado de audiovisuais.
- Gerar propostas de maior qualidade.
- Fazer parte de associações de planejadores de reuniões e frequentar as reuniões.
- Fazer contato com antigos clientes, perdidos para outros hotéis, e reconquistá-los.

Cuidado

Depois de produzirem uma lista de candidatas a medidas de direção, frequentemente ouvimos os membros da equipe dizerem: "Precisamos fazer todas estas coisas!" Sem dúvida, todos os itens devem ser feitos, mas, quanto mais itens tentarem fazer, menos energia dedicarão a cada um deles.

Além do mais, manter o foco em poucas medidas de direção permite maior alavancagem. Como costumamos dizer: "Uma alavanca tem de ser submetida a um grande movimento para produzir um pequeno deslocamento da rocha." Em outras palavras, a equipe deve exercer uma grande pressão sobre a medida de direção para mover a medida histórica. Se você tiver um número excessivo de medidas de direção, a pressão se diluirá.

ETAPA 3. TESTE AS IDEIAS PRINCIPAIS

Ao identificar algumas medidas de direção capazes de alta alavancagem, teste cada uma delas com base em seis critérios:

- É preditiva?
- É influenciável?
- É um processo contínuo ou do tipo "uma única vez"?
- É um jogo do líder ou da equipe?
- É mensurável?
- Vale a pena mensurar?

O Indicador é Preditivo da Realização da MCI de Equipe?

Este é o primeiro e mais importante teste para uma candidata a medida de direção. Se a ideia não passar nesse teste, mesmo sendo uma boa ideia, elimine-a e escolha a próxima ideia mais impactante da lista do brainstorming.

A Equipe Pode Influenciar a Medida de Direção?

Influenciar nos leva a perguntar se a equipe detém pelo menos 80% do controle sobre a medida de direção. Como na Disciplina 1, esse teste elimina dependências significativas de outras equipes.

Estas são hipóteses de medidas de direção que a equipe de gestão de eventos de Serena poderia ter proposto como alternativa para as incontroláveis medidas históricas:

Medidas Históricas Não Influenciáveis	Medidas de Direção Influenciáveis
Aumentar a lucratividade de comidas e bebidas em 20%	Fazer venda cruzada com o pacote premium do bar e melhorar as opções do cardápio de banquetes.
Reconquistar antigos clientes	Contatar antigos clientes, perdidos para outros hotéis, e gerar propostas persuasivas para recontratação.
Fazer reservas para um número maior de convenções	Participar ativamente das reuniões mensais da associação de planejamento de convenções.

Lembre-se de que a medida de direção ideal é uma ação que faz a medida histórica evoluir e que a equipe pode prontamente assumir *sem uma dependência significativa de outra equipe*.

É um Processo Contínuo ou do Tipo "Uma Única Vez"?

A medida de direção ideal é aquela que promove uma mudança de comportamento que se torne habitual e que traga melhoria contínua na medida histórica. Embora uma ação tomada uma vez possa trazer melhoria temporária, isso não se constitui em uma mudança de comportamento e terá pouco efeito sobre a cultura da equipe.

Eis alguns exemplos que poderiam ter sido usados pela equipe de Serena e que ilustram as importantes diferenças que esse teste revela:

Processo Contínuo (Faça Isto)	Uma Única Vez (Não Faça Isto)
Assegure-se de que cada cliente fique ciente de nossa capacidade audiovisual e receba uma configuração personalizada.	Aprimorar todo o nosso sistema audiovisual.
Manter 100% de conformidade com o checklist de preparação da mesa do banquete.	Frequentar uma sessão de treinamento sobre as normas para montagem de de mesas para banquetes.
Participar de todas as reuniões da Câmara de Comércio e contatar todas as empresas que abram novas filiais em nossa cidade.	Associar-se à Câmara de Comércio.

Embora as ideias "uma única vez" possam fazer uma diferença temporária, possivelmente até mesmo uma grande diferença, apenas os hábitos comportamentais que a equipe desenvolve são capazes de promover melhorias permanentes.

É um Jogo do Líder ou da Equipe?

O comportamento da equipe deve mover a medida de direção. Se apenas o líder (ou um indivíduo) puder mover a medida de direção, a equipe rapidamente perderá interesse no jogo.

Por exemplo, uma iniciativa de qualidade exige que o líder audite o processo frequentemente, o que produzirá resultados de auditoria cada vez mais aprimorados. Caso a medida de direção proposta seja fazer auditorias mais frequentes, ela não será aprovada nesse teste porque apenas o líder pode conduzir as auditorias. Todavia, se a proposta for responder a todos os achados das auditorias num prazo conveniente, ele se torna um jogo de equipe. As ações para conduzir uma pontuação de auditoria envolvem todos na equipe.

Da mesma forma, hipóteses de medidas de direção tais como preenchimento de posições em aberto, redução de horas extras ou melhoria na programação são usualmente exemplos de um jogo para o líder na maioria das empresas. Vale lembrar que as medidas de direção conectam a equipe à MCI, mas isso ocorre somente no caso de ser uma partida para ser jogada pela equipe.

É Mensurável?

Como já dissemos, os dados das medidas de direção são difíceis de ser obtidos, e a maioria das equipes não tem sistemas para acompanhar as medidas de direção, mas o monitoramento bem-sucedido destas é imprescindível para o sucesso nas medidas históricas.

Na hipótese de a MCI de Equipe se revelar, de fato, crucialmente importante, você precisará encontrar maneiras de avaliar os novos comportamentos.

Vale a Pena Mensurar?

Se o esforço necessário for maior do que o impacto que produz ou se tiver consequências não intencionais sérias, a medida de direção não passará nesse teste.

Por exemplo, um grande varejista de fast-food contratou inspetores cuja função era visitar regularmente cada uma das franquias para constatar se elas atuavam em conformidade com as normas da empresa. Os inspetores eram, em geral, considerados espiões. Os membros da equipe se sentiam desrespeitados. Ao custo direto de contratação desse exército de inspetores, os líderes adicionavam o custo de aumentar a desconfiança e baixar o moral.

Em última análise, as medidas de direção desenvolvidas pela equipe de gestão de eventos de Serena foram aprovadas em todos os testes. Ao longo desse processo, eles descobriram que quase todas as visitas feitas ao hotel resultavam em uma proposta bem-sucedida. Assim, decidiram atuar na realização de um número maior de visitas e fazer vendas cruzadas com o pacote premium do bar.

ETAPA 4: DEFINA AS MEDIDAS DE DIREÇÃO

Conforme for finalizando o formato das medidas de direção, vá respondendo às seguintes perguntas:

Estamos Acompanhando o Desempenho Individual ou da Equipe?

Essa opção afetará os termos do placar, o seu formato e, essencialmente, até que ponto a equipe se responsabiliza por ele. O monitoramento de resultados produzidos pelos indivíduos cria o mais alto nível de responsabilização, mas também o jogo mais difícil de ser vencido porque demanda o mesmo desempenho de todos. Por outro lado, o monitoramento dos resultados da equipe leva em conta as diferenças no desempenho individual, enquanto ainda possibilita que a equipe atinja os resultados.

Pontuação Individual	Pontuação da Equipe	
Saudar 20 clientes por colaborador, por dia, com uma calorosa saudação, e oferecer ajuda.	Saudar 100 clientes por dia, como equipe, com uma calorosa saudação, e oferecer ajuda.	Medição Diária
Saudar 20 clientes por colaborador, por semana, com uma calorosa saudação, e oferecer ajuda.	Saudar 700 clientes por semana, como equipe, com uma calorosa saudação, e oferecer ajuda.	Medição Semanal

O Monitoramento das Medidas de Direção é Diário ou Semanal?

Para alcançar o mais alto nível de engajamento, os membros da equipe precisam ver os números da medida de direção evoluindo pelo menos semanalmente. Caso contrário, logo perderão o interesse. O acompanhamento diário cria o mais alto nível de responsabilização porque demanda o mesmo desempenho de cada colaborador todos os dias, enquanto o monitoramento semanal leva em consideração desempenho diário variável, desde que o resultado geral da semana seja obtido.

Eis a seguir um exemplo da *mesma medida de direção* com pontuações individuais e diárias, bem como um acompanhamento diário e semanal.

Essas considerações devem desempenhar um papel na tomada de decisão:

Pontuação Individual	Pontuação da Equipe	
• Cada membro da equipe deve alcançar a medida de direção. • A responsabilização pessoal é muito alta pois o monitoramento é feito por pessoa. • O placar é muito detalhado.	• A equipe pode vencer mesmo quando membros individuais têm baixo desempenho. • Resultados individuais de alto desempenho podem mascarar os de baixo desempenho.	Medição Diária
• Os indivíduos podem vencer em uma semana, mesmo se perderem algumas metas diárias. • A equipe vence apenas quando cada membro faz sua parte. • O placar é detalhado.	• A equipe pode vencer na semana mesmo quando as metas diárias são perdidas. • Resultados individuais de alto desempenho podem mascarar os de baixo desempenho. • A equipe vence ou perde como um todo.	Medição Semanal

Qual É o Padrão Quantitativo?

Em outras palavras: "Até que ponto/com que frequência/qual é a nossa expectativa de desempenho consistente?"

Na Younger Brothers, a medida de direção era conformidade de 97% com as seis normas de segurança. Como chegaram lá? Como você chegaria?

A decisão se baseia na urgência e na importância da MCI de Equipe. Lembre-se de que é preciso submeter a alavanca a um grande movimento para mover a rocha um pouco. Se a conformidade com as normas de segurança for de apenas 67%, aumentar para 97% significará um grande deslocamento da rocha, e se vidas, braços e pernas estiverem em jogo, a rocha precisa ter um grande deslocamento. Escolha números que desafiem a equipe sem tornar o jogo impossível de vencer.

Por exemplo, nos Países Baixos, cada paciente que dá entrada em um hospital é submetido a uma coleta de material para pesquisa de infecção, medida de direção importante para eliminar HAIs [infecções hospitalares, no acrônimo em inglês]. Obviamente, fazer a coleta de material em cada paciente consome tempo e recursos, mas é algo administrável. Outros países com maior tolerância a HAIs ou que talvez não o considerem seu maior problema, talvez selecionem alguns, mas certamente não todos os pacientes. Para estes, HAIs zero não é uma MCI.

Algumas vezes você descobre os números por tentativa e erro. Um cliente de materiais de construção disparava dois e-mails sequenciais toda semana antecipando as promoções, mas o resultado era insignificante. Quando começaram a enviar três e-mails, passaram a fazer muitos negócios. Havia algo mágico com três, em vez de dois e-mails. Vai saber.

Se você estiver avaliando uma atividade que sua equipe já faça, é essencial que o nível de desempenho suba significativamente além do ponto onde se encontra hoje. Do contrário, estará praticando uma definição bem conhecida de insanidade: *fazendo as mesmas coisas que sempre fez, mas esperando resultados diferentes.*

Qual é o Padrão Qualitativo?

Em outras palavras: "Quão bem esperam que façamos?"

Nem todas as medidas de direção têm de responder a essa pergunta. Ainda assim, as medidas de direção com maior impacto definem o padrão — não apenas para a frequência ou a quantidade —, mas também quão bem deve ser o desempenho da equipe.

Na Younger Brothers, as seis normas de segurança são o componente qualitativo da medida de direção. Para uma equipe de uma unidade produtiva otimizada, poderia ser conformidade com o mapa de cadeia de valor.

Começa com um Verbo?

Verbos simples focam a mente imediatamente na ação.

MCI	Medida de Direção
Alcançar US$2 milhões em novas receitas até o final do trimestre.	*Realizar* 500 ligações via call center adicionais por semana.
Aumentar nossa taxa de fechamento em licitações de 75% para 85% neste ano fiscal.	*Assegurar* 98% de conformidade das propostas com as nossas normas de qualidade na elaboração de propostas.
Melhorar o índice de fidelidade do cliente de 40 para 70 em 2 anos.	*Alcançar*, semanalmente, 99% de disponibilidade do servidor.
Aumentar o giro do estoque de 8 para 10 este ano.	*Enviar* 3 e-mails para os contatos para cada oferta especial.

É Simples?

Enuncie suas medidas de direção com o menor número possível de palavras. Elimine explicações de abertura, tais como "A fim de atingirmos nossa MCI e exceder as expectativas de nossos clientes, nós faremos..." O que vem após as palavras "nós faremos..." é a medida de direção e é tudo que precisa ser dito. Uma escrita clara da MCI capta a maior parte do que seria dito em uma declaração inicial.

OBSERVAÇÃO ESPECIAL SOBRE MEDIDAS DE DIREÇÃO ORIENTADAS PARA O PROCESSO

Outro modo de identificar poderosas medidas de direção é olhar para seu trabalho sob a forma de etapas de um processo, especialmente se você já souber que sua MCI de Equipe deriva de um processo (exemplos seriam uma MCI de Equipe sobre a receita de um processo de vendas, uma MCI de Equipe sobre a qualidade de um processo de manufatura ou uma MCI de Equipe para a realização de um projeto com base em um processo de gestão de projetos).

IMPLEMENTANDO A DISCIPLINA 2...

O exemplo a seguir é um processo básico de vendas em onze etapas.

ETAPAS DO PROCESSO

1. Identificar Contas-alvo
2. Coletar Informações
3. Contato Inicial
4. Analisar as Necessidades
5. Validação da Qualidade
6. Criar Argumento Comercial
7. Testar a Proposta de Valor
8. Poder para Tomada de Decisão
9. Elaborar a Proposta
10. Apresentar a Proposta
11. Resolver Questões Importantes

RESULTADO: MCI = US$

Os processos sempre apresentam os mesmos desafios: está nos trazendo resultados? Estamos ao menos seguindo o processo? É o processo certo?

Todo processo apresenta pontos de alavancagem: etapas críticas, passíveis de falhas no desempenho. Se tais pontos se tornarem medidas de direção, a equipe poderá concentrar energia neles para que não se manifestem.

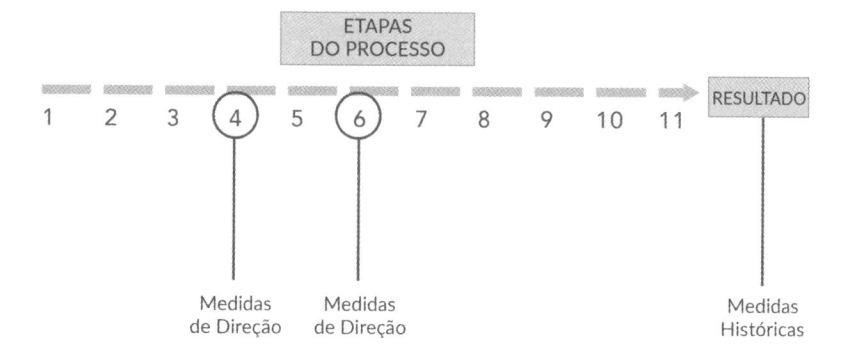

Etapas 4 e 6: Medidas de Direção
Resultado: Medidas Históricas

Nesse gráfico, a equipe decidiu que uma análise significativamente melhor sobre as necessidades (etapa 4) e a argumentação comercial (etapa 6) na proposta de valor (etapa 7) provocaria maior impacto nos resultados. Ela apostou nisso.

A partir daí, a equipe definirá as medidas de direção para esses pontos de alavancagem. Perguntarão: "Como avaliaremos se ocorreu uma análise satisfatória das necessidades?" "Como saber se temos um bom argumento comercial como proposta de valor?" Esse tipo de medida de direção é muito mais eficaz do que propor uma melhoria no processo como um todo de uma só vez. No caso, o líder teria que distribuir toda a energia da equipe por todo o processo, e a equipe jamais mudaria os velhos hábitos.

As 4DX propiciam ao líder capacidade de cercar os pontos críticos de um processo para em seguida prosseguir para o ponto mais crítico.

OS MARCOS INTERMEDIÁRIOS DE UM PROJETO PODEM SER BOAS MEDIDAS DE DIREÇÃO?

Caso a MCI de Equipe seja um único projeto, os marcos intermediários dela poderão ser medidas de direção eficazes, mas você terá de avaliá-las com muito cuidado. Se essas metas forem simultaneamente *preditivas* do êxito do projeto e *influenciáveis* pela equipe, podem ser boas candidatas. Contudo, têm também de ser suficientemente *significativas* para que compromissos semanais sejam estabelecidos. Quanto menores ou mais granulares forem os marcos intermediários, menores serão as chances de se definirem compromissos semanais. Em geral, um marco intermediário que demande menos de seis semanas para ser realizado não é suficientemente significativo para servir de medida de direção.

Alternativamente, se a MCI de Equipe consistir de múltiplos projetos, as medidas de direção provavelmente serão procedimentos usados para assegurar o êxito em todos os projetos, tais como comunicação eficaz ou procedimentos de teste. Nesse caso, deve-se escolher como medidas de direção os componentes mais *preditivos* e *influenciáveis* do processo de projeto.

O RESULTADO

Para a Disciplina 2, o resultado é um pequeno conjunto de medidas de direção que moverão as medidas históricas da MCI de Equipe.

As medidas de direção finais para a equipe de Serena foram claras e desafiadoras:

- Fazer duas visitas de qualidade ao hotel, por associado, por semana.
- Fazer venda cruzada do nosso pacote premium do bar para 90% de todos os eventos.

A Disciplina 2 fornece a Serena uma estratégia clara, concisa e mensurável para a melhoria do desempenho de sua equipe *e* obtenção de grandes resultados para o hotel.

Para mais sobre medidas de direção no aplicativo 4DX acesse www.4DXBook.com/leadmeasures [conteúdo em inglês].

A Disciplina 2 é emocionante para muitas equipes, e com razão. As equipes têm não apenas uma MCI com uma linha de chegada bem definida, mas também algumas medidas de direção cuidadosamente estabelecidas para que se atinja a MCI de Equipe. Para muitos, é o plano mais *executável* que já montaram. Eles se sentem confiantes de que fizeram tudo que era necessário fazer para que o plano se concretizasse, e agora ficou fácil.

Eles não têm mais como errar.

No entanto, apesar do belo jogo que planejaram, dentro de alguns dias desaparecerá no redemoinho, a menos que prossigam com a Disciplina 3.

MCI GLOBAL
Aumentar o lucro total de US$54 milhões para US$62 milhões até 31 de dezembro

MCI DA EQUIPE
Aumentar a receita oriunda de eventos corporativos de US$22 milhões para US$31 milhões até 31 de dezembro

MEDIDA DE DIREÇÃO
Realizar duas visitas de qualidade ao hotel por colaborador, por semana

MEDIDA DE DIREÇÃO
Fazer venda cruzada do nosso pacote premium do bar para 90% de todos os eventos

EXPERIMENTE

Use a ferramenta Lead Measure Builder [Construtor de Medidas de Direção] a seguir para tentar criar medidas de direção para a sua MCI.

CONSTRUTOR DE MEDIDAS DE DIREÇÃO

1. Insira a Meta Crucialmente Importante e a medida histórica no campo superior.
2. Faça um brainstorm de ideias sobre medidas de direção.
3. Faça um brainstorm de métodos para avaliar as ideias sugeridas.
4. Ordene segundo o impacto provocado na MCI.
5. Teste suas ideias com base na lista de verificação na próxima página.
6. Escreva suas medidas de direção finais.

Ideias para Medidas de Direção	Como Avaliar?	Ordem

Medidas de Direção Finais
_____
_____

Conseguiu o resultado desejado?

Verifique cada item para se assegurar de que sua MCI de Equipe e medidas de direção atendem ao que está sendo preconizado:

- [ ] Você reuniu informações valiosas, tanto de cima para baixo quanto de baixo para cima?
- [ ] A MCI de Equipe terá um impacto claro e previsível na MCI ou estratégia organizacional geral, não apenas no desempenho da equipe?
- [ ] A MCI de Equipe é a coisa mais impactante que a equipe pode fazer para impulsionar a realização da MCI global?
- [ ] A equipe tem claramente condições de alcançar a MCI sem depender muito de outros líderes ou subgrupos?
- [ ] Você está certo de que a MCI exige o foco de toda a equipe, não apenas do líder ou de um subgrupo?
- [ ] A medida histórica está escrita no formato *De X para Y até Quando*?
- [ ] A MCI pode ser simplificada ainda mais? Começa com um verbo simples e termina com uma medida histórica clara?

CAPÍTULO 14

Implementando a Disciplina 3: Mantenha um Placar Envolvente

A Disciplina 3 é a disciplina do engajamento. Embora você tenha definido um jogo claro e eficaz nas Disciplinas 1 e 2, a equipe não dará o melhor de si a menos que esteja emocionalmente engajada, e isso *acontece* quando ela sabe se está vencendo ou perdendo.

A chave para o engajamento é um placar grande, visível, continuamente atualizado, que seja envolvente para os jogadores. Por que enfatizamos tanto o placar?

Em uma recente pesquisa FranklinCovey sobre lojas varejistas, descobrimos que 73% dos colaboradores de mais alto desempenho, que chamamos de Modelos, concordam com esta declaração: "As medidas do nosso sucesso são visíveis, acessíveis e continuamente atualizadas." Apenas 33% dos colaboradores de desempenho inferior, que chamamos de Resistentes, concordaram com essa afirmativa. Assim, os colaboradores Modelos têm mais do que o dobro de probabilidade de ver e interagir com alguma forma de placar envolvente, de modo que possam ver se estão vencendo ou não. Por que isso acontece?

Lembre-se dos três princípios:

1. AS PESSOAS ATUAM DE FORMA DIFERENTE QUANDO ELAS MANTÊM O PLACAR

As pessoas dão menos do que o máximo que poderiam dar de si se ninguém mantém um placar — isso faz parte da natureza humana. Além do mais, atente para a ênfase: as pessoas jogam de forma diferente quando *elas* mantêm o placar. Há uma diferença notável entre um jogo no qual o líder se encarrega do placar da equipe e um jogo no qual os jogadores se encarregam de registrar os pontos uns dos outros. Isso significa que a equipe se responsabiliza pelos resultados. A partida é para ser jogada por eles.

2. O PLACAR DE UM TÉCNICO NÃO É O PLACAR DOS JOGADORES

O placar de um técnico é complexo, repleto de dados. O placar dos jogadores é simples, mostra apenas algumas medidas que sinalizam para os jogadores se estão vencendo ou perdendo a partida. Eles têm diferentes propósitos. Como líder, você pode orientar, mas não pode criar o placar dos jogadores sem o envolvimento deles.

3. O OBJETIVO DO PLACAR DOS JOGADORES É MOTIVÁ-LOS A VENCER

Se o placar não energiza as ações, seja ele físico ou no aplicativo 4DX, não é suficientemente envolvente para os jogadores. Todos os membros da equipe devem ser capazes de vê-lo e observá-lo mudar a cada momento, dia a dia ou semana a semana. A equipe deve o tempo todo conversar sobre ele. Na verdade, nunca deveriam afastar suas mentes disso.

CRIANDO UM PLACAR FÍSICO

Como você aprenderá em breve, há no aplicativo 4DX um placar de pontuação digital em tempo real que é atraente, simples e sempre disponível para você e sua equipe. Cobriremos isso em detalhes no fim deste capítulo.

Para algumas equipes, há um benefício adicional em permitir que a equipe construa um placar físico exclusivamente seu. Nesta seção, você verá como envolver a equipe na criação de um placar atraente. E também verá como diferentes designs de placar geram comportamentos diferentes.

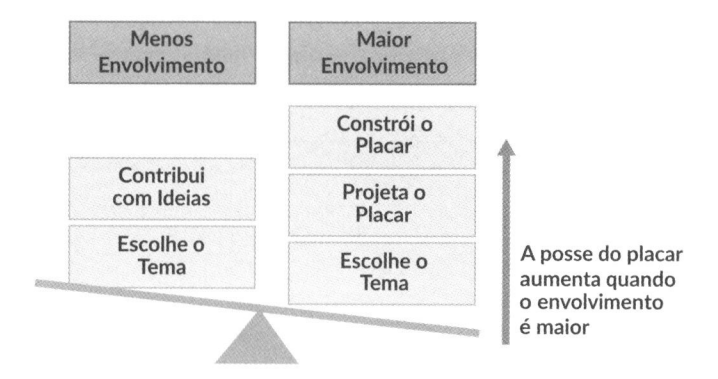

Descobrimos que, quanto maior o envolvimento da equipe no projeto do placar, o que é ilustrado no gráfico acima pela atribuição de mais responsabilidades a ela, mais a balança se inclina para que o placar seja uma posse da equipe.

ETAPA 1. ESCOLHA UM TEMA

Escolha um tema para seu placar que clara e *instantaneamente* mostre as medidas que você está monitorando. Há várias opções.

Linhas de Tendência

As linhas de tendência, de longe os mais úteis placares para evidenciar medidas históricas, facilmente passam a informação *De X para Y até Quando*.

VENÇA O BODE

MCI: Inscrever 428 Expositores na
Convenção até 30 de outubro

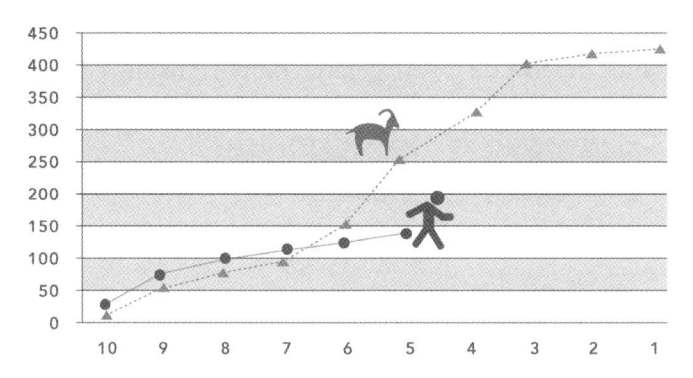

Velocímetro

Assim como o velocímetro de um carro, esse placar mostra a situação das medidas instantaneamente. É ideal para medidas de tempo (duração de ciclo, velocidade de processo, tempo para colocação no mercado, tempo de recuperação etc.). Considere outros medidores tais como termômetros, medidores de pressão, réguas ou balanças.

MEDIDAS DE DIREÇÃO

2.000 Ligações de Vendas para Revendedores - Junho

REAL: 2.169
META: 2.000
VARIAÇÃO: (+) 169
% VARIAÇÃO: (+) 8,45

12.000 Malas Diretas - Junho

REAL: 10.250
META: 12.000
VARIAÇÃO: (-) 1.750
% VARIAÇÃO: (-) 17,07

10 Feiras de Tecnologia - Abril/Maio/Junho

REAL: 9
META: 10
VARIAÇÃO: (- 1)
% VARIAÇÃO: (- 10%)

Gráfico de Barras

Esse placar é útil para comparar o desempenho das equipes ou de grupos dentro de equipes.

MEDIDAS DE DIREÇÃO

Alcançar 300 minutos de leitura ininterruptos/semana (3/Fev).

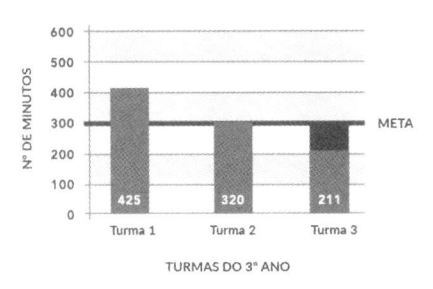

- Turma 1: 425
- Turma 2: 320
- Turma 3: 211
- META: 300

TURMAS DO 3º ANO

Realizar tutoriais individuais com cada aluno semanalmente (3/Fev).

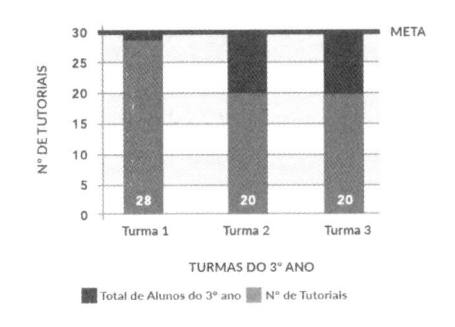

- Turma 1: 28
- Turma 2: 20
- Turma 3: 20
- META: 30

TURMAS DO 3º ANO

■ Total de Alunos do 3º ano ■ Nº de Tutoriais

Andon

Um gráfico Andon consiste em sinais coloridos ou luzes que mostram se um processo está no caminho certo (verde), em perigo de se afastar do caminho (amarelo) ou fora do caminho (vermelho). Esse tipo de placar é útil para mostrar o status das medidas de direção.

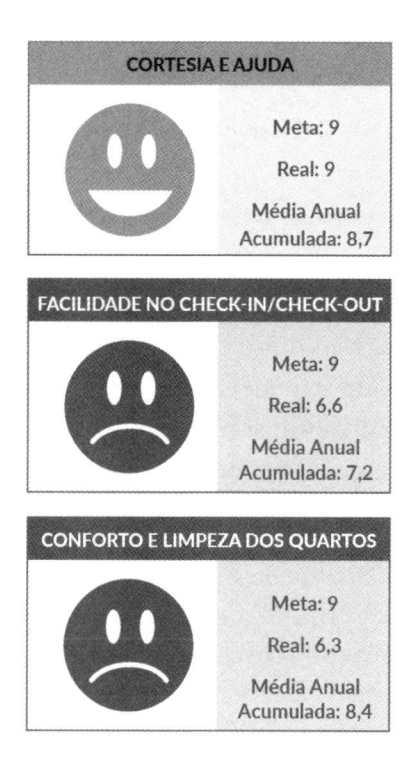

CORTESIA E AJUDA
Meta: 9
Real: 9
Média Anual Acumulada: 8,7

FACILIDADE NO CHECK-IN/CHECK-OUT
Meta: 9
Real: 6,6
Média Anual Acumulada: 7,2

CONFORTO E LIMPEZA DOS QUARTOS
Meta: 9
Real: 6,3
Média Anual Acumulada: 8,4

Personalizado

Sempre que os membros da equipe puderem personalizar o placar, será mais significativo para eles. Podem acrescentar o nome da equipe, fotografias dos participantes, caricaturas ou outros itens que representem a equipe. A personalização do placar não é apenas uma questão de diversão, serve também a um importante propósito — quanto mais o pessoal sente que o placar é *deles*, mais se responsabilizarão pelos resultados. Alcançar a MCI se torna uma questão de orgulho.

Já vimos até mesmo os indivíduos mais sérios se lançarem nesse esforço. Enfermeiras da área de cardiologia incluíram instrumentos cirúrgicos no placar, engenheiros instalaram luzes piscantes, chefes de cozinha motociclistas acrescentaram tornozeleiras de couro. Quando o placar é personalizado, a equipe se sente engajada.

ETAPA 2. PROJETE O PLACAR

Em seguida, a equipe deve projetá-lo tendo estas perguntas em mente:

Ele é simples?

Resista à tentação de complicar o placar acrescentando um excesso de variáveis ou dados de apoio tais como tendências históricas, comparações anuais ou projeções históricas. Não o use como um quadro de avisos para afixar relatórios, atualizações de status e outras informações gerais que tiram o foco da equipe dos resultados que precisam ver. No meio do redemoinho, a simplicidade é a chave que faz com que a equipe se mantenha engajada.

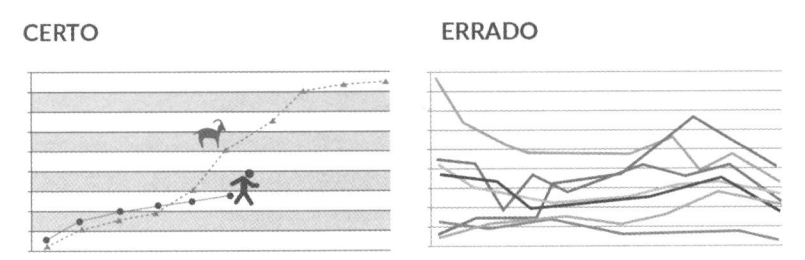

CERTO   ERRADO

Os membros da equipe podem ver imediatamente se estão vencendo no placar à esquerda, mas teriam de estudar cuidadosamente o placar à direita para compreendê-lo: há nele um número excessivo de variáveis a serem interpretadas.

A equipe pode vê-lo facilmente?

Uma visualização frequente conecta a equipe ao jogo. Para mais motivação, ponha-o onde *outras* equipes possam vê-lo também. Se sua equipe estiver geograficamente dispersa, o placar deve poder ser visto de forma remota (mais sobre placares eletrônicos no aplicativo 4DX) [conteúdo em inglês].

O placar contém medidas de direção e medidas históricas?

Inclua tanto os resultados reais como os resultados objetivados. O placar deve responder não apenas à pergunta *Onde estamos agora?*, mas também à pergunta *Onde deveríamos estar?*

CERTO			ERRADO	
Unid. Planejadas Final de Maio	105		Unidades Reais Final de Maio	97
Unidades Reais	97			
Ganho Líquido/ (Perda)	(08)			

Se a equipe apenas puder ver as unidades que produz por mês, não saberá dizer se está vencendo ou perdendo. É preciso ver o número de unidades planejadas. Também será útil fazer o cálculo para eles e mostrar se estão acima ou abaixo do objetivo (ganho líquido ou perda).

Inclua tanto a medida histórica da MCI como suas medidas de direção, legendas e outros rótulos mínimos para explicar as medidas. Em outras palavras, não suponha que todos saibam o que representam. (Lembre-se de que 85% dos membros da pesquisa que fizemos não sabiam enunciar suas metas mais importantes.)

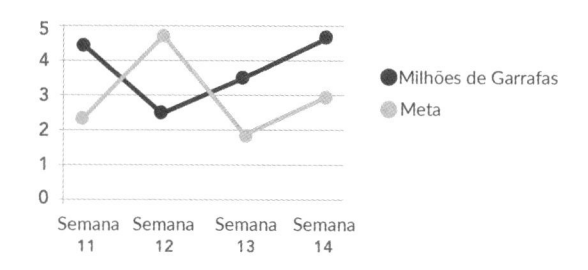

Semana	Unidade 1	Unidade 2	Unidade 3	Unidade 4	Unidade 5	Unidade 6	Unidade 7	Unidade 8	Unidade 9
11		✓							✓
12	✓	✓		✓	✓		✓	✓	✓
13	✓	✓	✓	✓		✓	✓	✓	✓
14	✓	✓		✓	✓	✓	✓	✓	✓

A MCI dessa equipe foi produzir certo número de garrafas de água por semana. A medida de direção era fazer a manutenção das unidades de engarrafamento segundo uma programação estrita, para que elas estivessem em pleno funcionamento e a equipe pudesse atingir a meta.

Quando notaram uma correlação entre a queda na manutenção e a queda na produção, se tornaram mais consistentes sobre a medida de direção e deram um tiro certeiro rumo à meta.

Conseguimos dizer de imediato se estamos vencendo?

Projete o placar de modo que em cinco segundos ou menos a equipe possa determinar se está vencendo ou perdendo. Esse é o teste da verdade de um placar feito para os jogadores.

ESTÁGIO 3. CONSTRUA O PLACAR

Deixe a equipe construir o placar. Quanto maior for o envolvimento deles, melhor será o resultado, pois se sentirão mais responsáveis se forem eles próprios a prepararem o placar.

Claro, tamanho e natureza da equipe fazem diferença. Caso haja pouco tempo de sobra, o líder terá de assumir um papel mais ativo na produção do placar. Ainda assim, a maioria das equipes abraça a oportunidade de criar o próprio placar e com frequência oferece o próprio tempo para criá-lo.

Por fim, não importa muito de que material é feito o placar. Pode ser uma sinalização eletrônica, um cartaz, um quadro branco ou até mesmo uma lousa, desde que atenda aos padrões de projeto apresentados aqui.

ETAPA 4. MANTENHA O PLACAR ATUALIZADO

O projeto do placar deve permitir fácil atualização, no mínimo semanal. Se o placar for difícil de atualizar, você se verá tentado a deixá-lo de lado quando o redemoinho o golpear, e sua Meta Crucialmente Importante desaparecerá em meio ao barulho e à confusão.

O líder deve dizer de forma muito clara:

- Quem é o responsável pelo placar.
- Quando ele será afixado.
- Com que frequência será atualizado.

UM EXEMPLO

Vamos acompanhar a equipe de gerenciamento de eventos de Serena no projeto e na confecção do placar.

Aplicando a Disciplina 1, eles estabeleceram uma MCI de Equipe para aumentar a receita com eventos corporativos, de US$22 milhões para US$31 milhões até 31 de dezembro. Em seguida, aplicaram a Disciplina 2 para identificar duas medidas de liderança de alto impacto:

- Fazer duas visitas de qualidade ao hotel, por colaborador, por semana.
- Fazer venda cruzada do pacote premium do bar em 90% dos eventos.

Com o jogo claramente definido, Serena e sua equipe estavam agora prontos para construir um placar. Começaram pela definição clara da MCI e da medida histórica no placar:

MCI

Aumentar a receita com eventos corporativos de US$22 milhões para US$31 milhões até 31/12.

A seguir, acrescentaram a Medida de Direção 1 com um gráfico detalhado para monitorar o desempenho individual.

E, finalmente, acrescentaram a Medida de Direção 2 e um gráfico de barras para monitorar as tentativas de vendas cruzadas.

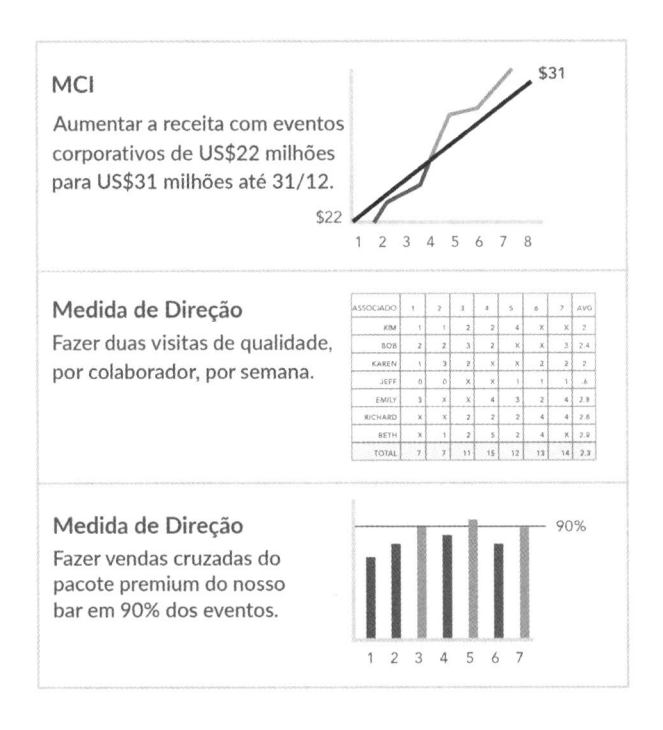

MCI
Aumentar a receita com eventos corporativos de US$22 milhões para US$31 milhões até 31/12.

Medida de Direção
Fazer duas visitas de qualidade, por colaborador, por semana.

Medida de Direção
Fazer vendas cruzadas do pacote premium do nosso bar em 90% dos eventos.

Com a MCI determinada e as medidas de direção claramente colocadas, o placar de Serena satisfez com facilidade as normas do projeto.

Simples, não sobrecarregado com dados. Tem apenas três componentes importantes, e cada um é quantificável e transparente.

Visível, com fontes grandes, escuras, visual limpo e com informações à vista.

Completo. Todo o jogo é apresentado. A MCI de Equipe, sua medida histórica e as medidas de direção estão claramente definidas. O desempenho real da equipe em relação ao objetivo é nítido. O placar é motivador porque a equipe pode ver seus resultados reais em relação ao que deveriam atingir semanalmente: a linha da meta, mais escura, torna isso possível.

MCI
Aumentar a receita com eventos corporativos de US$22 milhões para US$31 milhões até 31/12.

Nesse caso, a medida histórica é uma meta financeira simples que se baseia nas MCIs da empresa. Com outras possíveis MCIs, tais como aumento na satisfação do cliente ou melhoria da qualidade, provavelmente não haverá um modo predeterminado de avaliação do progresso efetuado. Em tais casos, trace a linha da meta subjetivamente, com base em suas expectativas e conhecimento do desempenho da equipe.

Todavia, quer faça parte do orçamento formalmente ou seja subjetivamente determinada, *deve existir uma linha da meta no placar.* Sem ela, a equipe não saberá dizer se está ou não vencendo a cada dia.

No caso das medidas de direção, em geral a linha da meta é estabelecida como um padrão de desempenho (por exemplo, a barra de 90% no gráfico à esquerda). Esse padrão deve não apenas ser alcançado, mas mantido. Em alguns casos, você poderá traçar uma meta de partida, representada por uma linha diagonal, seguida por uma linha horizontal indicando manutenção do desempenho (gráfico à direita).

AS 4 DISCIPLINAS DA EXECUÇÃO

Medida de Direção
Fazer venda cruzada com o pacote premium do nosso bar em 90% dos eventos.

Medida de Direção
Fazer venda cruzada com o pacote premium do nosso bar em 90% dos eventos.

A medida de direção para completar duas visitas de qualidade ao hotel por colaborador, por semana, exige que o desempenho da equipe seja relatado individualmente. Cada membro da equipe registrou no placar seus resultados semanais.

COLABORADOR	1	2	3	4	5	6	7	AVG
KIM	1	1	2	2	4	X	X	2
BOB	2	2	3	2	X	X	3	2.4
KAREN	1	3	2	X	X	2	2	2
JEFF	0	0	X	X	1	1	1	.6
EMILY	3	X	X	4	3	2	4	2.8
RICHARD	X	X	2	2	2	4	4	2.8
BETH	X	1	2	5	2	4	X	2.8
TOTAL	7	7	11	15	12	13	14	2.3

1. Os colaboradores monitoram o próprio desempenho
2. Os colaboradores atualizam o placar
3. O líder audita o desempenho em relação ao placar e aplica coaching quando necessário

Para assegurar credibilidade ao placar, o líder periodicamente faz uma auditoria no desempenho da equipe a fim de validar os índices que estão sendo registrados com o nível de desempenho observado. A regra aqui é confiar, mas verificar.

Como todos os gráficos mostram tanto resultados reais como as metas, os membros da equipe podem instantaneamente dizer se estão vencendo ou perdendo em cada medida de direção, assim como em relação à MCI. As cores verde e vermelho, quando usadas, podem tornar mais fácil dizer como estão se saindo.

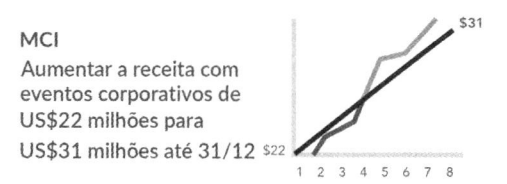

MCI
Aumentar a receita com eventos corporativos de US$22 milhões para US$31 milhões até 31/12

Medida de Direção
Fazer venda cruzada do pacote premium do nosso bar para 90% dos eventos

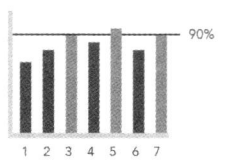

Note que, com a Medida de Direção no gráfico a seguir, a equipe só vence quando cada membro faz a sua parte. A equipe realmente vence quando todos completam duas ou mais visitas ao hotel naquela semana.

Colaborador	1	2	3	4	5	6	7	AVG
KIM	1	1	2	2	4	X	X	2
BOB	2	2	3	2	X	X	3	2.4
KAREN	1	3	2	X	X	2	2	2
JEFF	0	0	X	X	1	1	1	.6
EMILY	3	X	X	4	3	2	4	2.8
RICHARD	X	X	2	2	2	4	4	2.8
BETH	X	1	2	5	2	4	X	2.8
TOTAL	7	7	11	15	12	13	14	2.3

O RESULTADO

O resultado da Disciplina 3 é um placar que mantém a equipe engajada.

Há uma enorme diferença entre a equipe que conhece as MCIs e as medidas *conceitualmente*, e a equipe que conhece de fato o placar. Nas palavras de Jim Stuart: "Sem medidas claras, visíveis, a mesma meta terá uma centena de diferentes significados, para uma centena de pessoas diferentes." Se as medidas não forem reunidas em um placar bem visível e regularmente atualizado, a MCI desaparecerá em meio à distração decorrente do redemoinho. As pessoas deixam de se engajar quando desconhecem o placar.

É a sensação da vitória que impulsiona o engajamento, e nada move mais os resultados do que uma equipe totalmente engajada. Você observará isso toda vez que atualizar o placar.

Ao praticar as Disciplinas 1, 2 e 3, você projetou um jogo em equipe claro e que pode ser vencido, mas o jogo ainda está na prancheta. Na Disciplina 4, você põe o jogo em ação; é quando todos se tornam responsáveis, uns perante os outros, pelo alto desempenho.

Para mais sobre placares no aplicativo 4DX , acesse www.4DXBook.com/scoreboards [conteúdo em inglês].

EXPERIMENTE

Use a ferramenta Score Builder [Construtor de Placar] para experimentar placares para sua MCI.

Construtor de Placar

Use esta planilha para criar um placar envolvente. Teste suas ideias em relação à lista de verificação na página seguinte.

MCI de Equipe	Medida Histórica
Medida de Direção 1	Gráfico
Medida de Direção 2	Gráfico

Você Checou Tudo Isto?

Verifique cada item para assegurar que o placar da equipe é envolvente e motivará alto desempenho:

- [ ] A equipe foi envolvida intensamente na criação do placar?
- [ ] O placar contém a MCI de Equipe, medidas históricas e medidas de direção?
- [ ] Há uma explicação completa da MCI e das medidas de direção ao lado de cada gráfico?
- [ ] Cada gráfico mostra tanto os resultados atuais como os objetivados? (*Onde nós estamos? Onde deveríamos estar?*)
- [ ] A equipe pode dizer, olhando de relance cada medida, se estamos ganhando ou perdendo?
- [ ] O placar foi colocado em um local altamente visível onde a equipe pode vê-lo com facilidade e frequentemente?
- [ ] A atualização do placar é simples?
- [ ] O placar está personalizado, refletindo uma expressão única da equipe?

CAPÍTULO 15

Implementando a Disciplina 4: Crie uma Cadência de Responsabilidade

A Disciplina 4 é a disciplina da responsabilidade. Embora você tenha projetado um jogo claro e eficaz, sem responsabilização consistente a equipe jamais dará o melhor de si no jogo. Você pode começar bem, sua equipe pode ter as melhores intenções voltadas para a execução, mas logo o redemoinho os puxará de volta para um ciclo desgastante de reação às urgências.

O autor John Case colocou isso muito bem em um artigo na revista *Inc.*:

> Gestores instituem quadros brancos, lousas e placas de cortiça. Produzem incessantemente dados sobre defeitos por milheiro, tempo médio das paradas e dezenas de outras medidas de direção. Você jamais entrará em uma fábrica, almoxarifado ou escritório sem ver uma ou duas métricas estampadas em um quadro na parede.
>
> Durante certo tempo, os números nos gráficos melhoram. As pessoas prestam atenção aos quadros e ficam imaginando como melhorar seus desempenhos. Contudo, depois, algo estranho acontece. Uma semana se passa sem ninguém atualizar o placar. Ou talvez durante um mês inteiro. Finalmente, alguém se lembra de entrar com

os novos números e nota que não houve muita mudança. Assim, em uma próxima vez, ninguém ficará ansioso por atualizar o quadro. Pouco tempo depois, os quadros caem em desuso. E, por fim, são removidos.

Olhando em retrospecto, esse resultado não é tão surpreendente. O que é avaliado é feito, mas só por algum tempo. Depois começam as perguntas: "Por que estão nos avaliando?" "Quem realmente se importa se atingimos os números?" "Ainda estamos fazendo isso?" Um placar pode se tornar algo como um temido lembrete de "alguma coisa que deveríamos fazer, embora não estejamos fazendo".[18]

A Disciplina 4 quebra esse ciclo ao reconectar constantemente os membros da equipe ao jogo. E o mais importante é que os reconecta de um modo pessoal, pois como se vê com frequência e com regularidade, eles se responsabilizam mutuamente, investem nos resultados e jogam para vencer.

Quando os líderes ouvem falar da Disciplina 4, mostram-se compreensivelmente céticos: "Mais *outra* reunião toda semana?" "Será que realmente se consegue tanto assim em uma reunião tão curta?"

Após algumas semanas, esses mesmos líderes geralmente nos dizem, como o fez nosso maior cliente: "Eu achava que outra reunião era a última coisa de que precisávamos. Agora, esta é a única reunião que não cancelamos porque é a coisa mais importante que fazemos."

A Disciplina 4 exige que as equipes se reúnam frequente e regularmente em Reuniões de MCI nas quais cada membro da equipe assume compromissos pessoais para mover as medidas de direção.

Como uma Reunião de MCI poderia parecer apenas mais uma reunião rápida, talvez você não veja nada de novo sobre ela. No entanto, você está prestes a compreender que a cadência de responsabilidade demanda verdadeira habilidade e certo grau de precisão se você quiser que sua equipe tenha um desempenho de altíssimo nível.

O QUE É UMA REUNIÃO DE MCI?

Uma Reunião de MCI é algo diferente de qualquer outra reunião de que você já tenha participado. Uma reunião dessas tem um propósito ímpar: fazer com que a equipe focalize novamente a MCI, apesar do redemoinho diário. Ela ocorre regularmente, pelo menos uma vez na semana, em alguns casos com mais frequência, e tem uma agenda fixa, conforme ilustrado no modelo a seguir:

① PRESTAR CONTAS
Reportar sobre os compromissos assumidos na semana anterior

② REVISAR O PLACAR
Aprender com sucessos e fracassos

③ PLANEJAR
Liberar caminho e assumir compromissos

1. *Prestar Contas: reportar os compromissos da semana anterior.* Cada membro da equipe informa sobre os compromissos assumidos na semana anterior para alterarem as medidas de direção.

2. *Revisar o placar: aprender a partir dos sucessos e dos fracassos.* A equipe avalia se seus compromissos estão movendo as medidas de direção e se a medida de direção está provocando alteração na medida histórica. Além disso, discutem o que aprenderam sobre o que funciona e o que não funciona, e como fazer as adaptações.

3. *Planejar: liberar caminho e assumir novos compromissos.* Com base na avaliação, cada membro da equipe assume compromissos para a semana seguinte, os quais deverão levar as medidas de direção até o nível exigido. Uma vez que os membros criam os próprios compromissos e estão se responsabilizando entre si e com todos os outros membros da equipe por eles, deixam a reunião determinados a dar seguimento no assunto, que se torna, desse modo, *pessoalmente importante.*

Embora essa cadência de responsabilidade seja conceitualmente simples, proporciona foco e disciplina para agir em meio ao redemoinho.

POR QUE REALIZAR REUNIÕES DE MCI?

> **PRELEÇÕES DE MCI**
>
> Algumas equipes, tais como a da sala de pronto atendimento em um hospital, com pouco tempo livre, precisarão realizar um tipo alternativo de reunião chamado de Preleção de MCI para combinar os próximos lances.
>
> As Preleções de MCI ocorrem uma vez por semana, por cinco a sete minutos, com toda a equipe, em um círculo em torno do placar, com a finalidade de fazer três coisas:
>
> 1. **Revisam o Placar** — com isso, reforçam a responsabilidade pelos resultados.
> 2. **Reportam os Compromissos da Semana Anterior** — eles assumem o compromisso de um melhor desempenho da equipe.
> 3. **Assumem Compromissos para a Semana Seguinte.**

As reuniões mantêm o foco da equipe na MCI apesar do constante redemoinho de outras demandas urgentes.

As reuniões possibilitam que os membros da equipe aprendam uns com os outros sobre como fazer com que os indicadores avancem. Se uma pessoa tem êxito, as outras podem adotar a sua abordagem. Por outro lado, se determinado curso de ação não estiver funcionando, rapidamente a equipe descobre.

As reuniões dão aos membros da equipe a ajuda que necessitam para cumprirem seus compromissos. Se alguém se depara com uma barreira, a equipe decide como liberar caminho.

A reunião permite que a equipe se adapte em tempo real às necessidades do negócio. A sessão finaliza com um plano just-in-time destinado a abordar desafios que, de outra forma, são impossíveis de se prever em um planejamento anual.

Além disso, as reuniões proporcionam uma oportunidade de celebrar o progresso, de reajustar as energias da equipe e reengajar todos os seus membros.

Começamos a pensar seriamente sobre as Reuniões de MCI depois de tomarmos conhecimento das ações de um líder de empresa bem-sucedido, Stephen Cooper. Quando Cooper assumiu uma pequena empresa chamada ETEC, localizada no Vale do Silício, ela apresentava um prejuízo mensal de US$1 milhão. Cooper estabeleceu a MCI de aumentar a receita dez vezes em um período de sete anos. Com a finalidade de levar a bom termo essa tarefa, pediu a cada uma das equipes que identificasse algumas poucas metas viáveis, com métricas, e que limitassem os planos de execução a uma única folha de papel.

Essa determinação propiciou clareza a cada equipe, mas a verdadeira chave para o sucesso final de Cooper foi a realização de análises semanais. Ele instituiu três regras para manter as análises rápidas e focadas. "As pessoas deveriam limitar os relatórios de status a quatro minutos. Para cada meta, as pessoas deveriam abranger objetivos, situação atual, problemas e recomendações. Finalmente, as análises deveriam encorajar a solução conjunta de problemas, em vez de apenas relatá-los.

Um dos líderes da equipe de Cooper comentou sobre as reuniões semanais: "[Elas] impedem que os problemas se tornem crises... As pessoas têm tempo para reagir de forma conveniente, em vez de caoticamente. Cada gestor leva alguns minutos para apresentar e analisar os gráficos do progresso, problemas superficiais, e tentam solucioná-los. Tais rotinas ajudam você a manter o olhar fixo na bola. As pessoas avançam com um mínimo de direcionamento. Todos recebem o comando para marchar."[19]

Inspirados em Cooper, durante anos experimentamos diferentes formatos para a Reunião de MCI. Hoje, se tornou um conceito harmonioso e altamente desenvolvido, usado por centenas de organizações para darem andamento às suas metas mais importantes.

O QUE ACONTECE EM UMA REUNIÃO DE MCI?

Para ilustrar como uma Reunião de MCI deve funcionar, vamos observar a Equipe de Gestão de Eventos de Serena.

Lembre-se de que eles definiram uma MCI de Equipe — aumentar a receita obtida com eventos corporativos de US$22 milhões para US$31 milhões até 31 de dezembro — e estabeleceram duas medidas de direção de alto impacto:

- Realizar duas visitas de qualidade, por colaborador, por semana.
- Fazer venda cruzada com o pacote premium do bar em 90% de todos os eventos.

Além disso, montaram um placar convincente.

Quando Serena e sua equipe iniciaram a Reunião de MCI naquela segunda-feira pela manhã, acabavam de completar o terceiro mês de execução, e o placar estava atualizado.

IMPLEMENTANDO A DISCIPLINA 4...

MCI
Aumentar a receita com eventos corporativos de $22 para $31 milhões de dólares até 31/12.

Medida de direção
Completar duas visitas de qualidade ao hotel por colaborador, por semana.

COLABORADOR	1	2	3	4	5	6	7	AVG
KIM	1	1	2	2	4	X	X	2
BOB	2	2	3	2	X	X	3	2.4
KAREN	1	3	2	X	X	2	2	2
JEFF	0	0	X	X	1	1	1	.6
EMILY	3	X	X	4	3	2	4	2.8
RICHARD	X	X	2	2	2	4	4	2.8
BETH	X	1	2	5	2	4	X	2.8
TOTAL	7	7	11	15	12	13	14	2.3

Medida de direção
Vender nosso pacote de bar premium em 90% de todos os eventos.

SERENA: Bom dia. São 8h15. Vamos começar analisando o placar.

[Análise do placar.]

Hoje temos boas notícias. Acabamos de completar nosso terceiro mês de execução e estamos acima da meta da nossa MCI de Equipe para aumentar a receita com os eventos corporativos! Nosso índice da medida histórica referente ao mês passado é de US$14 milhões para uma meta de US$10,4 milhões. Parabéns a todos.

Na semana passada aumentamos nossas visitas ao hotel referentes à Medida de Direção 1 para 14, o resultado mais alto nas últimas 7 semanas. Parabéns aos nossos maiores colaboradores, Emília e Ricardo, que realizaram, cada um, quatro visitas ao hotel.

Além disso, atingimos nosso percentual mais alto de vendas cruzadas, referentes à Medida de Direção 2, com 95% dos eventos tendo recebido oferta do pacote premium do bar. Todavia, ficamos aquém do objetivo porcentual em quatro das sete últimas semanas. Apesar de estarmos felizes com o porcentual da semana passada, precisamos trabalhar para demonstrar que podemos sustentá-lo.

[Relato sobre os compromissos da semana anterior.]

Com relação aos meus compromissos, na semana passada assumi que trabalharia 20 minutos com Joaquim e outro tanto com Karen, a fim de melhorar seus roteiros para vendas cruzadas com o pacote do bar, assim como o modo de se expressarem. Isso foi feito.

Também me comprometi a comparecer à reunião da Câmara de Comércio e obter pelo menos três novos contatos corporativos que não estejam, no momento, realizando eventos no nosso hotel. Fico muito satisfeita em retornar com contatos para cinco empresas, as quais passarei para diversos de vocês esta tarde.

Na próxima semana, completarei a análise final dos nossos novos materiais de marketing para o pacote premium do bar. Além disso, entrevistarei três candidatos para a posição em aberto na equipe e farei uma proposta ao que atender melhor nossas exigências.

JOAQUIM: Na semana passada, assumi o compromisso de reuniões presenciais com duas empresas que acabaram de abrir novos escritórios no centro da cidade e consegui fazê-lo. Boa notícia: uma delas agendou uma visita ao hotel na semana que vem!

Quanto ao placar, realizei duas visitas ao hotel, mas só conversei sobre venda cruzada com uma delas, o que produziu um índice de 50%, que melhorarei na próxima semana.

Semana que vem falarei por telefone ou pessoalmente com dois de meus clientes que fizeram reunião anual conosco ano passado, mas que ainda não se manifestaram este ano. Pretendo agendar visitas deles ao hotel para conhecerem a nova sala de banquetes, e convencê-los a fechar conosco para a reunião deste ano.

ROBERTO: Eu me comprometi a criar uma experiência de venda cruzada especial para o pacote premium do bar com três clientes que tinham visitas programadas ao hotel, pois representavam oportunidades de grandes eventos. Atingi meu objetivo com o auxílio do chef, que criou uma degustação de vinhos com tira-gostos para cada cliente. Tudo correu muito bem, e os três fizeram um upgrade em seus eventos contratando o pacote premium do bar!

Com relação ao placar, realizei 3 visitas no hotel e conversei sobre vendas cruzadas com todos, perfazendo um índice de 100%.

Para a semana que vem, só tenho uma visita programada até agora. Assim, entrarei em contato com ao menos cinco novos prospectos até o final da segunda-feira e farei com que ao menos um deles marque uma visita ao hotel antes do fim de semana.

KAREN: Meu compromisso da semana passada era enviar um pacote-lembrete para dez dos meus clientes que fizeram eventos conosco no ano passado. Em cada pacote incluí duas ou três fotos de seus eventos, além do cardápio do banquete que utilizaram, junto com uma nota manuscrita por mim dizendo o quanto gostaria de tê-los conosco este ano novamente. Consegui fazer isto e estou muito satisfeita em informar que quatro deles ligaram para me agradecer as fotos e dois concordaram em fazer visitas ao hotel para conhecer a nova sala de banquetes.

Com relação ao placar, realizei duas visitas no hotel e apresentei nosso pacote premium do bar a ambos os clientes, perfazendo um índice de 100%.

Para a próxima semana, vou criar pacotes-lembrete para mais cinco clientes do ano passado e enviá-los.

A Reunião de MCI de Serena continua assim até cada membro da equipe concluir seu relato. Note: eles estão prestando contas de suas realizações e resultados não apenas a Serena, mas também aos demais.

ASSUMA COMPROMISSOS DE ALTO IMPACTO PARA A PRÓXIMA SEMANA

A eficácia da Reunião de MCI depende da consistência da cadência, mas os *resultados* no placar dependem do impacto dos compromissos. Assim, você deverá orientar a equipe no estabelecimento dos compromissos cujo impacto é o maior possível.

Comece com esta pergunta: "Que uma ou duas coisas mais importantes eu poderia fazer nesta semana para promover significativamente o desempenho da equipe no placar?"

Vamos subdividir essa pergunta de modo que você compreenda seu significado para a MCI.

Uma ou duas: na Disciplina 4, monitorar alguns compromissos de alto impacto é muito mais importante do que assumir vários compromissos. Sua intenção é que a equipe faça algumas coisas com excelência, e não várias coisas com mediocridade. Quanto maior o número de compromissos, menor se torna a probabilidade de acompanhamento. Nesse contexto, é melhor assumir dois compromissos de alto impacto e realizá-los com exatidão do que assumir cinco compromissos e realizá-los precariamente.

Mais importantes: não perca tempo com atividades periféricas. Invista maior atenção e esforço naqueles compromissos que farão a maior diferença.

Eu: todos os compromissos assumidos em uma Reunião de MCI são *responsabilidades pessoais*. Você não está obtendo o comprometimento de outras pessoas para fazer coisas, está se comprometendo com coisas que *você* fará. Embora esteja trabalhando com outras pessoas, responsabilize-se apenas pela parte do esforço que você possa ser pessoalmente responsável.

Nesta semana: a Disciplina 4 exige pelo menos uma cadência semanal de responsabilidade. Só assuma compromissos que possam ser completados *dentro da semana seguinte*, de modo que a responsabilização possa ser mantida. Caso se comprometa com algo para dali a quatro semanas, então durante três daquelas semanas você não será responsável, de fato, pelo que assumiu. Em se tratando de uma iniciativa de múltiplas semanas, comprometa-se com o que você poderá fazer durante a semana seguinte. Compromissos semanais criam um senso de urgência que o ajuda a se manter focado enquanto seu redemoinho estiver enfurecido.

Para mais sobre compromissos no aplicativo 4DX acesse www.4DXBook.com/commitments [conteúdo em inglês].

Desempenho da equipe no placar: isto é o mais crítico — compromissos devem ser direcionados para mover as medidas de direção e históricas no placar; sem isso, a tendência será se comprometer com o redemoinho. Embora possa ser urgente, tais compromissos em nada contribuem para a MCI.

Se todos responderem a essa pergunta com precisão em cada Reunião de MCI, haverá um ritmo regular de execução que impulsionará os resultados.

A Reunião de MCI de Serena produziu compromissos que farão esse tipo de diferença:

> "Trabalhar vinte minutos com Joaquim e outros tantos com Karen para melhorar os roteiros deles para as vendas cruzadas do pacote do nosso bar, assim como o modo de se expressarem."

> "Comparecer à reunião da Câmara de Comércio e obter pelo menos três novos contatos corporativos que não estejam, no momento, realizando eventos no nosso hotel."

> "Completar a análise final de nosso novo material de marketing do pacote premium do nosso bar."

"Entrevistar três candidatos para a vaga em aberto na nossa equipe e fazer uma proposta ao que melhor atender às nossas exigências."

"Realizar reuniões presenciais com duas empresas que tenham acabado de abrir novos escritórios no centro da cidade."

"Criar uma experiência de vendas cruzadas para o pacote premium do bar com três clientes que tenham visitas programadas ao hotel."

"Enviar um pacote-lembrete a dez dos clientes que tenham feito eventos conosco ano passado, junto com uma mensagem manuscrita."

A probabilidade de os membros da equipe se responsabilizarem pelos compromissos será maior quando assumidos por eles mesmos. Porém, o líder deve se assegurar de que os compromissos atendam às seguintes normas:

Especificidade. Quanto mais específico o compromisso, maior a responsabilização. Você não pode tornar as pessoas responsáveis por compromissos vagos. O comprometimento deverá ser exatamente com o que será feito, quando será feito e exatamente qual é o resultado esperado.

Alinhamento com a evolução do placar. Assegure-se de que os compromissos façam o placar evoluir. Do contrário, estará apenas se comprometendo com mais energia para o redemoinho. Por exemplo, na semana anterior ao seu orçamento anual, você talvez se veja tentado a se comprometer com a finalização do orçamento porque isso é ao mesmo tempo urgente e importante. Contudo, se o orçamento tiver pouco a ver com as medidas de direção, não afetará a MCI, independentemente do quão urgente possa parecer.

Execução no tempo certo. Compromissos de alto impacto devem ser realizados dentro da semana subsequente, mas devem também causar impacto no desempenho da equipe em curto prazo. Se o impacto real de seu comprometimento estiver excessivamente distante no futuro, não contribuirá com o ritmo de vitória semanal.

A tabela a seguir ilustra as diferenças entre os comprometimentos de baixo e de alto impacto:

COMPROMISSO DE BAIXO IMPACTO	COMPROMISSO DE ALTO IMPACTO
Vou focar o treinamento esta semana.	Vou trabalhar vinte minutos com Joaquim e com Karen para melhorar os roteiros deles para as vendas cruzadas do pacote do bar e colocá-los em prática.
Vou comparecer à reunião da Câmara de Comércio.	Vou comparecer à reunião da Câmara de Comércio e obter pelo menos três novos contatos que não estejam, no momento, realizando eventos no nosso hotel.
Vou fazer algumas entrevistas.	Entrevistarei três candidatos para a posição em aberto na nossa equipe e farei uma proposta ao que atender melhor às nossas exigências.
Vou buscar novos clientes esta semana.	Realizarei reuniões presenciais com duas empresas que tenham acabado de abrir escritórios na cidade.
Vou ligar para antigos clientes.	Enviarei "pacote-lembrete" com uma mensagem manuscrita para dez dos meus clientes que realizaram eventos no ano passado.

Observe a grande força dos compromissos claramente alinhados à evolução das medidas de direção.

CUIDADO

Evite estas armadilhas que minam a cadência de responsabilidade:

Competição com as responsabilidades do redemoinho. Esse é o desafio mais comum que você e sua equipe enfrentarão ao começar a aplicar a Disciplina 4. Não confunda as urgências do redemoinho com os compromissos da MCI. Uma pergunta eficaz para testar um compromisso é: "Como a realização deste compromisso impactará o placar?" Se tiver dificuldade em responder a essa pergunta diretamente, é provável que o compromisso que você está considerando esteja focado em seu redemoinho.

Realização de Reuniões de MCI sem resultados específicos. A cadência de responsabilidade entrará em colapso se não houver adesão disciplinada à agenda da Reunião de MCI. Cada Reunião de MCI terá de dar conta especificamente dos compromissos anteriores e resultar em compromissos claros para o futuro.

Repetição do mesmo compromisso por mais de duas semanas consecutivas. Até mesmo compromissos de alto impacto, quando repetidos por várias semanas, se tornam rotina. Você deverá procurar sempre novos e melhores modos para mover consistentemente as medidas de direção.

Aceitação de compromissos não realizados. A equipe tem de cumprir com seus compromissos, independentemente do redemoinho diário. Quando um membro da equipe deixa de cumprir com seu compromisso, independentemente de todo o trabalho feito para implementar as 4DX, você enfrentará *o momento mais importante.*

Se conseguir consolidar a disciplina da responsabilização na equipe, ela vencerá o redemoinho a cada semana. Contudo, se você relaxar com relação à responsabilização pelos compromissos assumidos, assim como em relação aos resultados, o redemoinho aniquilará a Meta Crucialmente Importante.

Eis como Serena lida com tal momento importante na Reunião de MCI.

SERENA: João, você é o próximo.

JOÃO: Obrigado, Serena. Bem, eu me comprometi a fazer contato com diversos dos meus clientes do ano passado sobre uma visita ao hotel, mas, como todos sabem, também tive um grande evento acontecendo no hotel na semana passada. Como este foi meu maior grupo do ano, quis me assegurar de que fosse um sucesso, e dei muita atenção pessoal a ele. Quando o projetor no salão principal quebrou, tive que correr atrás de outro para que tudo voltasse ao normal e o cliente não ficasse aborrecido, o que tomou muito do meu tempo. Quando dei por mim, a semana já estava acabando e não havia tempo para a execução do meu compromisso."

Em suma, João está dizendo que não conseguiu cumprir seu compromisso por causa do redemoinho. O pior é que João acredita que *não deveria* ser responsabilizado por seu compromisso, pois seu redemoinho era suficientemente significativo. É assim que a execução entra em colapso.

A maioria dos compromissos que fazemos são condicionais. Por exemplo, quando um membro da equipe diz: "Entregarei o relatório a você às 9h de terça-feira", o que realmente está sendo dito é "a menos que algo urgente aconteça". Todavia, algo urgente *sempre* acontece, está na natureza do redemoinho presente a cada instante.

Se você permitir que o redemoinho esmague seus compromissos, jamais investirá a energia necessária ao progresso. A disciplina na execução começa e termina com o cumprimento dos seus compromissos assumidos na Reunião de MCI.

É por isso que o trabalho de Serena como líder, em particular nas primeiras reuniões de MCI, consiste em estabelecer uma nova norma: os compromissos são *incondicionais*. Nas palavras de um dos nossos clientes: "Sempre que assumimos um compromisso em nossa equipe, sabemos que temos de encontrar um meio de fazê-lo acontecer, não importa qual ele seja."

Como Serena deveria responder?

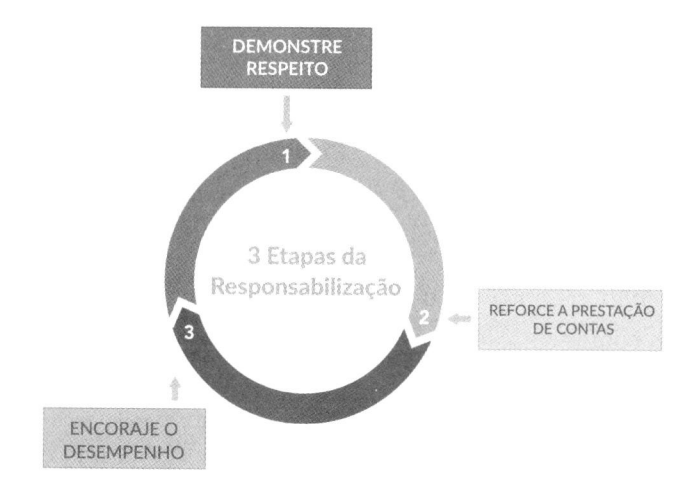

3 Etapas da Responsabilização

1. DEMONSTRE RESPEITO
2. REFORCE A PRESTAÇÃO DE CONTAS
3. ENCORAJE O DESEMPENHO

ETAPA 1. DEMONSTRE RESPEITO

SERENA: João, quero que saiba que o evento da semana passada foi um enorme sucesso, e sem você poderia ter sido um desastre. Todos nesta equipe compreendem como você trabalhou intensamente e quão importante esse cliente é para nós. Muito obrigada por tudo que você fez.

Nesta primeira etapa crucial, Serena demonstra a João que o respeita como membro da equipe e também demonstra à equipe que *respeita o redemoinho*. Se pular esta etapa, enviará duas mensagens incorretas: a de que João não é valorizado e a de que o redemoinho não tem importância.

ETAPA 2. REFORCE A PRESTAÇÃO DE CONTAS

SERENA: João, também quero que você saiba o quanto sua contribuição é importante para esta equipe. Sem você, não conseguiremos alcançar nosso objetivo. Isso significa que, quando assumimos um compromisso, temos de encontrar um jeito de realizá-lo, independentemente do que aconteça durante a semana.

Este é um momento de desafio tanto para João como para Serena, mas, como Serena deixou claro que respeita João e as demandas do redemoinho, João deve ser capaz de perceber a importância de dar o melhor de si *pela equipe*.

ETAPA 3. ENCORAJE O DESEMPENHO

SERENA: João, sei que você quer nos ajudar neste acompanhamento. Podemos contar com você para alcançar o ritmo na semana que vem, cumprindo o compromisso da semana passada, assim como o que está planejando para a próxima semana?

Serena dá a João a oportunidade de se sentir verdadeiramente orgulhoso por ter concretizado todos os compromissos.

É muito importante que essa interação seja conduzida a um final bem-sucedido. É importante para João, porque ele poderá agora manter seu compromisso com a equipe. É importante para o líder, porque mostra para a equipe o quanto ele está comprometido com as 4DX, e é importante para a equipe, por conhecerem a norma de desempenho que deve ser seguida.

Sem compromissos incondicionais, você não consegue forçar o preto no cinza. O redemoinho cinza dominará todos os compromissos pretos. Este é o caso da falha na execução.

Compromissos Semanais

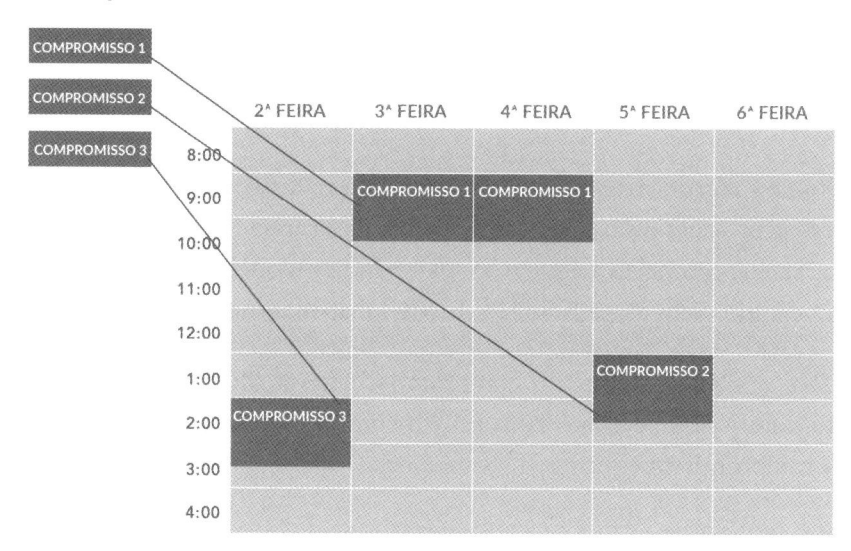

Nas palavras de Hyrum Smith, um dos fundadores da FranklinCovey: "Se todo seu salário dependesse de um único compromisso, duas coisas automaticamente aconteceriam. Você seria mais cuidadoso ao assumir o compromisso, e asseguraria sua completa realização." Este é o propósito da Reunião de MCI: assumir compromissos inteligentemente e com a determinação de cumpri-los apesar do redemoinho.

PONTOS IMPORTANTES PARA O ÊXITO DAS REUNIÕES DE MCI

Realize as Reuniões de MCI conforme a programação. Realize as Reuniões de MCI no mesmo horário e no mesmo local toda semana (inclusive se acontecerem eletronicamente), apesar do redemoinho. Se você não puder participar, delegue a liderança da sessão a outro membro da equipe.

Mantenha as reuniões breves. Mantenha um ritmo rápido e enérgico. Regra prática: as reuniões não devem durar mais de 20 ou 30 minutos. Se excessivamente longas, correm o risco de se tornarem reuniões do redemoinho.

Como líder, estabeleça o padrão. Comece cada reunião de MCI analisando os resultados gerais no placar e depois *relatando os seus próprios compromissos*. Ao fazer seu relato em primeiro lugar, você mostrará que não está pedindo à equipe nada que você mesmo não esteja disposto a fazer.

Publique o placar. Atualize o placar antes da reunião e assegure-se de que ele esteja presente nela. Você não pode conduzir uma Reunião de MCI sem o placar. Ele reconecta a equipe ao jogo e indica o que está e o que não está funcionando. Sem ele, a Reunião de MCI é apenas mais outra reunião.

Celebre os sucessos. Reforce o compromisso com a MCI congratulando-se tanto com a equipe como com seus membros individuais ao cumprirem seus compromissos e moverem as medidas.

Compartilhe o aprendizado. Ao longo da semana, as pessoas vão descobrir o que move ou não as medidas de direção. E também que algumas medidas funcionam melhor do que outras. Todos precisam dessa informação.

Não permita a entrada do redemoinho. Limite a discussão aos compromissos que possam fazer o placar evoluir. Postergue diálogos sobre o redemoinho, o tempo, o trânsito matinal ou o esporte para outros momentos.

Libere caminho, uns para os outros. É importante ressaltar que liberar caminho um para o outro não significa passar um problema para outra pessoa, mas sim alavancar os pontos fortes da equipe. Se você concordar em liberar caminho para alguém, isso se tornará um dos seus compromissos da semana, e demandará o mesmo acompanhamento como qualquer outro compromisso.

Execute apesar do redemoinho. Mantenha os membros incondicionalmente responsáveis pelos compromissos que assumiram, apesar do redemoinho. Se um compromisso não for atendido em uma semana, o responsável terá que dar conta dele na semana subsequente.

Para mais sobre Reuniões de MCI no aplicativo 4DX, acesse www.4DXBook.com/wigsessions [conteúdo em inglês].

O RESULTADO

O resultado da Disciplina 4 é uma Reunião de MCI regular, frequente, que faz com que as medidas de direção evoluam.

Todavia, muito mais do que isso, o resultado final da Disciplina 4 é uma cadência de responsabilidade que produz não apenas resultados confiáveis repetidas vezes, mas também faz com que uma equipe tenha alto desempenho.

A Disciplina 4 demanda competência real, e um grau de precisão ao assumir compromissos importantes e cumpri-los.

Ela também mantém sua equipe no jogo ao longo das semanas, pois os membros conectam suas contribuições pessoais às mais importantes prioridades da organização. Consequentemente, não só têm consciência de estar conquistando uma meta-chave, mas também de que se tornaram uma equipe vencedora.

E esse é o maior lucro sobre o investimento proporcionado pelas 4DX.

EXPERIMENTE

A seguir, use a ferramenta Agenda para a Reunião de MCI a fim de se preparar para uma reunião.

Distribua esta agenda, eletronicamente ou em papel, para começar a Reunião de MCI.
Após a reunião, utilize a planilha da página seguinte para fazer uma checagem.

AGENDA DA REUNIÃO DE MCI			
Onde		Quando	
MCI(s)			
Relatos Individuais	Membro da Equipe	Compromisso	Status
Atualização do Placar			

Você Checou Tudo Isto?

Verifique cada item para se assegurar de que a Reunião de MCI produzirá alto desempenho:

- ☐ Você realiza as Reuniões de MCI conforme planejado?
- ☐ Você faz com que as reuniões sejam curtas, revigorantes e dinâmicas (20 a 30 minutos)?
- ☐ O líder é um modelo para os relatos e na hora de assumir compromissos?
- ☐ Você analisa e atualiza o placar?
- ☐ Você analisa a razão de estarem vencendo ou perdendo em cada medida?
- ☐ Você celebra os sucessos?
- ☐ Vocês se responsabilizam incondicionalmente pelos compromissos assumidos?
- ☐ Cada um dos membros da equipe assume compromissos específicos para a semana subsequente?
- ☐ Os membros da equipe liberam caminhos mutuamente de modo a ajudar os que se deparam com obstáculos a cumprir seus compromissos?
- ☐ Você mantém o redemoinho fora da Reunião de MCI?

O Ingrediente Perdido

No decorrer deste livro, discorremos sobre os princípios e as práticas que geram resultados revolucionários. Há, no entanto, um ingrediente final — algo que muitas vezes vemos como o "ingrediente que falta" — sem o qual a execução nunca atinge seu nível mais alto: as características *pessoais* dos líderes. Neste último capítulo, queremos compartilhar com você as quatro características mais impactantes. É importante observar aqui que não estamos nos cingindo apenas às características de liderança que impulsionam a execução. Usamos a *execução* como uma lente para compartilhar o que aprendemos sobre uma *liderança excelente*.

HUMILDADE

Por mais paradoxal que seja, os líderes que mais nos ensinaram sobre humildade não foram aqueles que você provavelmente descreveria como "pessoas humildes". Em parte, isso se deve ao fato de eles serem líderes que se recusam a retratar a falsa humildade. Nem se sentem impedidos de duvidar de si mesmos ou da incapacidade de agir. Eles são líderes que impressionam graças à *humildade na ação*, mais do que nas palavras, e isso vem de duas formas:

- Primeiro, esses líderes têm um respeito perspicaz pela magnitude do desafio de execução que enfrentam.
- Em segundo lugar, eles estão dispostos a fazer o que for necessário para superar esse desafio.

Líderes que se destacam na execução não estão à procura de atalhos, programas nada pragmáticos ou mudanças superficiais. Não anseiam delegar o "material de execução" para que possam ficar livres para ter "grandes pensamentos". E, o mais importante, *não* pretendem ser os heróis da história. Na verdade, eles intencionalmente ficam fora da história para que suas equipes recebam o reconhecimento.

Observe líderes assim e você verá que eles passam um tempo significativo ouvindo as pessoas que os seguem, entendendo a complexidade e as nuances dos desafios delas e procurando maneiras de ajudá-las a ter sucesso. Esses líderes não estão interessados em uma compreensão conceitual das 4DX. Estão famintos (e humildes) o bastante para ir *fundo,* e dispostos a pensar e lutar com tudo que nossa experiência nos ensinou, ainda que suas realizações profissionais superem em muito as nossas.

Um grande exemplo disso é Mike Crisafulli, vice-presidente sênior que dirige a organização de TI em uma das maiores empresas dos EUA e um extraordinário implementador das 4DX. Nós o conhecemos quando ele aplicou as 4DX pela primeira vez a um problema com sistemas e tempo de inatividade de aplicativos que atormentava há anos sua empresa. Após quatro meses de iniciar a tarefa, que incluiu o lançamento do programa 4DX com 46 equipes funcionais focadas na questão do tempo de inatividade, seus resultados iniciais foram muito favoráveis.

Encontramo-nos com Mike para parabenizá-lo pelo sucesso inicial, mas nos surpreendemos com sua posição. Com toda a franqueza, nos disse: "Estou feliz com os resultados? Honestamente, não. Porque eu realmente não os entendo. Se nossos resultados fossem ruins amanhã, eu não entenderia por que, e não consigo gerenciar o que não consigo entender."

Esse é o tipo de humildade que estamos descrevendo. A maioria dos líderes aceita rapidamente quaisquer resultados favoráveis (e até mesmo aceita o crédito por eles), mas Mike não. Ele e seus principais líderes fizeram com que todas as 46 equipes se reportassem individualmente a eles sobre seus resultados e o que haviam aprendido. Concluídas essas reuniões, Mike e sua equipe entenderam *exatamente* o que estava levando ao novo nível de desempenho e a maneira de mantê-lo. Mas foi a humildade de ouvir 46 equipes diferentes a maior responsável por isso. Eles encerraram aquele ano com um resultado *três vezes maior* do que a meta original.

DETERMINAÇÃO

A execução sempre foi uma questão de disciplina. Mas se a disciplina pessoal não é algo natural para você (e raramente acontece para qualquer pessoa), então o sucesso com o programa 4DX exigirá que você tenha *determinação*. Por exemplo, se as demandas urgentes de liderança o confrontam com dezenas de distrações todos os dias, você precisará de determinação para permanecer focado nas coisas que mais importam. As 4 Disciplinas da Execução não lhe darão determinação, mas a *exigirão*. Isso é especialmente verdadeiro quando o mais alto nível de determinação é necessário *antes* que os resultados sejam visíveis. No final, as 4DX recompensam generosamente os que são determinados, mas faz pouco por aqueles que não são.

Beverly (BJ) Walker é um exemplo dramático desse nível de determinação. Ela começou o programa 4DX durante o momento mais difícil de sua carreira — um momento em que concentrou toda sua equipe em uma meta de grande significado: "Reduzir em 50% os incidentes que levam à morte e ferimentos graves" (conforme descrito em detalhes no prefácio deste livro).

Em meio a enorme pressão, tanto pública quanto política, BJ permaneceu determinada a realizar uma Reunião de MCI 4DX com seus diretores de divisão todas as semanas — pessoas que eram líderes governamentais experientes, não acostumados a esse nível de foco e responsabilidade. Não foi fácil, mas a determinação de BJ nunca foi questionada, e eles permaneceram *responsáveis* por esse objetivo. Essa reunião não só acontecia todas as semanas, sem exceção, como a mídia local era convidada a participar. Caso houvesse perguntas para BJ ou seus líderes, elas poderiam ser feitas após cada Reunião de MCI.

Nenhuma campanha de relações públicas poderia jamais ter gerado o nível de respeito que foi criado na mídia ao ver esses funcionários públicos de alto nível relatando pessoalmente os compromissos que haviam assumido, todas as semanas. E, o mais importante, isso reverberou, enviando uma onda de choque de responsabilidade por meio dessas agências que resultou na adoção total das 4DX e, em última análise, em resultados profundos.

Outro exemplo significativo de determinação é Michael Stengel, quando era gerente geral do Marriott Marquis, em Nova York. Seu compromisso com as 4DX era tão forte que, mesmo quando estava na China, ele se levantava às 2h da manhã, hora local, para participar da Reunião de MCI semanal, por telefone, com os líderes em seu hotel. Mike e sua equipe de liderança mostraram sua determinação em executar, e isso resultou em um intenso nível de engajamento em todo o hotel. Naquele ano, o Times Square Marquis obteve sua maior receita, maior lucratividade e maior satisfação dos hóspedes em vinte anos de história do hotel.

CORAGEM

A coragem está sempre presente em executores fortes; não a ausência de medo, mas simplesmente a disposição de agir apesar dele. Por exemplo, é preciso muita coragem para designar um único resultado como "extremamente importante" e, em seguida, investir energia desproporcional para alcançá-lo. Pode (a princípio) parecer bem mais seguro investir um pouco de energia em muitos resultados, ao menos até a lei dos rendimentos decrescentes provar de novo que, quanto mais você se concentra, menos consegue.

Também há a coragem de declarar explicitamente o *De X para Y até Quando* de uma meta antecipadamente, tornando-o responsável tanto pelo resultado final quanto pela data em que sua equipe o alcançará. A falha de qualquer um leva-o a perder a meta. Definir uma linha de chegada e um prazo é um padrão elevado, sempre acompanhado de grande incerteza. Para fazer isso, um líder deve ter a coragem de superar seu medo das muitas variáveis que fogem de seu controle.

Finalmente, existe a coragem (até mesmo a audácia) de se comprometer com uma MCI que representa um verdadeiro avanço, ou seja, alcançar um nível nunca antes alcançado. No programa 4DX, o compromisso sempre precede a realização e não pode ser feito sem a característica da coragem.

Vemos essa dinâmica se manifestar de maneiras mais sutis a todo momento. Por exemplo, quando a atmosfera política em uma grande empresa muda, como um líder reage? Quando herdam um desafio que parece insuperável, eles se escondem e ficam no terreno seguro ou se levantam?

Quando LeAnn Talbot herdou a região de Chicago da Comcast, ela era a maior *e* a de pior desempenho da empresa. Ela temia que sua nova equipe tivesse se acostumado a perder e queria quebrar essa mentalidade, permitindo que experimentassem vitórias logo. Ela começou com pequenos pilotos, às vezes sem permissão. Porém, conforme os resultados foram aumentando, ela conseguiu que sua equipe de liderança, e por fim toda a sua região, adotassem as 4DX. Em três anos, a região de Chicago se tornou a de melhor desempenho de toda a Comcast.

As apostas eram altas para LeAnn? Claro. Mas, por ter coragem de enfrentar o desafio, transformou uma equipe desanimada em vitoriosa e produziu um ótimo resultado para sua companhia.

AMOR

A última característica que queremos oferecer é o amor.

Caso a palavra "amor" lhe pareça muito pessoal ou muito suave, fique à vontade para substituí-la por "preocupação sincera com o indivíduo". Mas continuaremos com "amor", porque é a única maneira de realmente descrever como esses líderes se sentem em relação às pessoas que os seguem.

Pense nisso como o amor que se pode ver em um grande pai ou mentor — um que combina cuidado genuíno pela pessoa com a crença em seu potencial e o compromisso de apoiá-la. É a espécie de amor que tem o poder de tocar profundamente os indivíduos, pessoal e profissionalmente. Quando um líder vê em você mais potencial do que você mesmo, e o ajuda a crescer e se desenvolver, é mais do que encorajador, é *transformador*.

Os supermercados Wegmans são conhecidos em todo o mundo por seu nível extraordinário de qualidade, serviço e inovação. A fidelidade do cliente é tão alta que não é incomum encontrar pessoas acampando em seus estacionamentos antes de uma inauguração. Em 2016, a Wegmans ocupou o segundo lugar nos EUA como "melhor empresa para se trabalhar" (atrás do Google) e o segundo lugar nos EUA como "empresa mais respeitada" (atrás da Amazon). É uma conquista impressionante.

Colleen Wegman substituiu seu pai, Danny, como CEO em 2018, depois de se envolver em quase todos os aspectos do negócio a vida toda. Não foi necessário ficar muito tempo ao lado dela para reconhecer sua humildade, sua determinação e sua coragem. Contudo, o que realmente transparece de Colleen é o amor: aquela combinação de preocupação sincera e crença incrível nas pessoas que ela lidera. É uma característica que permeia toda a Wegmans e não se limita a seus funcionários. Nós a reconhecemos até mesmo como consultores externos. Isso criou em nós um nível de lealdade tão intenso que faríamos qualquer coisa para evitar decepcioná-los.

Líderes com essa característica não comentam sobre isso com frequência. Isso não consta no manual do funcionário e nunca será encontrado nas mensagens de marketing. É preciso ver os líderes mostrando cuidado e preocupação de inúmeras maneiras diferentes ao longo do ano e depois passando a véspera de Natal em uma van indo de loja em loja distribuindo presentes. Então, um dia você entende. *É assim* que eles fazem todos se sentirem. Eles *amam* seu pessoal.

A intenção é mais importante que a técnica.

— Mahan Khalsa

Este livro contém tudo o que sabemos sobre a execução bem-sucedida de sua Meta Extremamente Importante e esperamos que você encontre valor em cada capítulo. Mas, no final, acreditamos que o amor será o maior determinante de seu êxito. E esse é um legado que não pode ser medido.

Nós desejamos a você toda sorte do mundo.

CASE

LATAM Airlines

CRIAÇÃO DE UMA CULTURA DE EXECUÇÃO PARA SE TORNAR A COMPANHIA AÉREA MAIS PONTUAL DO MUNDO

RAFAEL WALKER, DIRETOR DE AEROPORTO LATAM AIRLINES.

Esta é a história de um claro "antes e depois".

Para uma companhia aérea, nada é mais importante do que pontualidade. É a entrega da principal promessa para o cliente: chegar ao destino, no horário previsto. Ou pelo menos de nada adianta fazer bonito em outros atributos se essa promessa básica não for cumprida. Além de ser um dos componentes mais importantes de NPS (*Net Promotor Score*), uma aérea pontual é muito eficiente de se operar. Era 2018, e no quesito pontualidade não estávamos operando bem.

Uma parte muito importante do trabalho de sair com o avião no horário é em função do que faz a equipe de aeroportos. Esse time cuida de todo o trabalho de solo: trabalha "acima da asa", cuidando para desembarcar e embarcar com segurança e conforto todos os passageiros; e "abaixo da asa", cuidando para descarregar e carregar no porão da aeronave bagagens, cargas etc. — tudo com toda a segurança e no menor tempo possível. É uma verdadeira equipe de Fórmula 1 realizando o pit stop da aeronave. Mas com dezenas de pessoas trabalhando em uma sincronia que começa bem antes da aeronave parar em um *finger*, por exemplo.

Fazer o avião sair pontualmente sempre foi prioridade para essa equipe. E aqui, quando falamos "pontual", significa *zero* minutos de atraso em relação ao programado. Havia meses (para não dizer anos) que estávamos tentando buscar formas de elevar a qualidade de execução e por consequência a pontualidade dos voos. No entanto, o fato é que havia sensação de muito esforço e pouco progresso.

Até que algo aconteceu que nos fez acender uma luz. Passamos por uma contingência pesadíssima. Uma chuva torrencial em São Paulo, por dias seguidos, gerou atrasos em cadeia, cancelamentos de voo, passageiros perdendo o compromisso programado no destino ou tendo que voltar para casa no dia seguinte. Mas passamos pela contingência. Foi dura, mas sentimos que trabalhamos diferente nesse contexto. Por algum motivo, nosso nível de alerta estava em seu nível máximo. Nossa comunicação fluindo rapidamente entre os diferentes times. Decisões sendo tomadas de forma rápida, mesmo sem ter 100% da informação. Sentimos tudo isso como um time. Conseguimos reduzir — e muito — o impacto daquela contingência apenas pela *forma* com que trabalhamos.

Passado o evento, fizemos um *debriefing* com toda a liderança. Ficou muito claro depois de refletir em equipe: é *possível* trabalhar de um jeito muito diferente, e muito melhor. Somos capazes... A pergunta que ficava era como reproduzir aquele nível máximo de energia, de foco e de entrosamento a todo momento?

Tivemos contato com o livro As 4 Disciplinas da Execução por convite do nosso CEO, Jerome Cadier. Nós, da equipe de liderança de toda a operação de aeroportos do Brasil, em busca de resposta, adotamos o livro como nossa bíblia.

Chamamos toda a equipe, todos leram o livro e fizemos workshops para construir nossa MCI, nossas MDs, nossos placares e pensar nossa nova *rotina*.

Lembro que alguns pontos nos chamaram muito a atenção quando começamos esse trabalho. A sensação era de que as 4DX desafiavam tudo o que estávamos acostumados a fazer:

- Definir *uma* MCI (não várias metas).

- Trabalhar nas medidas de direção (não nos resultados históricos).
- Disponibilizar um placar simples, envolvente e feito para nossa linha de frente (não complexo, com muitas métricas ou feito para altos executivos).
- Trabalhar com compromissos simples e executáveis pelas pessoas de linha de frente (e não planos de ação longos, ou que dependam de várias pessoas ou de outras áreas).

Então começamos a implementação.

É possível entender nossa história de implementação de 4DX a partir desse gráfico LATAM

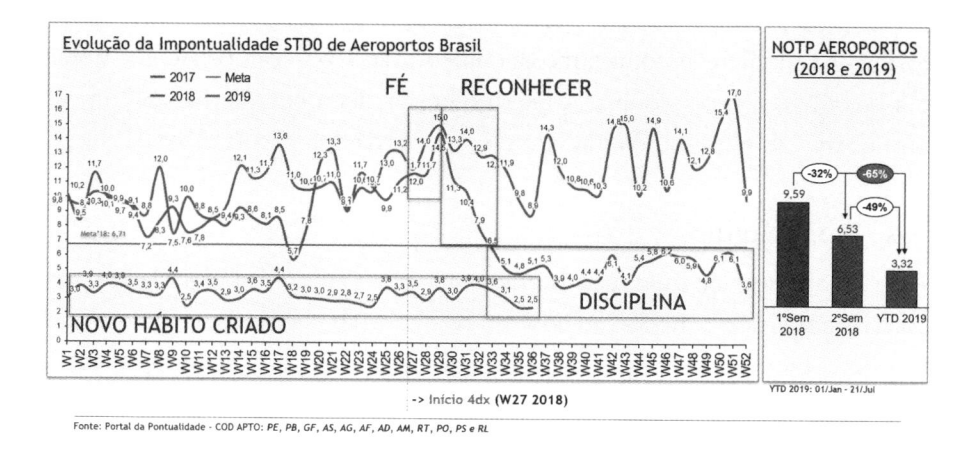

[Gráfico: Evolução da Impontualidade STD0 de Aeroportos Brasil — fases FÉ, RECONHECER, DISCIPLINA, NOVO HÁBITO CRIADO; Início 4dx (W27 2018). NOTP AEROPORTOS (2018 e 2019): 1°Sem 2018: 9,59; 2°Sem 2018: 6,53; YTD 2019: 3,32. Variações: -32%, -65%, -49%. Fonte: Portal da Pontualidade - COD APTO: PE, PB, GF, AS, AG, AF, AD, AM, RT, PO, PS e RL. YTD 2019: 01/Jan - 21/Jul]

Acredito que esse gráfico conta a nossa história. E, olhando para trás, talvez seja possível dividir cada fase e explicar o que aconteceu.

Fase 1: "Tem que ter fé". *Se não houver uma fé inabalável de que vai funcionar, você falhou antes de começar.*

Depois que armamos tudo, e lançamos a nova rotina, *pioramos* o resultado. Na época, lembro que pareceu uma eternidade. Tudo nos mostrava que deveríamos parar. Parte da equipe estava cética, e havia uma pressão constante para voltar a dedicar 100% do tempo para o urgente ou, em outras palavras, para apagar o incêndio . Mas mantivemos os rituais. Talvez ter passado por aquela contingência pesadíssima tenha nos ajudado a manter uma confiança de que *era possível*. E transmitíamos isso para a equipe. Essa consistência, tenho certeza, foi fundamental. Até que, de repente, algo começou a mudar.

Fase 2: Reconhecer, reconhecer, reconhecer

Quando vimos no painel uma das bases mudando a tendência do resultado, foi algo fantástico. Olhando para trás, talvez tenha sido um golpe de sorte, dado que estávamos buscando com tanta vontade o resultado que não aparecia. Mas o que fizemos, de forma espontânea, foi dar muita visibilidade para aquela parte pequena da equipe que começou a *pegar tração* na nova forma de trabalhar. E começamos a comemorar. Começamos a comemorar e a reconhecer essa pequena (gigante) vitória. Essa energia, descobrimos, sem querer, se mostrou contagiante. E se alastrou para outras bases.

Fase 3: Disciplina

Lembro até hoje de quando atingimos a meta. Parecia impossível. Repare: escolhemos a nossa meta com base no resultado da melhor semana que havíamos conseguido executar nos 18 meses anteriores. Essa meta significava reduzir em 35% o nível de falha. E não em *uma* semana, mas sim *consistentemente* navegar nesse novo nível de execução. Me lembro de que as semanas seguintes àquela em que batemos a meta foram as mais desafiadoras. Isso porque, novamente, o convite e a tentação de reduzir a consistência dos rituais voltou a se instalar. A nova rotina, apesar de energizada pelos resultados iniciais, ainda demandava um *esforço* importante.

Novamente, a disciplina e a energia de todos os níveis da liderança foram fundamentais para não deixar a rotina de lado. Parecia que cada ponto de evolução era alcançado com mais suor. Mas teve um outro momento mágico aqui. Juntamos toda a liderança das bases do Brasil. Depois de alguns exercícios de reflexão, percebemos que ainda poderíamos melhorar muito a *qualidade* dos nossos compromissos. Esse momento foi mágico não exatamente por termos percebido essa oportunidade específica. Mas sim por ter toda a equipe de líderes pensando e contribuindo para a construir de forma proativa e consciente a nossa cultura. Parece que tivemos um "clique" coletivo. O principal papel do líder é formar cultura. São nossas pessoas. O foco era puramente as pessoas. Nossa rotina. Nossos hábitos. E a certeza e a consciência compartilhada de que isso faria toda a diferença.

Percebemos que a grande transformação é para o líder. Acredito que as 4DX sejam uma experiencia de humildade. Fomos descobrindo, como equipe, a importância de:

1. Dar exemplo — ser impecável na consistência da agenda.
2. Dar e receber coaching — ser meio obsessivo em fazer reuniões de qualidade. Como fazer as perguntas corretas e ajudar os demais a fazer as perguntas corretas, como assumir compromissos de qualidade etc., e o coaching mútuo constante como a melhor forma de evoluir.
3. Perguntar "como eu ajudo" ou como "destravo o caminho". Isso é poderosíssimo, principalmente se de fato aplicado com consistência.
4. Reconhecer, reconhecer e reconhecer — o principal papel do líder é formar cultura. A realidade por completo deve ser olhada através dessa lente, a todo o momento. E reconhecer as várias pequenas vitórias, sejam em conquista de resultado, ou ao transformar uma falha em aprendizado real, é o que nos definirá.

Fase 4: Novo *hábito* criado. Ou bem-vindo a uma nova cultura

Para fazer uma analogia com a aviação, quando um avião supersônico está prestes a passar a barreira da velocidade do som, há um tremor e um estrondo — essa é a fase três. Mas de repente, como mágica, vem o silêncio e o voo flui lindamente. Acredito que essa fase é quando todo o esforço anterior se transforma em natural. E o sistema — ou a cultura — naturalmente se autorreforça. As pessoas estão genuinamente conectadas com essa nova forma de trabalhar. O ambiente é de que para a equipe *nada mais é impossível*. A relação com o trabalho é outra. Agora, o verdadeiro trabalho a ser feito é buscar novas formas de fazer melhor, ajudar, construir. E há apoio e reconhecimento constante para isso. A meta passa a ser irrelevante, o foco agora é 100% nas pessoas, como evoluir a cada dia, como pessoas e como equipe, construindo algo maior que nós mesmos.

A nossa meta "impossível" de se bater era reduzir em *35%* nosso índice de impontualidade. Um ano após o início da implementação, estávamos rodando a operação com um nível de impontualidade *65%* menor do que antes. A meta impossível ficou — e muito — para trás.

Imagine, então, a nossa felicidade quando soubemos que, em 2019, fomos nada menos do que *a empresa aérea mais pontual do mundo*. É a nossa nova cultura. E vou dizer uma coisa, nossa cultura de alta performance se alastrou para vários outros indicadores além da MCI. Esse time capaz de executar e resolver problemas de forma dinâmica começou a bater todas as outras metas: de segurança, de satisfação de cliente etc. sem perder o novo hábito criado. Hoje, em novembro de 2021, continuamos a ser a empresa aérea mais pontual do mundo. E seguimos melhorando.

Obrigado aos Guardiões Elisa, Flavia, Jucá, Armenio, Helena, Pedro, Guilherme, Chico, Jarbas, Phil, Veronica, Junior, Vili, Lydyane, Ana Paula, Eduardo, Sergio, Rodrigo, Marcelão, Babi, Alyne, Gonzaga, Felix, Luis, Bianca, Silvio, Evellyse, Anderson, Andrade, Tacila, Lucimara, Leo, Aline, Danielle, Penelope, Everson, Felippe, Cristian, Amelia, Elisangela, Lilia, Wellignton, Maxon, Carlini, Dri, José, Jenifer e Flavio por tornarem tudo isso realidade. Parabéns por escreverem esta história. Rômulo, Maurício, Jerome, Paulo e a todos os guardiões que estão em todos os aeroportos que operamos cuidando para que os sonhos cheguem aos seus destinos, no horário e em segurança.

CASE

Linx

Como promover mudança de comportamento em larga escala e colocar o "Homem na Lua"

Ronan Maia, diretor executivo na Linx Sistemas.

Tudo começou em uma mesa de bar

A primeira vez que ouvi falar de 4DX foi em um papo com um gestor que trabalhava comigo, naquelas conversas de bar despretensiosas. Ele falou que estava lendo um livro e queria me indicar a leitura. Disse ainda que estava iniciando um experimento com a equipe dele aplicando os conceitos do livro: cerca de 50 pessoas divididas em 5 ou 6 times perseguiriam durante 30 dias uma MCI de redução de peso. Ao longo dos 30 dias ele foi compartilhando os compromissos, placares e resultados dos times. Foi surpreendente a mudança de hábitos que eles vivenciaram. Foi aí que nasceu o meu interesse em descobrir como aplicar as 4DX nos negócios.

O desafio de vencer o redemoinho

Em março de 2019 aceitei um convite para liderar uma unidade de negócios (UN) na Linx, e responder por uma operação que englobava produtos e clientes nos segmentos de Moda, Food e Varejo de Serviços. Esta UN reunia mais de 100 times nas áreas comerciais, de serviços, P&D, atendimento a cliente e canais, +600 colaboradores, com 5 sistemas ERPs diferentes e 40 franquias.

Havia muitos desafios, mas o principal era o do crescimento. Depois de algumas semanas realizando um diagnóstico da operação, percebi que o conceito do "redemoinho" predominava na operação. Muitas metas importantes, todos correndo para todo lado, sem contudo alcançar os resultados esperados, e com isso mostrando um nível baixo de motivação.

O cenário era ideal para colocar as 4DX em prática, pois precisávamos focar uma meta muito importante, e para alcançá-la seria necessário gerar mudanças de comportamento em larga escala.

Eu já conhecia o Bill Moraes, e assim o convidei junto com o time da Franklin Covey para nos apoiar com a implementação do método, o que trouxe mais segurança e velocidade no processo em função do tamanho e complexidade da operação.

As metas "Homem na Lua" — a arquitetura do primeiro campeonato

Para enfrentar o desafio do crescimento, a MCI escolhida para o primeiro campeonato foi a Receita Recorrente. Aplicamos o conceito da MCI primária como o "Campeonato", e escolhemos os três jogos que deveríamos vencer para conquistar o campeonato: #Vender, #Ativar (nossa palavra-chave para "entregar"), #Reter. O raciocínio é simples: para crescer, era necessário #Vender e #Ativar (garantindo o crescimento da receita) e #Reter (evitando redução da receita). Um campeonato, três jogos.

Passamos o mês de abril capacitando os times e definindo a arquitetura do campeonato. Realizamos workshops e também usamos a ferramenta 4DXOS, a qual se demonstrou muito útil por reunir vídeos muito didáticos explicando o conceito e como aplicar cada uma das disciplinas.

A definição da arquitetura do campeonato é a etapa onde cada time escolhe sua MCI (seu jogo, que deve estar ligado a um dos três principais #Vender, #Ativar e #Reter) e suas MDs. Nesta etapa é importante desafiar os times e seus líderes a pensarem alto, em metas nunca antes alcançadas. Isso se mostrou desafiador, pois num primeiro momento, sem conhecer o que se pode obter com esse método, os times tendem a mirar baixo.

Como exemplo, houve um time que decidiu jogar o #Reter. A MCI era reduzir o "tempo de entrega de correções" de um dos produtos. A primeira proposta deles foi reduzir esse tempo de 26 dias para 18 dias. O método recomenda que os times proponham a MCI, mas o líder pode vetar se entender que não é adequada, ou seja, que não vai ajudar a ganhar o campeonato. E foi isso que fiz. Eu disse que essa redução de 30% não ganhava o campeonato e que eles deviam revisar, sem dizer qual deveria ser a nova meta. Ninguém gostou de ouvir isso, mas voltaram depois de alguns dias com outra mentalidade. Melhoraram a proposta de 26 dias para 5 dias (80% de redução). Disseram que não sabiam o que fazer para chegar lá, mas estavam confiando que descobririam. Confirmei com eles que essa nova proposta ganhava campeonato, era uma verdadeira meta "Homem na Lua"! (Já conto o que aconteceu com esse time.)

A propósito, meta "Homem na Lua" foi um termo que adotamos no vocabulário de gestão com os líderes e times, fazendo referência a metas que nunca antes foram alcançadas, e representa o oposto de uma meta "chuchulenta", aquelas que não impõem qualquer desafio aos times.

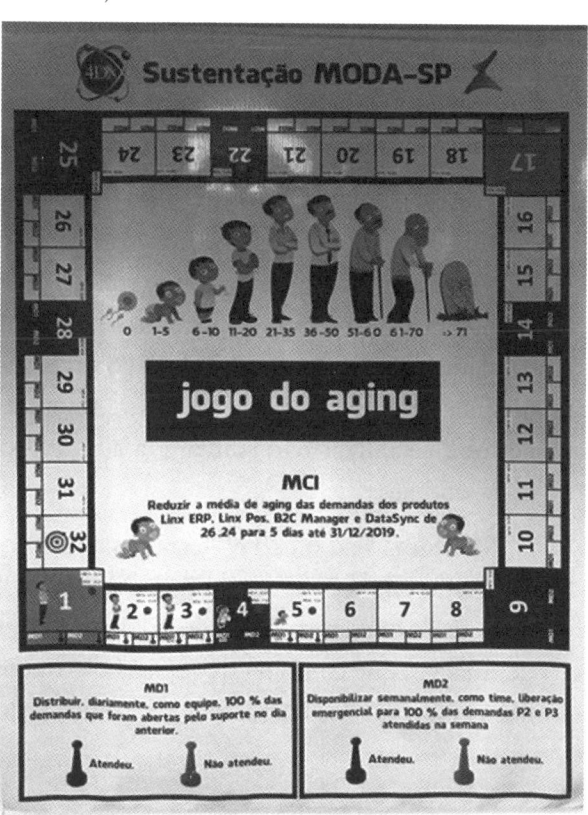

Aprovada a arquitetura, ou seja, tendo definido as disciplinas 1 e 2, passamos para a aplicação da disciplina 3, que é engajamento através de um placar envolvente. Esta etapa da implantação foi especialmente divertida. Para estimular os times promovemos um concurso de placares que aumentou ainda mais o interesse de todos. Ao final do concurso tínhamos uma centena de placares físicos colados nas paredes dos escritórios em São Paulo, Joinville, Belo Horizonte, Rio de Janeiro e Blumenau. Definitivamente, o placar do time (e não do líder) é um fator de engajamento crítico para manter o time interessado no jogo.

A escalada até o "Pico da Consagração" — adotando as 4DX

No início de maio/19, depois de concluída a arquitetura e placares, fizemos o lançamento do campeonato, que duraria até dez/19. Com 60 dias desde o início do trabalho, conseguimos alinhar todos os 100 times com foco em uma única meta, e começamos o ciclo das reuniões de MCI, a disciplina 4.

As primeiras semanas de execução do método são muito críticas, pois é o momento em que os times estão lidando com a adoção do método, e formando os hábitos de reunir semanalmente no mesmo dia e horário, assumir e cumprir compromissos de alto impacto para mover as MDs e o placar do jogo.

Para ajudar no engajamento dos times ao longo do campeonato, criamos uma metáfora que denominamos de "Pico da Consagração". A ideia era associar momentos importantes na adoção das 4DX a estágios de uma escalada, usando o conceito do XPS proposto pelo método. O XPS é uma medida de direção do líder, e é um "segredo" na aplicação das 4DX, pois permite visualizar não somente a adoção do método, mas também a eficácia do jogo.

Mais uma vez, o uso da ferramenta 4DXOS se mostrou muito útil, pois ela facilita muito o acompanhamento do XPS de cada time, considerando o porte da operação. Além do XPS, a ferramenta mostra também o Índice de Adoção, que combina frequência das reuniões de MCI com regularidade nos compromissos cumpridos e assumidos durante as reuniões de MCI.

Esses eram os estágios da escalada:

- Pousada dos Sonhadores (M0): Times que ainda não chegaram ao patamar mínimo de adoção de 95%, e seguem sonhando em alcançar a meta.
- Acampamento dos Obstinados (M1): Times precisam ficar 4 semanas consecutivas com indicador de adoção acima de 95% — somente os obstinados vencem a inércia e o status quo para fazer reuniões e assumir e cumprir compromissos durante 4 semanas seguidas, contudo ainda é o início da escalada, e ainda estão na base da montanha.
- Fenda dos Valentes (M2): Times precisam obter XPS >= 3,7 por 4 semanas consecutivas — ou seja, além de fazer reuniões, assumir e cumprir compromissos, precisam estar próximos do alvo das MDs e MCIs — somente os valentes vencem os fortes ventos do redemoinho para chegar a este estágio.
- Pico da Consagração (M3): Time conquistou a MCI e ganhou o jogo!

Este foi o rabisco original do Pico da Consagração:

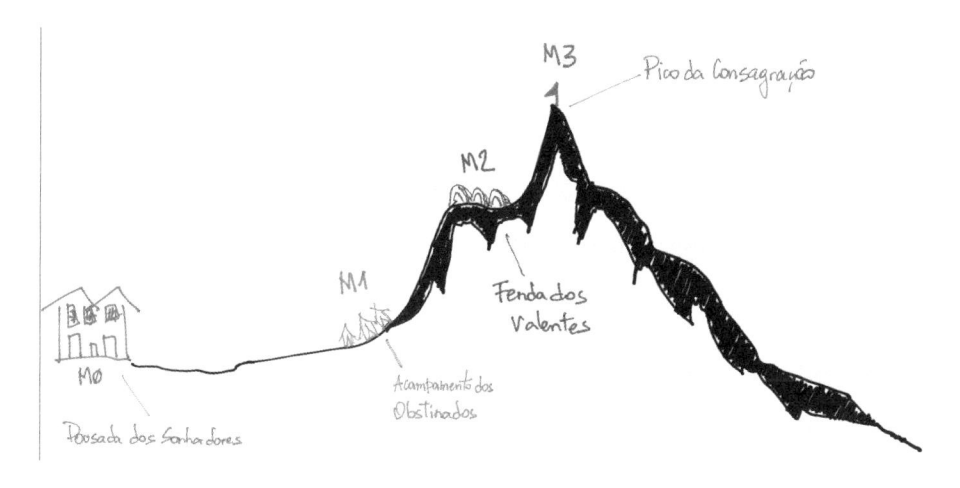

Estabelecemos uma medalha para cada estágio da escalada: Bronze para M1, Prata para M2 e Ouro para M3.

Toda semana eu divulgava o "Boletim #4DlinX", uma espécie de blog do 4DX, onde eu informava a evolução dos times semana a semana, na adoção do método. Na medida em que os times conquistavam os estágios, eu mesmo fazia a entrega das medalhas para eles fixarem nos placares. Era uma cerimônia de celebração, de reconhecimento, pela conquista daquele estágio.

Nestes encontros eu aproveitava para entender como o time estava lidando com a aplicação do método, quais as melhores práticas, e as inovações que estavam surgindo ao longo das reuniões. Eu comecei a filmar essas cerimônias, os placares e os depoimentos das pessoas, e divulgava esses vídeos no boletim semanal. O engajamento dos times era incrível. Todos queriam sair nos vídeos e receber a visita do "diretor" para celebrar suas conquistas. A turma me cobrava nos corredores da empresa. A motivação e a moral dos times foi subindo na medida em que estavam evoluindo e ganhando seus jogos.

Nestes encontros eu também podia descobrir o que apelidamos de #NuncaViIsso. Esta era a forma carinhosa para nos referirmos às ideias e resultados inéditos (nunca vi isso) que apareciam quando entrevistava os times. Percebi que para alcançar as MDs dos seus jogos, muitas inovações estavam sendo realizadas semanalmente através de compromissos nas reuniões de MCI. Eu aproveitava para divulgar essas ideias e resultados no boletim semanal. Mais uma forma de engajar os times.

Eu curti muito cada encontro desse, e penso que foi uma estratégia muito assertiva para promover a adoção do método. Até hoje uso os vídeos desses encontros para treinar novos times.

Não posso deixar de citar uma outra iniciativa que foi chave para garantir que os times adotassem o método, e aplicassem as 4DX da forma adequada. No início do campeonato de 2019 convidei pessoas para formar um time de coaches, que foram treinados para garantir um apoio adicional aos líderes e times. Entre outras coisas, esses coaches participam das reuniões dos times, e fornecem feedback aos líderes sobre o que pode ser melhorado na condução de suas reuniões e na otimização dos compromissos e do jogo do time. Sem dúvidas, esse é um grupo estratégico para garantir o bom andamento da aplicação das 4DX em uma estrutura com tantos times e espalhada pelo Brasil.

Incluindo as franquias

Depois de 3 meses rodando o campeonato, e já colhendo resultados, decidimos dar um passo maior, e estender a implementação do método até nossas franquias. Em ago/19, capacitamos um grupo piloto de 18 franquias para implantar as 4DX como método para perseguir sua principal meta, a receita recorrente.

Foi uma oportunidade de testar um método de gestão simples, contudo muito eficaz, para apoiar nossos franqueados, na sua maioria pequenos empreendedores, com equipes enxutas, a praticarem disciplinas para alcançar resultados nunca antes alcançados por eles.

Os resultados foram incríveis, e pudemos ver estas empresas superarem suas metas em 150%, 200% em poucos meses. Isso gerou um grupo de promotores que nos incentivou a estender esse programa às 120 franquias que atuam junto à UN que lidero hoje na Linx.

Os resultados do primeiro campeonato

Os resultados do nosso primeiro campeonato foram extraordinários. Mais de 100 times, mais de 600 participantes, mais de 3.500 reuniões de MCI realizadas, em 8 meses. Foram +15.000 compromissos assumidos pelos times, sendo que 86% dos compromissos foram cumpridos. Se reunirmos esses compromissos, podemos dizer que foi disparado o maior plano de ação já criado em toda história da Linx, e que impulsionaram times a alcançarem níveis de execução nunca antes alcançados.

Em 2019 não conseguimos vencer o campeonato, que tinha uma meta bastante desafiadora, mas os resultados conquistados foram extraordinários. 56% dos times venceram seus jogos e receberam a medalha de ouro.

Outros 13% dos times receberam menção honrosa, pois não chegaram à meta proposta, mas ficaram próximos e promoveram mudanças de hábitos e inovações que impactaram positivamente a operação. Em 8 meses, aumentamos produtividade na geração de leads, reduzimos prazos para realizar projetos e entregar soluções, zeramos filas de pendências com clientes, aumentamos nossa assertividade em vendas, e reduzimos perda de receitas.

Ah, e como prometido... sabe aquele time que propôs reduzir o tempo de entrega de correções de 26 dias para 5 dias? Levaram 13 semanas para alcançar os 5 dias. O gestor desse time prometeu pagar um almoço no Outback se o time chegasse ao patamar de 1 dia. Adivinhem o que aconteceu? Mais 10 semanas e eles alcançaram incrível 1 dia! Esse era aquele time que tinha proposto uma meta "chuchulenta" de 18 dias. Chegaram em 1 dia, e pousaram o foguete na lua, e ainda foram almoçar no Outback por conta do líder.

Os anos seguintes

Após o sucesso do campeonato de 2019, repetimos a fórmula para 2020, ajustando a MCI e lançando o campeonato nos mesmos moldes. A esta altura, o 4DX já havia se tornado parte integrante do nosso framework de execução da estratégia.

Veio a pandemia e deu uma reviravolta. Times trabalhando remotamente, clientes fechados, e jogos que ficaram irrelevantes. Readequamos as MCIs, focamos jogos mais curtos e alinhados ao novo cenário. Sem os placares físicos nos corredores da empresa, lançamos mão da plataforma Workplace, nossa intranet, para engajar os times na publicação dos seus placares. Ao final de 2020, tivemos +85mil visualizações nos artigos e placares divulgados nessa intranet, minimizando o impacto da ausência dos placares físicos nas paredes da empresa. Em 2020 foram +900 participantes, 205 times, 24 franquias, +5.500 reuniões de MCI e +30mil compromissos assumidos em 12 meses, com 87% de compromissos cumpridos.

Em 2021, ainda em trabalho remoto, seguimos com ações de engajamento com os times. Criamos trilhas de capacitação, com mais de 5 horas adicionais de treinamentos à disposição na Linx Academy, nossa universidade corporativa. Cursos com dicas para líderes, sobre como realizar boas reuniões, estimular o time a criar compromissos de alto impacto e outros macetes que fomos aprendendo ao longo da aplicação das 4DX. Um material adicional ao 4DXOS, e bastante direcionado para a realidade das operações da Linx.

Também idealizamos um programa de entrevistas apelidado de "Papo 4DX" para falar com líderes e times que se destacaram ao longo do campeonato, onde eles compartilhavam as práticas que estavam aplicando e que eram responsáveis pelo seu sucesso. Esse programas eram gravados e disponibilizados na intranet, dando palco para times e líderes de alta performance, e também aprendizados para os demais times.

Outra evolução ao longo de 2021, diante dos bons resultados com a aplicação das 4DX com nossas franquias, foi a implantação do método em 100% das franquias atuando junto à nossa UN. Para isso, criamos um programa denominado de "4DX Express", que permite fazer uma capacitação de franquias para aplicar as 4DX em 4 horas, onde já levamos para os times das franquias sugestões de MCIs e MDs validadas nos jogos dos campeonatos anteriores. O treinamento é aplicado pelo gerente operacional de franquias (GO), que também lidera um grupo de franquias e faz reuniões de MCI com elas. Este programa tem sido um diferencial nos resultados da nossa UN, impulsionando o crescimento por franquias em mais de 50% YoY.

Em 2021, com 220 times, sendo 64 franquias, realizamos quase 4000 reuniões de MCI, +25.000 compromissos, cumprindo 88% deles. Ao final, alcançamos nossa MCI primária em 129%, obtendo um resultado incrível em todas as nossas operações.

Principais aprendizados

Foram vários aprendizados ao longo desses campeonatos. Destaco alguns aqui.

Definição da arquitetura

A arquitetura do campeonato é crítica. Se bem montada, aumenta muito a chance de sucesso. Pensar em uma MCI primária mais "estreita", em outras palavras, menos abrangente, direciona mais o foco, e torna mais visível os resultados dos esforços dos times. No primeiro campeonato escolhi uma meta muito "larga", Receita Recorrente. Ao longo dos demais campeonatos fui estreitando a MCI primária. Em 2022 nosso campeonato é aumentar o número de Lojas Ativas com nossas soluções, que seguem apontando para o crescimento. Garantir que todos os times estejam com metas relevantes conectadas aos três jogos principais (#Vender, #Ativar, #Reter), que propuseram metas "Homem na Lua", e que as MDs estão bem qualificadas é um grande segredo. Errar nisso, é comprometer o campeonato.

Importância de ter uma governança para o sistema

Sim, o método é simples: uma meta, duas medidas de direção, um placar e uma reunião semanal onde cada participante assume no máximo dois compromissos. Contudo, numa estrutura grande e complexa, com +200 times, +1000 participantes, times internos e de franquias, e gente espalhada pelo Brasil, o volume de trabalho para gerir esse sistema é grande. São muitas as atividades que precisam ser bem executadas e orquestradas para o bom andamento de um campeonato desse tamanho. Para isso, montamos uma equipe para governar o sistema 4DX, e que depois acabou se tornando um escritório de estratégia para UN. Cuidar do cronograma de lançamento do campeonato a cada início de ano, orquestrar a aprovação da arquitetura do campeonato, capacitar coaches, manter a aplicação da metodologia conforme ela recomenda, desenvolver novos treinamentos, treinar novos líderes e apurar os resultados do campeonato são responsabilidades desse time. Sem eles não seria possível realizar essa transformação.

Placares com times remotos

A pandemia trouxe novo desafio. Perdemos aquela proximidade com os times dentro do escritório. Não conseguimos mais andar pelos corredores olhando os placares, conversando olho no olho com os times, fazendo o reconhecimento daqueles times que estão ganhando o jogo pessoalmente. A tendência dos times quando migraram para o ambiente remoto é de abandonar o placar físico. Por isso, para manter viva a disciplina 3, no caso de times remotos ou híbridos, é fundamental estimular os times a criarem seus placares digitais, sem perder a simplicidade e a visibilidade. Aqui, além de manter a prática do concurso de placares, estamos usando a ferramenta Workplace do Facebook, a nossa intranet, para promover a divulgação dos placares. Os times divulgam seus placares na timeline do grupo do campeonato 4DX e podem receber likes e comentários dos seus líderes, gerentes e diretores. É uma forma de "simular" digitalmente o ambiente que tínhamos com os placares nas paredes do escritório. Observamos que os times que não mantiveram um placar digital (ou físico) na mudança para o home office tiveram dificuldades para alcançar seus resultados.

Liderança ágil

No modelo de liderança comando-e-controle, o líder atua direcionando o time, dizendo o que devem fazer para cumprir as metas, e centraliza tudo o que se passa pelo time. As 4DX apresentam um estilo de liderança ágil, o líder atua mais como coaching, pois é o time que propõe a MCI e as MDs, e também os compromissos nas reuniões de MCI. Esse modelo de liderança gera mais engajamento, pois desafia o time a encontrar as respostas para os problemas. Contudo, o líder precisa ser exemplo na aplicação do método. Desde a condução do time para buscar metas "Homem na Lua", ou seja, subir a régua, assumir compromissos de alto impacto e cumprir estes compromissos, ser habilidoso em manter uma prestação de contas rigorosa junto com o time, e também garantir que todos também assumam e cumpram compromissos de alto impacto nas reuniões.

O líder precisa desenvolver suas competências para este estilo de liderança, e uma delas é saber fazer boas perguntas durante as reuniões de MCI. Treinar o líder nessa competência aumenta a chance de sucesso.

Microinovações

Por fim, quero destacar o conceito da microinovação. Este é o termo que criamos aqui na Linx para fazer referência às pequenas inovações criadas pelos times através dos compromissos semanais nas reuniões de MCI. Diante dos desafios de alcançar as MDs e vencer os jogos, os participantes dos times são desafiados a gerar novas ideias. Muitas dessas ideias promovem uma grande reviravolta nos jogos, gerando resultados extraordinários. Pequenas inovações, grandes resultados.

As reuniões de MCI são o local onde estas ideias são geradas. O líder deve ficar atento para provocar os times na geração destas ideias. Da mesma forma, é muito importante identificar estas microinovações para reconhecer o time que gerou a ideia, mas também para aproveitar essas inovações e replicá-las para outros times semelhantes na operação, multiplicando o efeito desta ideia.

Conclusão

O 4DX hoje é parte integrante do nosso modelo de gestão nas UNs que lidero aqui na Linx. É através destas disciplinas que seguimos promovendo mudanças de comportamento em larga escala e fazendo o que nunca foi feito antes. Deixo aqui meus agradecimentos ao Gilsinei Hansen, que acreditou e deu espaço para esta iniciativa, ao Bill Moraes grande parceiro e cúmplice ao longo desses 4 anos de parceria, ao Erick Rezende e Thais Cassia por cuidarem com carinho do nosso sistema, aos mais de 30 coaches que atuaram e atuam hoje junto aos times, ao Rafael Bittencourt pela liderança do 4DX junto às nossas franquias, ao Claudio Alves, Rafael Reolon, Rodrigo Andrade, Sandro Ricardo e a todos os líderes que participaram desta jornada vencedora até aqui.

CASE

Renault Technology Americas

Por volta de 2015, buscamos no mercado uma ferramenta para necessidade a fim de mover a organização rumo a um só objetivo, com mais de cem equipes de engenheiros responsáveis pela engenharia de veículos Renault na América Latina. Visando a grandes ambições para a engenharia América Latina, para skilling up dos engenheiros, precisávamos de uma ferramenta para mobilizar. O então VP da Renault Technology Americas, Sebastien Samuel, buscou a metodologia das 4DX com a FranklinCovey.

Hoje, estamos no sexto ciclo, que nos ajuda em como mobilizar a organização em prol de um objetivo.

Como nos mobilizamos em prol de um mesmo objetivo, vemos que temos condições de ir muito além do que imaginávamos fazer no passado. Não somente em termos de um resultado de negócio, deve estar num contexto de mudança da cultura da equipe, contendo novos hábitos que fiquem impregnados no nosso dia.

A busca de como fazer diferente é vital para nosso negócio. Nas corporações, criamos muitos vícios. No meio da rotina, ao aportar algo fora do habitual, estimula a agilidade e o pensamento de buscar formas novas de fazer as coisas.

Um ponto muito duro nas 4DX está na dificuldade de escolher um bom propósito, para não virar mais uma coisa a ser feita. Este é o grande desafio: qual é o propósito que vai gerar aderência para promover a mudança de cultura?

Quando entramos em rotina, nos perdemos como metodologia. Para reforçar nosso propósito, como organização, devemos ter a vibração, a dinâmica de conquistar como equipe o que as 4DX nos proporciona.

A transversalização deve ser feita. Em 2021, não olhamos mais por silos da organização. Olhamos como processo com cliente e fornecedor interno. A saída para não perder a dinâmica das 4DX são a transversalização e a celebração da conquista semanal das equipes. As 4DX não podem ser mais uma ferramenta.

No nosso novo ciclo, será estratégico. O propósito deve ser bem entendido, não simplesmente o resultado. Se assegurar que aquilo que representa o novo se institucionalize como uma novíssima rotina, no natural do nosso dia a dia. Uma grande dificuldade é assegurar que após o ciclo isso fique na cultura. Não é somente um tiro para resolver um objetivo, deve ser algo que vai impactar profundamente a cultura.

Segundo Josemar Santos, responsável pelo método das 4DX em toda a engenharia Renault Technology Americas nos últimos seis anos, é dedicar o time para algo que não fazia parte da rotina, pensando no futuro.

Por sermos uma empresa global, somos pioneiros, com a desconfiança de ser uma modinha que poderia passar. Estamos indo para o sexto ciclo, com metas apropriadas a cada momento da engenharia. No segundo e no terceiro ano, como pensar no futuro, em termos de algo crucialmente importante.

No início, o desafio foi instigar os engenheiros e as equipes a pensar fora do comum para criar compromissos semanais. Outro ponto que mudou foi como alcançar com a criação da equipe. Além da celebração durante a jornada, não somente no fim do ano para engajar as equipes.

Segundo Jessy Ibrahim, coach das 4DX na Renault Technology Americas, o papel do coach é essencial para aplicação em larga escala. É necessário pelo menos um a dois coaches por direção da engenharia Renault.

A parte de animação e de atividades para conseguir animar as equipes, por competições internas, atividades extras, sprints para participar de todo o processo, desde a criação da MCI até o fechamento dos indicadores.

Para ser coach das 4DX, deve ser bem engajada e comprometida com a empresa, além de ter bastante domínio sobre a metodologia.

Segundo Ederson Brommelstroet, gerente-geral de engenharia da Renault, as 4DX estão sendo usado há vários anos. A força está nos resultados que alcançamos, que não acreditávamos serem possíveis inicialmente.

O primeiro ano das 4DX é um momento muito complicado, pela desconfiança de um novo método. Com o exemplo e o patrocínio da diretoria, com possibilidade de potencializar os resultados, o método pode promover uma imensa mudança.

A MCI não pode ser impossível, mas também não pode ser fácil de ser conquistada. Para manter as 4DX por vários anos, devemos usar criatividade. Por exemplo, a criação do 0800 sobre o que funciona e o que não funciona para as equipes.

Vídeos a cada duas semanas, nos quais devemos manter o foco e a atenção nas 4DX, aliados a representantes de cada área na comunicação, que é muito importante na metodologia. Devemos explicar em detalhes, em termos de como estamos posicionados no mercado, como as 4DX e a nossa MCI vão nos ajudar nesse contexto.

Segundo Alexandro Brocco, engenheiro de homologação da Renault, como coach das 4DX e participante ativo da metodologia, um bom coach:

- Tem a função de disseminação da metodologia, passando-a adiante. Os coaches devem garantir a perenização da metodologia. Vão passando adiante com consistência, sendo guardiões do método.

- Desafios — após quatro ciclos, a metodologia é muito consolidada. Vivemos dois ciclos de pandemia, como virtualização, reuniões à distância. Ao fazer parte de algo novo, devemos estar com a mente aberta. Não podemos estar fechados em nossa própria visão, como placares digitais e dinâmicas de qualidade de compromissos. Em equipes com analistas e engenheiros, devemos estar prontos para entender quais são as novas dinâmicas para novos resultados.

CASE

Sicredi

NILTON WEBER, DIRETOR EXECUTIVO DO SICREDI NORTE DE SANTA CATARINA.

A FranklinCovey ajudou muito, inicialmente participando do MBA em meados de 2012, onde tivemos nosso primeiro contato com as 4DX.

Em 2015, tivemos na cooperativa um cenário com crescimento muito bom. A pergunta que fizemos foi: o que pode dar errado? Pensamos e chegamos a dois fatores: política e inadimplência.

Como ficar menos sujeitos a isso? Pensamos na ideia de placares envolventes, com olhar no desenvolvimento das ferramentas e dos comportamentos de todos. Com as 4DX obtivemos um crescimento vertiginoso na nossa cooperativa. Observamos que as 4DX geram uma sensação de posse, pelas equipes se reunirem para prestar contas semanalmente.

Para que eu possa ir bem, precisamos dar nosso melhor e os demais também. Visando a conhecermos a nós mesmos, alcançando a independência e depois a interdependência em como posso contribuir com os outros. Isso não para nunca, é muito poderoso.

A FranklinCovey falou sobre meta e sobre a importância de tratamos bem o cliente, bem como o colaborador. Hoje, chamamos aqui a MCI de Momento Crucialmente Importante. A disciplina em si é muito boa. Isso não é do Weber, a equipe começa a assumir responsabilidades que não tem a ver com obrigação, tem a ver com o espírito da equipe trazido pelas 4DX.

Pensando em modelos de gestão, no passado com aldeias e homem das cavernas, com certa lógica, o chefe matava ou eliminava aqueles que não lhe obedeciam. Nos dias de hoje, alguns gestores ainda fazem isso, no sentido figurado. Usamos aqui o conceito de organizações verdes, baseadas na cooperação e na educação para um modelo mais adequado, convivendo com um modelo hierárquico.

Um modelo que eu considero achatado, no qual as equipes se autodesenvolvem para avanço das equipes em sua integralidade, tendo autonomia dentro daquilo que elas conhecem. A FranklinCovey nos ajudou muito nesse sentido.

Um imenso diferencial para nossos colaboradores está em reconhecermos que precisamos do tempo de aprendizado e de assimilação. A FranklinCovey nos ajudou a entender que o plano deve ser feito como pensamento estratégico.

A mudança é uma certeza. Não queremos ficar planejando as falhas que vamos ter. A mudança é uma constante, para darmos o máximo de cada um, baseados em princípios que não mudam. Tudo deve começar pelos princípios. As 4DX, assim como todo o conteúdo da FranklinCovey, são baseadas em princípios atemporais e atuais.

Glossário

4 Disciplinas da Execução: padrão organizado de conduta que leva à realização de uma meta organizacional com excelência. As 4 Disciplinas se baseiam em profundas pesquisas e trabalho de campo, assim como nos princípios fundamentais do comportamento humano; são propriedade da FranklinCovey Co.

4DX app: uma ferramenta online para gerenciar (1) a adesão às 4 Disciplinas em toda a organização e (2) a realização de MCIs de equipe e organizacionais.

4DX: abreviação para as 4 Disciplinas da Execução.

Aposta Estratégica: hipótese de que certas atividades de alto impacto produzirão a realização de uma meta. Essa hipótese deve ser comprovada pela execução (veja medida de direção).

Cadência de Responsabilidade: ciclo recorrente de planejamento e responsabilização por resultados. A execução disciplinada de MCIs exige uma cadência, um ritmo de planejamento, realização e prestação de contas. Esse ciclo assume a forma de uma reunião de MCI no mínimo semanal.

Campeão: patrocinador do processo das 4 Disciplinas na organização.

Campeonato: no contexto das 4 Disciplinas, sinônimo de MCI organizacional de mais alto nível. Compare com jogo (veja verbete). Também chamado de MCI geral.

Certificação de Gestores: processo no qual os gestores adquirem habilidade documentada para liderar uma equipe com a finalidade de alcançar uma MCI por meio da implementação das 4 Disciplinas da Execução.

Coach: pessoa com conhecimento abrangente nas 4 Disciplinas que atua como recurso para os gestores ao aplicarem as 4 Disciplinas em suas equipes.

Compromisso: no contexto das 4 Disciplinas, a contribuição semanal de um membro da equipe para o alcance de uma MCI.

De X para Y até Quando: fórmula para expressar as medidas históricas que monitoram a evolução de um ponto "X" atual até um ponto "Y" num certo intervalo de tempo. Essa fórmula é essencial para a compreensão exata do que significa "vencer", alcançar a MCI.

Disciplina 1 - Foque o Crucialmente Importante: prática de definição de metas cruciais e estreitamento do foco da equipe em tais metas. As equipes de trabalho que praticam a Disciplina 1 têm total clareza de algumas poucas MCIs e medidas de direção (veja verbete) para tais objetivos.

Disciplina 2 - Atue nas Medidas de Direção: prática de consistentemente atuar e monitorar os resultados daquelas atividades que propiciam alta alavancagem e conduzem à realização das MCIs. As equipes de trabalho que praticam a Disciplina 2 têm clareza com relação às medidas de direção (veja verbete) para suas metas e as monitoram cuidadosamente.

Disciplina 3 - Mantenha um Placar Envolvente: prática de monitorar visivelmente os indicadores de sucesso relevantes para uma meta. As equipes de trabalho que praticam a Disciplina 3 estão continuamente preocupadas com a evolução dos indicadores no placar.

Disciplina 4 - Crie uma Cadência de Responsabilidade: prática regular e frequente de planejar e relatar as atividades que pretendem fazer as MCIs evoluírem no placar. As equipes de trabalho que praticam a Disciplina 4 assumem compromissos individuais e coletivos e prestam contas de tais compromissos em reuniões de MCI semanais.

Disciplina: regime consistente que leva à liberdade de ação. Sem disciplina consistente, a equipe perde a capacidade de realizar MCIs com precisão e excelência, perdendo assim sua influência e o escopo da ação.

Encontro dos Campeões: relato periódico para o gestor sênior sobre o progresso das MCIs, propiciando à equipe uma oportunidade de ter seu trabalho reconhecido e celebrado pelo sucesso.

Equipe: grupo de pessoas designadas especificamente para a realização de uma MCI. Uma equipe pode ou não se achar alinhada com o organograma da empresa.

Estratégia de Mudança Comportamental: estratégia que demanda um novo e diferente comportamento de uma ou de muitas pessoas. Por causa da dificuldade de mudar o comportamento humano, esse tipo de estratégia, geralmente, é muito mais difícil de ser executada do que uma estratégia do tipo "canetada" (veja verbete).

Estratégia do tipo "Canetada": estratégia que os líderes executam simplesmente por uma ordem ou autorização e que geralmente não demanda novas ações de muitas pessoas, ao contrário das estratégias por mudança de comportamento, que exigem que as pessoas tomem ações novas e diferentes.

Estratégia: plano ou método para realização da missão da organização ou da equipe. Uma MCI é um objetivo essencial para a realização da estratégia da organização.

Execução: a disciplina de fazer as coisas conforme prometido — dentro do tempo, do orçamento e com qualidade. Aquilo para o que os "executivos" são contratados!

Jogo: dentro do contexto das 4 Disciplinas, uma MCI de habilitação ou suporte pertencente a uma equipe de nível inferior. O princípio é identificar o menor número possível de jogos para vencer o campeonato.

Lacuna de Execução: intervalo entre o estabelecimento de uma estratégia ou meta e sua verdadeira concretização. Essa lacuna é expressa nos seguintes termos: De X para Y até Quando (veja medida histórica).

Liberar o Caminho: assumir a responsabilidade de resolver um problema ou obstáculo para que a MCI seja alcançada. Ajudar outro membro da equipe a realizar um objetivo. Uma das finalidades da reunião de MCI com a equipe é planejar como "liberar caminho" para a execução.

Linha de Visão: relacionamento entre as metas e cada nível da organização. Por exemplo, a conexão entre as tarefas diárias de um trabalhador da linha de frente e a estratégia global da organização. As equipes de uma organização com boa execução têm, em todos os níveis, uma clara linha de visão.

MCI: acrônimo para Meta Crucialmente Importante (veja verbete).

Medida de Direção: medida de uma ação planejada e tomada como meio para a realização de uma MCI. Ao contrário das medidas históricas, as medidas de direção são influenciáveis pela equipe e preditivas no alcance da meta. Boas medidas de direção são as atividades de alta alavancagem nas quais uma equipe pode se engajar para assegurar a execução da MCI. Portanto, as medidas de direção constituem as "apostas estratégicas" que, quando feitas, concretizam a meta com excelência. Assim, um dos propósitos do processo de execução é testar as medidas de direção para se determinar, tão rapidamente quanto possível, se são uma boa aposta.

Medida Histórica: é uma avaliação da meta ou de realização da MCI. Um indicador histórico de desempenho, por exemplo, receita ao final do ano, índices de qualidade, índices de satisfação do cliente. As medidas históricas são tipicamente fáceis de medir, porém são difíceis de influenciar diretamente. Uma medida histórica é sempre expressa como De X para Y até Quando.

Meta Crucialmente Importante (MCI): uma meta essencial para realizar a missão ou a estratégia da organização. O fracasso em atingir esse objetivo deixará em segundo plano todas as outras realizações. Compare com meta importante (veja o verbete).

Meta Importante: meta com consequência e valor significativos. Compare com Meta Crucialmente Importante (veja verbete).

Meta: qualquer meta expressa em termos de medidas históricas (veja verbete) que representa uma melhoria no desempenho da organização.

Missão: propósito ou razão da existência de uma equipe ou da organização. Frequentemente, a MCI é um objetivo essencial para a realização da missão ou estratégia da organização (veja verbete).

Painel Digital: conjunto de placares por meio do qual os principais líderes da organização podem facilmente avaliar o progresso dos indicadores organizacionais importantes e a adesão às 4 Disciplinas.

Placar: mecanismo para monitorar o progresso das medidas de direção e das medidas históricas para uma MCI. O placar deve estar visível a todos os membros da equipe e precisa ser atualizado consistente e regularmente. Um placar é "envolvente" se indicar com rapidez e clareza se a equipe está vencendo ou não, motivando assim a ação.

Projeto: um empreendimento planejado que envolve etapas definidas, metas intermediárias e tarefas. Um projeto pode ser assumido a fim de alcançar uma MCI, mas o projeto propriamente dito não é uma MCI.

Redemoinho: metáfora que estabelece uma analogia com a enorme quantidade de tempo e de energia necessária para manter a organização em seu nível de desempenho atual. O "redemoinho" é a principal ameaça para a execução das MCIs. Portanto, as tarefas recorrentes do trabalho em equipe têm por objetivo abrir caminho por meio do redemoinho de demandas no tempo de todos.

Responsabilização: capacidade de relatar progresso ou falta de progresso por meio de números.

Reunião de MCI: uma reunião de equipe realizada pelo menos uma vez por semana para dar conta dos compromissos, revisar os placares da MCI e planejar como melhorar as pontuações nos placares. A sessão regular de MCI é essencial para manter a cadência de responsabilidade, que é a chave para a execução de MCIs.

Reunião de Trabalho com Gestores: uma reunião na qual os gestores são orientados nas 4 Disciplinas da Execução e esboçam MCIs e medidas para as suas respectivas equipes.

Reunião de Trabalho da Equipe: reunião de trabalho na qual a equipe finaliza e avalia seus objetivos e se compromete com a manutenção da cadência de responsabilização dos seus objetivos.

Reunião de Trabalho: uma reunião em que MCIs, medidas e painéis de avaliação são desenvolvidos para a realização de estratégias organizacionais importantes.

"Vencer o bode": ponto no qual um indicador de desempenho em um placar "atinge o alvo", isso é, a meta de acordo com o plano. A expressão se originou no placar criado por um praticante das 4DX que usava um bode para representar um indicador de desempenho.

Notas

Capítulo 1. O Verdadeiro Problema da Execução

1. Patrick Litré, David Michels, Ivan Hindshaw e Parijat Ghosh, "Results Delivery: Busting Three Common Myths of Change Management", Bain & Company, 2 de agosto de 2018; http://www.bain.com/publications/articles/results-delivery-busting-3-common-change-management-myths.aspx.

2. Veja Rafael Aguayo, *Dr. Deming: The American Who Taught the Japanese About Quality* (Nova York: Touchstone, 1991), 57–63.

3. Tim Harford, "Trial, Error, and the God Complex", TED.com, 20 de julho de 2011; http://www.ted.com/talks/tim_harford.html.

Capítulo 2. Disciplina 1: Foque o Crucialmente Importante

4. Marcia Blenko, Eric Garton e Ludovica Mottura, "Winning Operating Models That Convert Strategy to Results". Bain & Company, 10 de dezembro de 2014; https://www.bain.com/insights/winning-operating-models-that-convert-strategy-to-results/.

5. Citado em Adena Hodges, "Multitasking Dangers Reversed Through Meditation", Meditate on Me, 20 de fevereiro de 2017; https://meditateonme.com/multitasking-dangers-reversed-through-meditation/.

6. Dan Frommer, "Apple COO Tim Cook", *Business Insider*, 23 de fevereiro de 2010; http://www.businessinsider.com/live-apple-coo-tim-cook-at-the-goldman-tech-conference-2010-2.

7. Cited in Steven J. Dick, "Why We Explore", http://www.nasa.gov/exploration/whyweexplore/Why_We_29.html.

8. "Text of President John F. Kennedy's Rice Moon Speech", 12 de setembro de 1962; https://er.jsc.nasa.gov/seh/ricetalk.htm.

Capítulo 3. Disciplina 2: Atue nas Medidas de Direção

9. Citado em Aguayo, *Dr. Deming*, 18.

Capítulo 4. Disciplina 3: Mantenha um Placar Envolvente

10. Teresa M. Amabile e Steven J. Kramer, "The Power of Small Wins", *Harvard Business Review*, Maio de 2011.

Capítulo 5. Disciplina 4: Crie uma Cadência de Responsabilidade

11. Jack Welch, Suzy Welch, *Winning* (Nova York: Harper Business, 2005), 67.
12. De Atul Gawande, *Better: A Surgeon's Notes on Performance* (Nova York: Metropolitan Books, 2007).
13. Patrick Lencioni, *The Three Signs of a Miserable Job* (São Francisco: Jossey-Bass, 2007), 136–37.
14. Edward M. Hallowell, *Crazy Busy* (Nova York: Random House Digital, 2007), 183.

Capítulo 10. Sustentando Resultados e Envolvimento com as 4DX

15. Jim Harter, "U.S. Employee Engagement Reverts Back to Pre-COVID-19 Levels", Gallup.com, Outubro de 2020, https://www.gallup.com/workplace/321965/employee-engagement-reverts-back-pre-covid-levels.aspx.

Capítulo 11. O Que Esperar

16. Margreet C. Vos et al., "5 years of experience implementing a methicillinresistant Staphylococcus aureus search and destroy policy at the largest university medical center in the Netherlands", *Infection Control and Hospital Epidemiology* 30, no. 10 (2009): 977–84; http://www.ncbi.nlm.nih.gov/pubmed/19712031.

Capítulo 13. Implementando a Disciplina 2: Atue nas Medidas de Direção

17. Jim Collins, "Turning Goals into Results: The Power of Catalytic Mechanisms", *Harvard Business Review*, Julho–Agosto de 1999, 73.

Capítulo 15. Implementando a Disciplina 4: Crie uma Cadência de Responsabilidade

18. John Case, "Keeping Score", *Inc.*, 1º de junho de 1998. http://www.inc.com/magazine/19980601/945.html.
19. Eric Matson, "The Discipline of High-Tech Leaders", *Fast Company*, Abril–Maio 1997.

Índice

Símbolos

3M Company, 242
    regra dos 15%, 243
4 Disciplinas da Execução, 16
    visão geral, 19

A

Abordagem de comando e controle, 114
Alavanca, 56, 66
Alavancagem, 26, 211, 239
Amor, 303
Análise de desempenho anual, 92
Aplicativo 4DX, 117
Aprendizado compartilhado, 112
Armadilhas, 132
    de foco, 39
Arrogância de desempenho, 188
Atributos do reconhecimento, 200
Atualização do Placar, 269
Autonomia para estabelecer metas, 38

B

Bolsões de excelência, 17

C

Cadência de responsabilidade, 23, 103, 115, 208, 278, 280
Canadian Natural Resources, 8
Canetada, 40, 101, 121, 147, 154
Caráter preditivo da MCI, 245
Carmel Elementary, 222
Clareza, 135, 211, 225
    estratégica, 100
Clareza na causa e efetio, 73
Clifford Nass, 33
Comcast, 8, 303
Complexidade, 137
Comportamento, 40
Comprometimento, 25, 47, 157
    com a meta, 12
    evidente, 100
Compromissos, 97, 102, 284
    de alto impacto, 181, 200
    de segundo nível, 186
    incondicionais, 293
    voluntários, 162
Construa o Placar, 268
Coragem, 302
Covenant Transport, 127
Cultura, 9
    de alto desempenho, 219
    de execução, 2, 186, 200
    inovadora, 111
    organizacional, 93
Curva de adoção, 18

D

De baixo para cima, 224
De cima para baixo, 224
Decisões finais, 159
Definindo a MCI, 230
Desafio do líder, 35
Desafios de liderança, 9
Desempenho, 216
    operacional, 32
Determinação, 301

De X para Y até Quando, 58, 134, 143, 230, 262, 302
Diferença entre plano e meta, 147
Direção estratégica consistente, 157
Disciplina, 210
　pessoal, 301
Disciplina 1, 30, 54, 86, 137, 174, 221
Disciplina 2, 57, 86, 148, 175, 211, 237
Disciplina 3, 80, 86, 90, 176, 211, 259
Disciplina 4, 90, 101, 105, 148, 177, 208, 211, 277
Disciplinas do engajamento, 19, 22

E

EBITDA, 41
Economista Disfarçado, 18
Energia desproporcional, 121
Engajamento, 22, 88, 198, 259, 274
　da equipe, 88
Envolvimento, 126, 160
Equipe
　da linha de frente, 36
　de liderança, 123
　de oficina de projetos, 170
Erasmus Medical Center, 218
Escolha um Tema, 261

Estratégia, 3, 125
　executável, 53
Estratégias
　de mudança de comportamento, 10, 15
　do tipo "canetada", 10, 16
Estrutura organizacional, 109
Execução, 3, 30, 92, 137, 185, 237, 277, 299
　eficaz, xxvi
　estratégica, xi
Execution Performance Score (XPS), 56
Executive Scoreboard, 183, 188

F

Foco, 19, 64, 92, 126
　real, 36
Formação de hábitos, 188
Fred Reichheld, 149

G

Gestão de projetos, 169

H

Habilidades, 157
Hábitos, 217, 247
　de execução, 179
Humildade, 299
Hyrum Smith, 293

I

Impacto da Falha, 124
Importância e risco, 126

Indicador preditivo, 21
Ingrediente que falta, 299

J

Jim Collins, 242
Jim Stuart, 80, 273
Jogos-chave, 129, 141, 157

L

Lacunas de desempenho, 225
Lançamento, 212
Lead Measure Builder, 256
Lei de Parkinson, 106
Liderança, 199
Líder de líderes, 30, 121, 137, 159, 180
Líder de uma equipe da linha de frente, 30
Limpar o caminho, 96
Linha de visão, 229
LTR - Likely to Recommend, 149

M

Manter um placar, 80
Manutenção preventiva, 22
Mapa de Estratégia, 123, 136, 154
Marriott International, 7, 198
MCI, xx, 55, 83, 137, 183, 213, 268
　da Equipe, 39, 56, 75, 103, 130, 237, 282
　de Desempenho, 130

de Grupo, 184
de jogo, 43
de Jogos-chave, 157
de Oficina de Projetos, 169
de Projeto, 172, 174
de Transformação, 129
Primária, 42, 46, 56, 134, 137, 157, 222

Medida
de direção, 279
é influenciável, 58
preditivas, 171
histórica, 171, 230, 279

Medidas
de direção, 20, 21, 55, 60, 93, 144, 208, 237, 277
dados das, 61
influenciáveis, 21, 254
preditivas, 21, 254
significativas, 254
históricas, 21, 56, 78, 144, 237, 262

Mentalidade, 157
de compreensão, 159
de envolvimento, 160
de liderança, 158
de transparência, 158
de vencedor, 89

Metas, 50
Crucialmente Importantes, 16, 55, 206, 269, 290
Extremamente Importantes, 304
organizacionais convencionais, 50

Micare, 99
Mike Crisafulli, 300
Modelos, 17, 213, 259
Motivador de desempenho, 111
Mountain Land Rehabilitation, 173, 174
Movimento da qualidade, 11
Mudança
de comportamento, 123, 150, 246
organizacional, 11
Músculo organizacional, 28

N
Nível de engajamento, 107
Nomaco, 109

O
Objetivo mais importante, 41
Opryland, 143, 147
Otimização, 215

P
Padrão
quantitativo, 250
tático, 185
Patrick Lencioni, 107
Pensamento
4DX, 135
criativo, 101
Perguntas de esclarecimento, 163

Pessoas não são o problema, 11
Placar, 78, 97, 176, 207, 222, 259, 277
dos jogadores, 83
envolvente, 22, 88
projete o, 266
Planejar alto, 115
Planos, 147
just-in-time, 57, 116
Poder de impacto da MCI, 227
Pontuação de Desempenho da Execução (XPS), 180
Porcentual de conclusão, 174
Possíveis MCIs, 222
Potenciais, 213
Potencias, 17
Prática da Execução, ix, xiv
Primeira armadilha, 39
Princípio
da alavancagem, 56, 189
da responsabilidade, 92
da responsabilização, 23
Princípios, 260
da execução, 26
Prioridades, 37
Processo de estabelecimento de metas, 115

R
Reconhecimento, 198

Redemoinho, 13, 58, 93, 121, 145, 183, 255, 277
   vs. metas estratégicas, 13
Regra dos cinco segundos, 84
Regras, 18
   de aplicação da Disciplina 1, 45
   do foco, 54
   para um líder de líderes, 137
Resistência à mudança, 16
Resistentes, 17
Responsabilidade, 23, 186, 198
Responsabilização, 52, 92, 109, 224, 248, 290
Resultado
   crucialmente importante, 233
   mensurável, 48
   revolucionário, 156
Reunião de MCI, 93, 97, 208, 279, 301
Risco
   de Falhar, 124
   e importância, 126

S

Score Builder, 275
Segredo da excelência, 237
Segunda
   armadilha, 40
   disciplina, 55
Sensação da vitória, 274

Sessão de MCI semanal, 211
Silos de competência, 167
Simplicidade, 137
Sísifo, 205
Stephen Cooper, 281
Stephen M. R. Covey, 158
Steve Jobs, 54

T

TELUS International, 130
Tema, 261
Terceira armadilha, 41
Testando as ideias principais, 245
Testando possíveis MCIs, 228
Tim Cook, 39
Tim Ferriss, 134
Tipos
   de medidas de direção, 239
      condutas poderosas, 239
      resultados pontuais, 239
   de placar
      gráfico Andon, 265
      gráfico de barras, 264
      linhas de Tendência, 262
      personalizado, 265
      velocímetro, 263
Towne Park, 112
Trabalho de verdade, 15
Transparência, 137
   autêntica, 158

Três sinais de Lencioni, 108
   anonimato, 107
   impossibilidade de avaliação, 107
   irrelevância, 107

V

Variabilidade de desempenho, 17
Visão do conjunto, 167

W

W. Edwards Deming, 11, 61
Wegmans, 304

X

XPS, 180

Y

Younger Brothers Construction, 101, 116, 240

Projetos corporativos e edições personalizadas
dentro da sua estratégia de negócio. Já pensou nisso?

Coordenação de Eventos
Viviane Paiva
viviane@altabooks.com.br

Contato Comercial
vendas.corporativas@altabooks.com.br

A Alta Books tem criado experiências incríveis no meio corporativo. Com a crescente implementação da educação corporativa nas empresas, o livro entra como uma importante fonte de conhecimento. Com atendimento personalizado, conseguimos identificar as principais necessidades, e criar uma seleção de livros que podem ser utilizados de diversas maneiras, como por exemplo, para fortalecer relacionamento com suas equipes/ seus clientes. Você já utilizou o livro para alguma ação estratégica na sua empresa?

Entre em contato com nosso time para entender melhor as possibilidades de personalização e incentivo ao desenvolvimento pessoal e profissional.

PUBLIQUE SEU LIVRO

Publique seu livro com a Alta Books. Para mais informações envie um e-mail para: autoria@altabooks.com.br

/altabooks   /alta-books   /altabooks   /altabooks

CONHEÇA OUTROS LIVROS DA **ALTA BOOKS**

Todas as imagens são meramente ilustrativas.

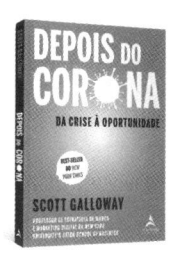

Impressão e Acabamento | Gráfica Viena
www.graficaviena.com.br